成功的失败者

张学良传

王充闾 著

中华书局

图书在版编目(CIP)数据

成功的失败者:张学良传/王充闾著. —北京:中华书局,
2022.5
ISBN 978-7-101-15660-7

Ⅰ.成… Ⅱ.王… Ⅲ.张学良(1901~2001)-传记
Ⅳ.K827=7

中国版本图书馆 CIP 数据核字(2022)第 042082 号

书　　名	成功的失败者:张学良传
著　　者	王充闾
责任编辑	欧阳红
出版发行	中华书局
	(北京市丰台区太平桥西里38号　100073)
	http://www.zhbc.com.cn
	E-mail:zhbc@zhbc.com.cn
印　　刷	北京盛通印刷股份有限公司
版　　次	2022 年 5 月第 1 版
	2022 年 5 月第 1 次印刷
规　　格	开本/710×1000 毫米　1/16
	印张 21　插页 6　字数 250 千字
印　　数	1-10000 册
国际书号	ISBN 978-7-101-15660-7
定　　价	62.00 元

张家八兄弟的合影，右一为张学良

张学良与两位弟弟的合影，自左向右：张学思、张学良、张学曾

青年时期的张学良

1930年10月，张学良在沈阳宣誓就职全国陆海空军副司令

意气风发的张学良

张学良全身像

张学良中英文签名照

拘押期间的张学良

目　录

自序 // 001

再版附言 // 001

人之初 // 001

　　"四大怪" // 001

　　虎性子 // 005

　　"小顽皮" // 008

　　望子成龙 // 011

　　故园情 // 014

一代枭雄 // 017

　　少帅眼中的老帅 // 017

　　演 "戏" // 020

　　玩 "鹰" // 025

　　千秋功罪 // 030

"大姐"风范 // 036

    迟到的"会晤" // 036

    凤命千金 // 038

    更多的是敬重 // 042

    艰难岁月 // 045

    意外飞鸿 // 049

    贤妻良母 // 051

尴尬的四重奏 // 055

    序幕 // 055

    尴尬 // 057

    劝和 // 062

    对阵 // 066

    尾声 // 071

只有为了爱 // 075

    紧握着她的手 // 075

    亲情关 // 077

    忍辱关 // 080

    病苦关 // 083

    舆情关 // 085

两股道上跑的车 // 089

    一席话 // 089

　　三条路 // 092

　　两股道 // 096

九·一八，九·一八 // 101

　　慷慨悲歌 // 101

　　前一个"九·一八" // 102

　　后一个"九·一八" // 104

　　三个"错误期待" // 108

　　不诿过 // 110

　　万世羞 // 112

猛回头 // 116

　　三种人 // 116

　　鸦片烟 // 118

　　排遣 // 121

　　"饮鸩止渴" // 123

　　遍体针痕 // 125

　　立地成"佛" // 128

别样恩仇 // 131

　　情感定位 // 131

　　"关怀" // 133

　　交往三阶段 // 136

　　一石双鸟 // 140

"不可放虎" // 143

道义之交 // 149

"不能忘记老朋友" // 149

"我的眼泪是代表党的" // 155

政治引路人 // 159

"良"言"美"语 // 164

"如果当时没有太太,说不定还要猛追她呢!" // 164

"我们对不起汉卿。" // 167

"宋美龄活着一天,我也能活一天。" // 171

"我向你保证:我没有忘记你。" // 173

"只要夫人活着,我就要把秘密守住。" // 180

史里觅道 // 182

专修明史 // 182

张家父子与李家父子 // 185

要破"心中贼" // 187

"同是天涯沦落人" // 189

同是三十七岁 // 192

泰山与鸿毛 // 195

超然心境 // 197

三点一线 // 200

将军本色是诗人 // 202

"汉卿很会吟诗" // 202

长于咏史 // 205

即兴寓情 // 211

新诗寄趣 // 215

庆生辰 // 220

不过真生日 // 220

九十之年的寿庆 // 223

家庭生日宴会 // 229

情注梨园 // 232

早年的堂会 // 232

京津名票 // 234

难忘的 1993 // 237

终生的戏迷 // 242

夕阳山外山 // 247

他之所爱在纽约 // 247

柏拉图式的绝版情缘 // 251

曲未终人已散 // 256

鹤有还巢梦 // 260

日暮乡关何处是 // 260

乡梦不曾休 // 264

可怜春去不还家 // 270

"长寿经" // 276

    一个有趣的老头儿 // 276

    养生重在养心 // 281

    健康生活方式 // 285

人生几度秋凉 // 290

    飘飘何所似？ // 290

    前尘隔海 // 294

    十年一觉"洋"州梦 // 298

成功的失败者 // 303

    悖论人生 // 303

    环境四因素 // 306

    个性与命运 // 309

    "背着基督进孔庙" // 313

    如果…… // 318

自　序

　　从年轻时我就对研究历史人物抱有浓厚的兴趣，喜欢阅读《史记》《汉书》等古书中的人物传记；同伴们聚在一起，也习惯于运用自己有限的见识品评各类历史人物，像古人所说的，"雌黄出自唇吻，朱紫由其月旦"。而张学良将军，由于是同乡，相差不过三四十岁，自幼便听到大量关于他的身世、修为、行迹的轶闻，以及一些绘声绘色的传奇故事，而评论亦复不少，有时相互争辩，竟闹得不可开交。也正是从那时起，在心底暗自盘算着，有朝一日，定要以文学纪实的手法，为他立传，为他写真，把属于个人的独到见解穿插到里面去。

　　实际上，这项运作，上个世纪末就已经开始了。那个期间，我陆续写了一系列关于张学良的散文：《人生几度秋凉》《将军本色是诗人》《张学良读明史》《不能忘记老朋友》《尴尬的四重奏》《夕阳山外山》《良言美语》等，发表在京、津、沪的文学刊物上，而且大多进入了年度的散文选本，产生了较为广泛的影响。有些文友看到了，鼓励我继续写下去，并且建议能够结集出版，这样，便有了那本《张学良：人格图谱》的面世。

　　几年时间过去了，回过头来审视，感到这部作品也存在一些先天性的不足，由于多数篇章是随机随感陆续写成的，事先未曾进行统一筹划，结集时也没来得及作通盘的梳理，致使格调、视角上不尽协调一致；而且，有些与少帅关系至为密切、甚至举足轻重的人物，如他的父亲张作霖、陪伴终生的至爱赵四小姐等，都没有写进去；包括传主本身有些重要方面也漏掉了，比如，"九·一八"他为什么不抵抗？晚年获得自由了，他为什么没有还乡？还有，他的童年是怎样度过的？他的生命历程跨过一个世纪，"长寿经"的根本之点何在？这些为人们所特别关注的问题，都需要作出回答，而当时却统付阙如。

增补、修订后的文本，内容得到充实，较前显得全面了；原有章节多数重新改写，斟酌弃取，补苴罅漏；结构、视角有所调整，力求体现整体性，前后贯通，风格一致；书名也做了改动。

说到全面，窃以为，作为传记文学，这个概念只能是相对的，很难设置一个定量的标准。张学良将军绚丽多彩的百岁人生，堪资浓涂重抹的何止二十个方面，纵使篇幅再增加一倍，也仍有话语空间。看来，关键还在于是否抓住了本质、突出了要项，是否体现了基本要求。

文学传记的宗旨在于写真。这里的"写真"，有别于摄影式的描形拟态，不止于貌，尤重于神，不止于事，尤重于心，应该着眼于展现传主及有关人物的个性特征、内在质素、精神风貌。这也就决定了，写法上不可能像一般传记那样，对于传主由少而壮、由壮而老地步步跟踪，环环紧扣，面面俱足；而应抓住重心，突出特点，关键处努力追求清代文人张岱所说的"睛中一画，颊上三毫"的传神效果。此其一。

其二，这里的写真，既然重在写心，重在揭橥本质、厘清真相，那么，分析、研判的准确性、深刻性、开创性，就成为至关重要、不可或缺的了。需要以史家眼光、哲学思维对事实加以深入的解析，穷原究委，探赜烛微。这样，在强调客观性的同时，作者的主观色彩以及现实期待也就比较鲜明。其实，这些也正是我多年来创作历史文化散文所一贯奉行的宗旨。

其三，与此紧相联系，或者说，相互制约、相得益彰的是传记文学的可读性。从一定意义上，可以说，可读性，亦即读者观念，应是文学传记的入门证。既然是文学作品，自不能以单纯的叙事为满足，还须运用文学的语言，借助形象、细节、场面、心理的刻画，进行审美创造；需要透过事件、现象，致力于人物特别是心灵的剖析，拓展精神世界的多种可能性空间，揭示读者所关注的、急需了解的有关人性、人格、命运抉择、人生价值等深层次的蕴涵。

如果有人询问：当今写张学良的作品足可汗牛充栋，那么，本书将何以区别于其他传记？在敬谢不敏的同时，我要说，上述三点是我所勉力求之的。当然，这是很难达致的高标准的文学愿景。在作者来说，属于一个悬鹄："虽不能至，而心向往之。"

在《张学良：人格图谱·题记》中，我曾经说过，尽量不与其他传记、访问记、回忆录、口述历史重复，使人读了有耳目一新之感。此语，现在我还坚持，但须加以说明，因为重复与否，有个如何看待、怎么认定的问题。喜庆筵席上有一道常见的必备菜——"四喜丸子"，相传是由唐朝名相、著名诗人张九龄始创的。所用原料，当日张相爷的和我们今天的不会有本质不同；但是，由于烹饪技法、佐料添加、火候掌握上存在着差异，味道肯定不一样。与此类似，为同一个人立传，叙述的史实、应用的素材互有雷同，是必不可免的；而视角、立论如何，史识、史观怎样，作者是否有独特发现，所谓"独具只眼"，则决定着传记品位的高下。

不过，有一点必须承认：正是有了这些传记、访问记、回忆录、口述历史，以及当代学人大量的论述、评介文章，宛如身后耸起一列高大的靠山，眼前摊开涵容万汇的大海，给了我的写真以有力的支撑、直接的帮助，提供了巨大的便利。为此，我要在这里恭恭敬敬地奉呈一句："有劳诸位了，请接受我发自肺腑的诚挚谢意！"

限于精力和水平，书中肯定会有一些纰漏与不当之处，切盼广大读者与方家不吝赐正。

2013 年岁末

再版附言

　　本书于 2015 年由青岛出版社首次印行。承蒙中华书局垂注，这次得以再版。全书整体结构、布局没有改动；增补了部分内容；文字作了润饰、加工，所谓"踵其事而增华"；经过勘核、考证，讹误之处予以订正。谨此敬告读者。

作者

2022 年 3 月

人之初

"四大怪"

我的家乡——辽宁省盘山县大荒村，水土丰美，地广人稀，民众生活并不特别穷困，但它由于林木茂密、芦苇丛生，又兼处于几个县接壤地带，属于"三不管"地区，开发得晚，也就成了名副其实的荒乡僻壤。这里，历史上没有出过什么大人物，要说有，就数张学良了。他的出生地，与我的故里相距只有十五公里。所以，当地人关于他的传闻可说是"海海的"，信息量比较大。

此间，当时流行着这样一个顺口溜，名曰"四大怪"："白天青纱帐，晚上撸锄杠；老少三辈对面炕；偷个'鸡鸡'怀里放；孩子生在大车上。"头一句说的是，兵荒马乱，土匪横行，老百姓白天躲进高粱棵里，晚上再回家莳弄园田。第二句，是讲当地的居住习惯：为了冬天屋里暖和，许多人家都搭南北对面炕，小两口住北面，老两口住南面；讲究一点的，中间挂个幔障。第三句，反映一种令人啼笑皆非的民俗：镇里有座娘娘庙，每逢四月十八"娘娘庙会"，大姑娘、小媳妇街头云集，看人、看戏、看热闹；而那些结了婚的少妇，还有一个共同愿望，就是给"子孙娘娘"上香，"拜佛求子"。到了这里，她们都不再羞涩，变得比较开放，烧香磕头之后，一般都会弯下身去，用手摸摸娘娘脚下泥塑男孩的"小鸡鸡"，有的大胆些，趁势把它偷偷揪下、塞进怀里，带回家去泡水喝——传说这样就会生下男孩。她们远道前来，就是奔着求个子息；可是，小男孩却把"宝贝儿"丢了，成了"没把的茶壶"，这怎么行！管香火的庙祝只好事先准备很多"配件"，偷走了再安上。最后一句，特指张学良，说他的出生，不在炕头，不在床上，而是"落草"在大马车上，这也算是今古奇闻。

对此，张学良本人是这样说的：

> 我，实际上不是在地上降生的，我是在车上生的。你看，我的头上都有疤。我们那时正在逃难嘛，我母亲生我在车上。

张作霖于光绪二十七年二月十八日（1901年4月6日），遭到辽西巨匪金寿山的突然袭击，狼狈逃窜，率领保险队来到八角台——就是后来的台安县城。所谓"保险队"，还不同于打家劫舍的土匪，而是负责给这个或那个村庄做保险，每月你交付一笔钱，如果有土匪来袭，他们就出面保护，替村里拦截土匪。张作霖就是这么起来的。他从小就在附近的七乡三镇活动，这一带又是他的亲戚窝——他的妻子赵春桂就迎娶自这里。当时正值祸乱丛生，烽烟四起，为了逃难，居无定所又身怀六甲的赵春桂，在旧历四月十八（公历6月4日）这天，带着大女儿首芳，乘坐马车，从桑林子村胡家窝堡赶往张家窝堡她的堂侄赵明德家。路程本不算远，但由于乡村道路坑洼不平，剧烈颠簸，结果孩子生在了马车上。

这个孩子就是张学良。他的生日原本是6月4日，但是，因为后来张作霖在"皇姑屯事件"中，被日本人炸死，这一天成了父亲的忌日，张学良便把自己的生日改在6月3日了。

张作霖听说生了个儿子，自是万分兴奋，而他的保险队重新拥有了二百多号人马，他还当上了团练长，升官又生子，他说这是"双喜临门"，因而给儿子起名为"双喜"。

这样，桑林子村张家窝堡就成了张学良的出生地。他在五岁之前，一直住在亲戚赵明德家。资料记载，当时赵家，分为三个院落，主人住东院和腰院；赵春桂带着女儿、儿子住在西院，当时叫西园子。据年已九十的赵老太太说：

我是光绪二十八年出生的，比少帅小一岁。我们两家中间只隔一道小矮墙，因为都沾亲带故，两家走的很近。小时候，我们总在一起玩，玩饿了就在一起吃饭，吃鸡蛋，他总是让我吃蛋清。从小，他就特别聪明伶俐，脑袋瓜好使，人小，心眼儿可不小，用当地的话说，叫做"有道眼"、"鬼"、"心里有沫"，人们都叫他"小嘎子"。四五岁时，我们在一起玩"扯拉拉狗"（现在叫"老鹰抓小鸡"），他在最后头，怎么也抓不着他；他去抓别人，常常是假装动一下，你一闪，他就一把把你扯住。小小子（指男孩）在一起"打瓦"（认定一个目标，离开一丈多远，抛掷用石片制成的圆砣，看谁打得准），每次他都扔得很准。还有一种玩法，每个小孩手拿一堆高粱秸秆，都是筷子那么长的，用嘴数数，一、二、三、四、五，谁数的快、数的准，就扔出一根，他脑袋瓜灵，总是他赢；大伙起哄，说他做假了，罚他多拿几根，那也不行，还是他赢。还一块去抓蚂蚱、抓蛤蟆，他更是能手，人小会算计，脚步轻轻的，眼睛尖，手法灵，每次都是他抓得多。我比他小，又是小丫头，心又死，手又笨，个头也小，总是两手空空，气得抹眼泪。他哈哈一笑，像个大将似的，哄着我："别哭，别哭，看大哥来给你抓。"这样，再出去，我就不下手了，只是帮他拿那些抓现成的。他像个威武的将军，扛着竹竿，摇摇晃晃，走在前面，我就跟在他的身后，像个大老板的"跟包的"。

双喜出生以后，就没有赶上好年成，农村条件很差，母子三人整天以高粱粥、糠饼子、苣麻菜充饥，奶汁缺乏，双喜靠着母亲为他嚼的"奶布子"活下来，饿得皮包骨头。少帅晚年回忆说：

> 我小时候总有病，身体很不好，还吐过血，我能活下来，自己才叫感到奇怪。那时母亲也有病，没有奶给我吃，吃什么呢？就是把高粱米饭嚼碎了，成糊糊状，用来喂我。我没想到，我还能活到这么大的岁数！

到了三岁那年，张作霖带他到算命先生那里，说："先生，你看这个孩子，体格这么瘦弱，我挺担心的。请你给他看看面相吧。"

张作霖的名声在当地很响，算命先生自然知道，便谦和地问了小双喜的生辰八字，然后闭上眼睛，运转着手指掐算起来，尔后，毕恭毕敬地奉承说："公子命相大奇，致身富贵，易如反掌。"

张作霖听了，自是欣喜异常，但还是心存疑问，便说："既然这样，为什么身体这么瘦弱，小时候时运这么不佳？"

算命先生说："老总这就有所不知了，俗话说得好：'自古英雄多磨难，从来纨绔少伟男。'这是一节；另外呢，如同所有大人物一样，公子生来烈性，命硬如钢，一克父母，二克兄弟。"

张作霖猛一激愣，赶忙询问："可有什么办法加以破解？"

算命先生又是一阵掐算，最后说："找个替身，消灾解祸。可以带上公子到庙里去，许愿给庙上作佛门弟子，才会免遭灾难。"张作霖付上酬金，谢了算命先生，便回去筹备。

于是，在四月十八娘娘庙会上，由妈妈带着双喜去到庙里烧香磕头，由和尚给他剃成光头，象征性地做了小沙弥，然后领着回家。过一些天，再到庙上举行还俗仪式。烧香上供之后，和尚身披袈裟，一面用手抚摸双喜的脑袋，一面念叨着："自小多灾害，父母担惊骇，自许入空门，全凭佛爷带，前殿不打扫，后殿不礼拜，脱下僧袍来，赶出山门外。"随后，佯装发怒，挥起戒尺便打，逼令双喜逃出，算是"跳出佛门"了。这时，再由长辈领回家去，但须改换名字。叫什么名字，要看孩子逃出后，听到别人第一次叫另一个人的名字，这个名字便作为自己的名字。由于换了新的名字，就意味着命硬也好，克爹克妈也好，就与己无关了。这天，小双喜逃出庙门，恰好听到旁边树林里有人呼唤"小六子"，这样，双喜便改名为"小六子"了。

张学良晚年曾忆起了这件事，说：

　　小时候，我身体较弱，母亲就把我送到庙里去做"跳墙和尚"。什么叫"跳墙和尚"？就是送到庙里去学当和尚；然后再跳墙跑掉。那天，我跳出墙后，恰巧听到有人呼叫"小六子"，所以，家人也就叫我"小六子"。我说笑话，那时如果有人喊"王八蛋"，那我的小名就叫"王八蛋"了。称我"小六子"就"小六子"吧。其实，我排行不是第六，而是第一。

虎性子

　　张作霖归顺了官府之后，驻防在新民府，当了五营的统领。这样，他便把妻子、儿女接到了新民团聚。这年，小六子已经五岁了。张学良回忆说：

那时，新民府很发达，铁路就修到那里，还没有修到省府。记得住在新民府时，有一次，人家过年送礼，抬来一大盒子香蕉，是青香蕉。大家琢磨，这是啥玩艺儿。有明白的人，说这是洋茄子。那怎么吃呢？煮着吃，不行，煮着也不好吃，太涩；有的说，生吃，蘸着酱油凉拌吃，结果，凉拌也不好吃。

张作霖小时家境贫寒，没有正经地念书、启蒙，墨水很浅，处事艰难，曾经闹出了许多笑话。因此，他下狠心，要让下一代学好文化，多多读书。转眼间，小六子就到了上学的年龄，七岁那年，张作霖请辽西名儒崔名耀给他正式取名。因为西汉时有位开国元勋张良，崔先生便在中间加了一个"学"字，名"学良"，字"汉卿"。张作霖感到正合己意，十分高兴。于是，后来的几个儿子，学铭、学曾、学思、学森、学浚、学英、学铨，便都按照"学"字排了下去。

崔名耀是清末的秀才，因为学识渊博，深孚众望，张作霖便聘他为主稿员，负责办理统领的文案公务，同时兼任家庭教师，为儿子启蒙、授课。这样，张学良就由《百家姓》《三字经》《千字文》，一直到读完"四书五经"，还学了些诗古文辞，自是打下了很好的文化功底。

这年过端午节，老帅请崔先生吃饭。席间，崔先生带着一点酒兴，动情地说：

老夫阅人久矣！这个孩子有些特异的禀赋，长大了笃定是牛脾气、虎性子，风生水起，涌荡波澜，会干出一番大事业来。

老师听了很得意，因问：你是怎么看出来的？

先生说，其因有三：一是他出生于辛丑年，次岁为壬寅，这叫做："前牛后虎，万山无阻"；其二，是考虑到遗传、血统、家庭影响，人们不是常常把"将门虎子"连在一块说吗？其三，俗谚云："三岁看大，七岁至老。"异日为牛为虎，从对这个少年郎的观察、品鉴中不难看出。

张学良的顽皮、捣蛋，无拘无管，"和尚打伞，无发（法）无天"，天不怕地不怕的个性，可说是从小就养成了。一次，他因为惹是生非，遭到了母亲的责难和处罚，他一时性起，竟然操起一把菜刀，向母亲头上砍去，幸亏母亲反应快，躲闪过去，才没有造成流血惨剧。还有一回，父亲以玩笑口吻对他说："不喜欢你了！"他立刻扑上前去，把老帅的长袍大襟一把扯了下来。看到村里人跳神、求仙，祈祷、算命，他就当面向人家问难，表示强烈反对。有一回，家里请来了一个巫婆跳大神，他趁大人没注意，故意把西瓜皮投掷在"大仙"附体的巫婆脚下，使这位"大仙"摔了个仰面朝天，他却在一旁拍掌大笑，说："你看大仙灵不灵。"闹得最严重的是，帅府设宴请客，筵席上，酒、菜已经摆满，宾主正在举杯称觞，他发现席上没有自己的座位，便钻到桌子底下，猛然用头一顶，登时杯盘满地、酒肉翻飞。

他十二岁那年，祖母病逝，家里请来工匠搭起一座两层楼高的布棚，布置成高大的灵堂。趁着家人不注意，他一下子攀到顶棚上面，人们惊叫不已，他却若无其事地舞爪张牙，扮着鬼脸。长大以后，更是胆大、冒险，无所顾忌。他说：

> 我可以把天捅个大窟窿。你叫我捅一个，我非得捅两个不可。
>
> 我对于中国的传统礼教，接受得不大多。自幼就具有反抗的性格，反抗我的父母，反抗我的老师，甚至反抗我的长官……凡不得于心者，自以为是，辄一意孤行，不顾一切。

在担任东北航空处总办时，他请来教官教他驾驶飞机。有天早晨，他趁教官没有在场，不顾工作人员的劝阻，独自将飞机发动起来，飞向远方。吓得身旁的人惊骇万状，不知所措。正是这种为常人之所不敢为，一意孤行、不计后果的冒险精神，为日后的处理"杨常事件"、发动西安事变，奠定了性格上的基础。

当日塾师崔名耀的种种解释未尽科学，不过，最终还是真的"言中"了。"年少万兜鍪"，炮火硝烟灼红了他的青涩岁月。在这个东北汉子的身上，始终有一种磅礴、喷涌的豪气在。他有个口头禅："死有什么了不得的？无非是搬个家罢了！"这样，有时也不免粗狂，孟浪。用他自己的话说，是"一个莽撞的军人"。但也唯其如此，才激荡起五光十色的生命波澜，有声，有色，有光，有热，极具个性化色彩，生发出强大的张力。他的精神世界总是在放纵着，冲决着，超越着。对于他人死死抱住不放的货利、声名，他视若鸿毛，弃置不顾；可是，却特别看重人格，操守。敢做敢当，不计后果，轻死生，重然诺，讲义气，用古话说是游侠，今人称之为豪气。这种饶有古风的价值观、人生观，从小便铸塑成型，尔后支配了整个一生。

"小顽皮"

张作霖升任第二十七师师长，进驻奉天之后，张学良便随同母亲、姐姐，一同跟着父亲迁入省城；崔名耀也当上了卫队旅的书记官；张作霖便把当年自己的启蒙先生杨景镇接进省城，给儿子张学良授课。

原来，张作霖小时候家里一贫如洗，没有钱上学，便经常到村塾的窗外偷偷地听课，塾师杨景震很受感动，就免费让他上学，并供给他纸笔和书本。这年，张作霖已经十一岁了，刚读了几个月，就赶上父亲去世，只好忍痛放弃学业，给大户人家做零工，养家糊口。但他始终念记着杨老先生的这份恩情，所以，这次便给潦倒乡关、贫居无聊的恩师找了这份差事。无奈，这位老先生也确实过于衰老，而且陈腐守旧，说话总是文绉绉的，脑后拖着一条干巴巴的小辫子，走起路来颤颤巍巍，摇摇晃晃。张学良看见了，就叫他"老棺材瓢子"。

老先生有一件长袍，家织布的，据说是宣统皇帝登基那年做的。可张学良却认定，从那布料，那样式，那股子馊味来判断，至少应该穿了一百年。擅长恶作剧的他，弄来一些蜂蜜，又拌上一个捣碎的卫生球，然后偷偷地抹到袍子上。这样，老先生走到哪里，苍蝇便跟到哪里，嗡嗡营营，寸步不离。老先生倒是自得其乐，读起书来喜欢吟哦，也就是唱着诵读，意态悠然，十分投入，张学良便偷偷点燃一个炮仗，突如其来的巨响，吓得老先生口水流出。

张学良在"口述历史"中，谈到了这位老先生：

> 他的为人顽固守旧。民国已经成立了，他仍保存他的辫子，他不但不剪，还禁止我，也不许剪。我那时心中认为是奇耻大辱。有一年，他归家度岁，我自己把辫子剪去了。等他回来，大为不悦。申斥我说："身体发肤，受之父母，不敢毁伤。"我说："老师，那么你是应该留全发的，那你只留一半，岂不是毁伤了？"他说："这是皇上的意旨。"我说："皇上已经完蛋了，剪辫子那可是政府的号令哪！"我这位老先生怒气大发，说："这个没有皇上的朝廷，还能会有多么长久呢？"

私塾要求每天都要背诵，可是，张学良却总是偷翻书本，老先生批评，他便顶撞说："书是我的，为什么我不能看？"还有一次，塾师以《民主国之害甚于君主》为题，让他作文加以论述。他在文章一开头，就引述韩愈《原道》中的"坐井而观天，曰天小者，非天小也"的话来加以批驳，气得塾师跑到大师那里告状，说："我实在教不了这个小顽皮"，忿然提出辞职。

十三岁那年，张学良还曾受教于晚清进士、担任过御史的金梁。后来，金梁对人称赞他："汉卿年十二三，即从我学文，能作千言，下笔颇快。"

在张学良的老师中，还有一位白永贞，满洲镶白旗人，世居辽阳唐马寨蚂蜂泡村。他不仅是一个知名学者，也是一位很有气节的政治家。史料记载：他"一生嗜读，博学善书，且为人善良正直，深受乡人爱戴。'九·一八'后，白永贞拒绝给日寇充当汉奸走狗，对已附敌的袁金铠悲愤万状地说：'洁老（袁金铠字洁珊），吾与汝私谊甚厚，然人各有志，国土沦陷，山河破碎，吾痛不欲生，何惜一死！'1944 年初，白永贞患疾不起，嘱咐家人：'吾将走矣！死后送吾回故里，停放于宗祠，吾不甘葬于污垢之地，等国土收复后，大祭大奠。此可谓：待到驱除日寇时，家祭勿忘告乃翁。'言毕而逝"。从他对张学良的称许上，亦可知其颇有识人之见。

许多年后，张学良在一份"自述"中，对白永贞有这样一番评价：

> 我小时候是有点儿小聪明，也非常调皮。那时念书，我们共三个人，一个表弟，还有一个弟弟。我们就抓着苍蝇放在一个瓶子里，把粉笔碾成粉末，各人有不同的颜色，我是红的，你是蓝的，他是白的，苍蝇就在粉末里扑棱着，满身是颜色。搞完之后，这就是我的兵了。看谁比谁抓的多。上课时，苍蝇坏透了。我们的老师是近视眼，坐在那里看书，苍蝇飞来，就落在他书上。他说，噢，这苍蝇怎么是红的？而且这红苍蝇还扑扑地弹下不少粉末，这是怎么回事？我们看见了这情景，都偷偷地笑。老师猜想一定是我们干的，后来就翻我们抽屉，把苍蝇都翻出来了。第二天就打手板。
>
> 先生是一位孝廉公，曾任过知府。我虽然曾从他受教只有一年多，可是我得益不少。他对我从未有过怒颜谴责，许我行动自由放任。关于读书做人，他时加劝诱指导。

他教了一年半，二年差不多，他就跟我父亲去说。他说："你不要你的儿子念书了，他不是念书的料，不是一个坐屋念书的人。他要干什么，你让他干什么就好。"

我父亲是想把我造就为文人呐，那么，我父亲很听他的。

后来，这个白永贞就辞馆走开了。

白永贞在《帅府日记》中记载："（1928年）九月五日，汉卿赠筵两席，予余贺寿，余对其言：'汉卿，承你重师生之情，然余不重礼仪馈赠，只愿你爱国爱民。'汉卿言：'爱国爱民是我为政之本，终生不渝；尊师重道是我为人之本，亦终生不渝。'"

望子成龙

老帅对于张学良的学习、成长极为重视，不仅请了几位国学功底深厚的学界名流，为他奠定坚实的传统文化基础，还适时为他请来英文教师，由省城外交署的英文科长徐启东担任。少年张学良在奉天城里住下来以后，老帅有意识地为他创造条件，使之接触到一些外国领事馆和商务代办机构，了解各种新鲜事物。这样，他又跟着帅府内外熟悉外文的人打交道。不久，张学良加入了奉天基督教青年会，结识了一些英美籍朋友和外籍专家学者，进一步开阔了视野，增长了学识。

一天，老帅把张学良叫到身前，说是要考考他。

老帅突然大吼一声："站好！"

他应声而答："是。"

问："李世民是哪朝人？"

答："唐朝人。"

问："你喜欢他吗？你愿仿效他吗？"

答："不喜欢，也不想学他。"

老帅眼睛一瞪，问："那你喜欢谁？"

答："我喜欢岳飞、文天祥、戚继光、史可法、丁汝昌。"

老帅哼了一声：又问："你喜欢日本天皇吗？"

答："不喜欢。我喜欢加里波第将军——意大利建国三杰之一，还有海战殉国的英国纳尔逊将军。"

老帅夸奖道："好小子，有种！"

老帅治家谨严，特别是对子女严加管教。少帅弟兄们都清楚地记得，小时候，父亲同他们一桌吃饭，平时总是高粱米粥和馒头，逢年过节才能吃上酸菜炖白肉片的大碗菜。有一次，喝高粱米粥，学良不愿意喝，被老帅敲了一筷子，还大骂说："妈拉个巴子，当年老辈人，若是能喝上一碗高粱米粥，能饿死吗？你当大哥的，应该给弟弟、妹妹立个样子。"

少帅在"口述历史"中说：

我原打算要学医，到现在我还喜欢医生这一行。我父亲他也没说不赞成，可也没有说行，我也没办法。

你知道我这人的性格适合干什么？我愿意干自由职业，像当个医生，画个画儿什么的。总之，干个随随便便的职业。我本来是不想当军人的。我还喜欢女人，喜欢跟女人在一起。我想自自由由地干点事，可一惹上政治，这事儿就不同了。当然，我当了军人，现在我也看到了，不但与父亲有关，与东三省有关，甚至与世界上的变化都有关系。不是我当军人，不是我管东北，也没有这么多的事。

少帅还谈到：

我十五岁那年，一天，父亲跟我说："你晓得吗？你妈妈死的时候，留下了几万块钱。那个钱，在你姐姐手里，那钱是留给你们三个人的，不是单独给你姐姐的。"我冲着我父亲笑了，说："你那点钱算什么玩艺？别说那几个钱，就是你再多再多的钱，我也没看在眼里。"我父亲把眼一瞪，瞅瞅我。我说："长大了，我能挣，还要比你挣的多！"我父亲看看我，说："你好大的口气！"他的心里还是满高兴的，欣赏我有志气。他最看不上窝窝囊囊、小里小气的人。

少帅记忆中有这样一件事：

吴俊升，就是绰号"吴大舌头"的，他是黑龙江的督军。我五弟认了他做干爹，我们喊他吴大爷。过年了，他给我父亲拜年，给了我们兄弟每人五千块钱。我父亲一看，就火了，说："吴大哥，你怎么这样做？"吴俊升说："过年了，小孩子磕头，总得给点钱花。"我父亲说："你给这么多钱，就不对了。"吴俊升说："我的钱，我的一切，都是大帅给的，我得报答报答。"老帅说："这是什么话！既然这么说，那你回黑龙江去，好好做事，别让那里的老百姓骂我们的老祖宗。这就是报答了，不能拿钱坑孩子！"我父亲当时，那种神态，盛气凌人，凛然可畏，吴俊升趴在地上，连连给我父亲磕头。我在一旁看着，真有点毛骨悚然。后来我听说，吴在黑龙江，名声不怎么好。

故园情

张学良的故居，尽管离我的故里很近，但直到 1994 年，我才第一次前去瞻仰。村里人介绍说，当时的张家窝堡地处荒原之中，大草场，芦苇荡，户数很少。据张将军后来回忆，也是说：稀稀落落的，只有几户人家。他印象最深的，就是屋后有一棵枣树，结的大红枣很甜。于是，村里就以此为线索，进行访查鉴定，整个堡子唯有这里有一棵老枣树，而且，当年确曾住过赵姓人家。

这是三间极为普通的农家土平房，前面有一个院落，院墙外一棵柳树，长得十分茂盛；屋后东北角，一棵由三条粗干组成的老枣树，由于年深日久，有些枝条已见干枯，但每年还都结很多红枣。

1991 年 10 月 5 日，身居台湾的张将军亲口尝到了一别八十余载的故居的红枣。他记起了儿时母亲带着他挥竿扑枣的情景，不禁激动万分，当即给带给他家园红枣的台湾咨询委员会副秘书长丁先生写了封信：

中江先生道鉴：承赠大著及家乡枣果，敬此申谢。愿上帝祝福！

张学良书拜　十月五日

当地民众出于对张将军的爱戴与尊重，他们爱屋及乌，对于这棵红枣树也是加倍呵护，不许有任何损伤。这使人想到《诗经·甘棠》章记述的人们对于召伯虎的怀念。召伯虎为申伯筑城盖房，划分方田，规定租税，劳绩颇著，申伯的子孙和当地一些群众很感激他。为了寄托对召伯虎的深情怀念，他们加意保护召伯虎宅前的一棵甘棠树，并吟唱道："蔽芾甘棠，勿剪勿伐，召伯所茇（居住）。"

1990 年，张学良将军九十华诞前夕，当地政府斥资整修了他的故居；并在他的生日那天，接待了来自世界各地的将军的亲属、部属，他的八弟张学铨、四弟张学思的夫人谢雪萍远道赶来出席。现在，这里辟为"张学良将军纪念馆"，挂有一幅由河北省张家口市楹联学会会长董汝河撰写的对联：

盛京易帜西京谏策百年功业千秋节
台岛望云夏岛吟风一种乡思万缕魂

馆中陈设一些将军童年时用过的生活器具，以及四百余幅反映少帅叱咤风云的一生的照片，像东北"易帜"、西安兵谏等重大历史事件，均历历在目。展厅挂满了少帅亲友和部下及社会各界名流参观纪念馆所题写的墨迹，其中有张学良弟媳谢雪萍的题字："振兴故里，待大哥来"。

1994 年，台安各界人民主动捐款，在县城中心广场为将军雕塑一尊铜像，广场命名为汉卿广场。将军九十九华诞时，以县委、县政府名义，主持召开了"张学良国际学术研讨会"，编辑出版了一本名为《千古功臣颂》的诗词集。

2001 年 10 月 14 日，张学良将军在夏威夷病逝，噩耗传来，台安人民当即给将军的亲属发去唁电，各界人士举行座谈会，表达对老将军的怀念和沉痛哀悼之情。尔后，在距离将军出生地仅三公里的西平森林公园拨出十公顷土地，为他修建了衣冠冢，名为少帅陵，与其父在抚顺的衣冠冢

——元帅林相对应。将军的女儿张闾瑛专门为陵园写了一副楹联：

东北易帜中华统一垂青史

西安兵谏团结救国功千秋

山门楹联为西安市楹联学会名誉会长解维汉撰题：

戎马铸丰功一曲浩歌担大义

衣冠还故里千秋正气贯长虹

楹联家李忠云也有一副对联：

身诞台安名动西安壮举长教千古颂

情融国土魂归故土英灵犹盼九州同

张将军埋骨他乡，到死也没能偿其回归故土的夙愿。据说，他在夏威夷由赵一荻选定的墓地，紧邻日本神社，周围由日本人墓园包围；日本神社的钟亭就在他的墓室边缘的下方。将军为抗日救国付出了监禁半个多世纪的代价。而他死后，还要时时听到日本神社的钟声，情何以堪，心何以安？所以，台安乡亲在他的出生地建立了他和夫人于凤至的衣冠冢，确有其特殊的意义。将军地下有知，或将笑慰于九泉吧？

由于老帅张作霖在八角台发迹，少帅张学良又在台安境内出生，所以，张学良对台安怀有极为深厚的感情。这里只讲一件事：1929年，《台安县志》完稿、付梓，县公署请张学良将军为县志撰写序言。当时，张将军身任东北边防司令长官，又兼东北政务委员会主席，集军务、政务于一身，其繁忙程度可想而知，但他仍然慨加允诺，欣然命笔。这在当时奉天省五十八县中是唯一的。

一代枭雄

少帅眼中的老帅

旧时代有两句流传很广的俗话，叫作"打虎亲兄弟，上阵父子兵"，后来被收进童蒙读本《增广贤文》里，成了家喻户晓的格言。

说到"上阵父子兵"，人们会立刻想到三国时孙坚、孙权父子，当时还留下一句"生子当如孙仲谋"的佳话。唐朝开国的李渊、李世民父子，也是赫赫有名的。到了宋朝，就是"杨家将"——老令公和他的"七狼八虎"的儿郎了。那么，现代有没有呢？当然有，最著名的，一个是江南的蒋家父子，一个是东北的张氏父子。

关于张作霖、张学良父子，海外学者唐德刚教授有过这样一段话：

在上世纪初年，他（张学良）本是一位旧军阀的纨绔子弟，吃喝玩乐，挥金如土。这本是清末民初那个荒唐时代所有高干子弟的共同现象。只是张学良这位公子哥儿更会花钱、更会玩乐罢了。因为在民初的"四大公子"中，他的本钱最雄厚。

可是，一旦过了青春期而及于成熟期，他的生活便有了两面性。一方面，他仍然是个旧式军阀的儿子，吃喝玩乐，未改其公子哥儿的本性；但另一方面，他已能随时代进步，成为旧军阀集团内部的青年改革派的领导者……当张大帅那个行伍集团搞不下去了的时候，继之而起的改革派首领，却是他自己的儿子，所以，它能够自我进化，不断延续下去……

当然，学良的大官大位，与他"有个好爸爸"是分不开的。但是，他那个好爸爸也幸好有这么个好儿子。学良是先大元帅麾下不可或缺的助手、智囊和副指挥。他们的父子档，正如京戏舞台上所创造的"杨家将"，没有这个儿子，则"张老令公"的光彩也就要逊色多了；没有这个儿子，"老令公"于"碰碑"之后，余众也就统率无人了。

唐教授在这里辩证地论述了张氏父子互为依存、相得益彰的关系。

我在一篇文章中，探讨张学良的成败得失以及经验教训时，也曾谈到："就个性特征来说，他从乃父那里，只是继承下来江湖义气、雄豪气概，而把那种投机取巧，狡黠奸诈，厚颜无耻，反复无常的流氓习气滤除了；少了些匪气，而多了些侠气；少了些沉潜，而多了些孟浪；少了些机谋，而多了些旷达。"

前人有言："知子莫若父"；倒过来说，知父亦莫若子。那么，少帅又是怎么看待老帅的呢？他在"口述历史"中说：

我有两个长官，一个是我父亲，一个是蒋总统。我对他们两人的评价是：我父亲这人有雄才，无大略；介公有大略，无雄才。

我父亲这人有雄才，我可以讲个例子给你听。有一次，我父亲被人扔了炸弹，三个人联合炸他。我父亲幸免一死，可那扔炸弹的有两个人被自个儿炸死了，剩下一个被逮住。

"你为什么要炸我？我跟你无怨无仇！"我父亲问他。

"因为你要复辟，你跟张勋两个人开会，要搞复辟。所以我们才炸你。"

"这事你误会了，我不但没参加复辟，我还反对复辟。"我父亲说。

"很可惜，我那两位伙伴牺牲了。我没有别的意思，就是恨复辟！你要复辟，我就要炸死你。"那人说道。

"好！如果真是这回事儿，那你误会了。我现在就放你走！你出去打听一下，假如我是搞复辟的，那你再回来炸我！"

就这样，我父亲把他放了。

老东北军一些将领也这样看，说张作霖气度恢宏，敢用人，肯信人，能容人。

唐教授在听了少帅这番话之后，做了进一步的阐释。他认为，所谓"雄才"，比如《水浒》中的英雄，《说唐》里的好汉。隋唐之际最大的雄才，便是秦王李世民了。那么，"大略"呢？就是有远见，有策略。这恰恰是张老帅所缺乏的——他口口声声要"以武力解决长江各省"。即便是长江各省真的被他武力解决了，那还是"以暴易暴"呀！这一点他就弄不清楚了。弄不清楚的结果，不但长江各省武力解决不了，连他用武力强占的苏、皖两省，在 1925 年秋，又都被南方军阀孙传芳等夺回去了。得之军阀，失之军阀，于老百姓有什么干系！这就是没有大略的毛病了。再者，他对于自己的政治措施没有认识，结果连自己内部的问题都无法解决，这样，就爆发了 1925 年冬的"郭松龄倒戈"的闹剧。总的看来，少帅的这两个长官，最后全都各以其短取败，以至倾覆，如果能够以长相辅，那就会展开另一种局面了。

演 "戏"

张作霖呱呱坠地，正值三岁的小皇帝光绪继位，其时内忧外患，国事蜩螗，人心动荡，民不聊生，终其一生都处在极度动乱的时代，因而有着非常复杂的社会经历。他起身草莽，混迹于社会的最底层，做过兽医，出入赌场，曾经落草为寇，接受过官府的收编；在同土匪、恶棍、豪绅、地痞、无赖长期厮混的过程中，特别是在军阀混战、日俄列强环伺的复杂、险恶的环境中，不仅锻炼出一副勇敢机智，敢冒风险的坚强品质，还培植了鸷猛、狠毒、奸诈、决绝的枭雄个性和狡猾无赖、厚颜无耻、不择手段的流氓习气。

就连阅人无数、老谋深算的一世雄豪袁世凯，张作霖也照样把他玩弄于股掌之上。还在1914年，张作霖当二十七师师长时，应召进京向大总统袁世凯述职。对于这个握有军事实权、野心勃勃的强势人物，袁世凯是心存戒虑的。对此，张作霖事先已经料到，早蓄"韬晦之计"以作应付。他一进北京，就下令包下八大胡同的所有妓院，暗示部下可以恣意"买春"，寻欢作乐。这种地痞流氓的行径，自然逃不出大总统所设置的耳目。待到晋见那天，大帅更是秉足了气力进行一番表演：只见他进了中南海居仁堂，竟像刘姥姥走进大观园一般，故意东张西望，对着各种宝物馋涎欲滴。见到了大总统，表现出一副诚惶诚恐的样子，跪地便拜。袁世凯不经意地掏出怀表，看了看时间，张作霖立刻歪着脖子张望。袁世凯当场就以怀表相赠。心想：这真是个"土老帽儿"——无能为也！

这样一来，就解除了大总统的疑忌。其表演之成功，真使"青梅煮酒论英雄"中"闻雷失箸"的"大耳贼"刘备自叹弗如也。

在袁世凯气焰熏天、炙手可热的时节，张大帅装得像个"三孙子"那样奴颜婢膝，低三下四；可是，待到一年过后，当袁世凯签订了"二十一条"，特别是"皇帝梦"破碎了，成为过街老鼠、人人喊打之际，张作霖便一改故态，呼号奋发，充当反袁的先锋，来了个一百八十度大转弯。这样，袁氏病死，黎元洪继任大总统之后，张作霖照样官运亨通，被委任为奉天省督军兼奉天省省长。

这一套闪转腾挪的肆应工夫，张学良哪里具备？

又过了十年，郭松龄倒戈反奉，彻底失败，时任奉军总司令的张作霖，在大帅府举行庆功宴。文武高官、各界名流，齐聚一堂。大帅容光焕发地致词、祝酒之后，突然，大厅门扇洞开，四个武官抬进来一只大皮箱，一个副官趋前敬礼，说："报告大帅，这只箱子是从郭鬼子军部搜出来的。听候处理。"事情原本是大帅一手策划的，此刻，他却假装不知情，批评说："你们怎么赶在这个时间捣乱！箱子里都是什么？"副官回答："报告大帅，箱子里全是密件、信函，是我们奉军内部人私通郭鬼子的。"大帅听了，脸色一沉，怒气冲冲地说："这还了得！好大的贼胆！"说完，他扫视一下全场，见个个屏息无声，空气紧张得很，便大骂了一通郭鬼子，然后又换成笑容，说："郭鬼子已经死了，一切了却；余者一概不究。干脆把这些烧掉！不要扫了大家的兴！来，来！干杯！"

这一通收买人心的表演伎俩，对少帅来说，莫说是实际做，恐怕叫他去想，他也不会想得出来。

老帅的好戏多着呢，远没有演完，还有更精彩的在后面。

这次庆功会之后，过了三天，老帅又表演了两出戏：《通电让贤》

《辕门斩子》。这是在东三省军政议事会上，主要是处理郭松龄事件的善后事宜。

与会者，有总参议、三省的省长、督办，还有哈尔滨特区的长官，以及师长、处长以上的几十位高官。一开始，老帅就以低沉的声调宣布："今天的会，暂时还是由我主持，由我来向大家做出交待。"接着，他让秘书长袁金铠宣读一份通电，略称：

> 作霖才德菲薄，招致战祸，谨此引咎辞职，还政于民。东北行政暂由王公岷源、军事暂交吴公兴权料理。一俟中央另派贤能主持东北大局，本人甘愿避路让贤。

最先做出反应的，当然是通电中委以重任的王永江（字岷源）与吴俊升（字兴权）了。他们心里透明，老帅这样做，既是"以退为进"，争取主动；又能从中测知哪个人存有野心，于是，忙不迭地申明态度，以免招致误会。王有文人气质，谦卑地说："有大帅在，担当微职，随时请示，尚可勉为其难；让我独当此任，绝难为力。个人事小，国家事大。大帅不出，如苍生何！"吴氏表面上粗似麻绳，实际里细如毫发，赶忙连声推辞："我，我，我一天也担当不了。你不干，咱们就一块撂下！"总参议杨宇霆觉得，自己已经牵涉进事件当中——郭松龄所要"清君侧"，"清"的正是他，此刻不能无所表示。他说："此役身为罪魁，理应明正军法，承蒙大帅宽容，从大局着眼，容我戴罪立功，永生难以为报。"接着，又从分析全国形势入手，说明大帅的绝对权威作用不可或缺，"值此危急存亡之秋，绝非大帅隐退之时"。剩下来的，其他人就是一阵"鸭喧雀噪"，总的调门就是，大帅一退，东北的天立刻就得塌下来。

看看目的已经达到，大帅适时表态："照大家这么一说，我还得干。行！将来若是有人出来主持东北大局，我要立即让贤。"

大家一看，戏到此处也就落幕了，刚要准备起身，不料，大帅陡然脸色一变，厉声喊道："常处长！命令你：立刻乘专车到新民去，把张学良给抓回来，我要亲手枪毙他！如果让他跑掉，我拿你的脑袋是问！"常荫槐身为军政执法处长，一时不知如何是好，依也不是，违也不是。他和大家都明白，大帅这一招儿，不过是"刘备摔孩子——刁买人心"（当地方言，"刁买"意即收买），是玩儿给大家看的。

只听吴俊升说："过去没有张军长还将就，现在离开他，一天也不行……"老帅一跺脚，怒吼道："你胡说！"可是，吴俊升对张作霖，可说是从头发梢认清到脚后跟，早看透了其中的"小九九"，于是不紧不慢地说着："没有张军长，谁去招抚郭军散兵？散兵还不算，魏益三部下还有两万人马在山海关，若是和冯玉祥一合股，比郭鬼子力量大几倍。打过来，谁能抗得住？现在，就靠张军长，他一摆手，那些人就回来了。"说得头头是道。吉林督军张作相刚要站起来说话，就被张作霖制止了。老帅觉得火候还未到，还需再加一把火，于是，自己讲了一大篇：

小六子这个损杂种，上了郭鬼子的贼船，讲他妈的学科、术科，耀武扬威，装他妈的洋蒜。这帮损杂种，算个狗屁！

郭鬼子这个鳖羔子，到奉天来，打一个小行李卷儿，有两个茶碗，还有一个是没把儿的。小六子说他是人才，我一次就给他两千块大洋，给他安家，他感激得把他老婆给我睡他都愿意。他自以为有功，在座的谁不比他资格老？汤（玉麟）二哥和我穿一条裤子，出生入死，现在，郭鬼子和他拉平辈……

以下才算进入正题，中心是推崇元老派讨郭的功勋。

一骂，一捧，这就达到了激励部属、安抚人心、巩固统治地位的目的。那些跟随他闯关夺寨的老将们听了，从心眼里舒服，觉得老帅毕竟心里揣着他们，这也就足够了。那么，最后总得有个打圆场的，好让老帅下台呀！于是，总参议杨宇霆出面了，说："请大帅息怒！还是吴督军说得对，从大局着想，当今之计，张军长不但不能法办，还得授予他统率全军的大权。至于郭军叛变，我们大家都有责任，不能怪少帅一人。"

王永江赶紧抓住时机，过来说："大帅贵体为重，应该为国家保重身体，近来太劳累了，我建议马上休会。"

吴俊升接上话头，笑嘻嘻地说："谁是英雄？我看我们都是狗熊，只有大帅是英雄！"说着，他就和张作相一左一右，架扶着张作霖离席。可是，张作霖脑袋清醒着呢，并没有忽略应有的"过场"，一边走一边喊着："免去张学良本兼各职，听候查办！"这样，才算把这台戏圆圆满满地演完了。

与老帅相比，少帅要诚实、直率得多。他对郭军反奉所造成的后果，表示心情沉重，主动承担责任。公开表示："匝月以来，五中忧愤，刺激实深，虽尚黾勉从公，脑筋久已昏瞀，近日来更加沉重"。因此，一俟善后完结，即请求免去他的职务。

他在给东北各省长官发电中，再次申说：

> 学良束发受书，壮寄戎伍，自惭驽骀，辄凛渊冰。爰识郭某于寒微，遂竟倾心而相属。七年赞翊，擘画多方，听合无间，情如手足。方期危舟同济，共挽危澜；孰意鬼蜮横生，变出仓猝……推原祸始，谁为厉阶？此皆良结交不慎，知人不明，驭下无方之所致也。

事件发生过程中，即便对少帅有些看法的元老派，看他如此诚恳，一再引咎自责，也都衷心予以谅解。而老帅的"辕门斩子"，虽属演戏，但也起到应有的消解作用；对于张学良，痛骂是假，爱护是真。东北有句俗话："打是稀罕（喜欢）骂是爱"，此之谓也。

玩 "鹰"

老帅家乡，北距少帅出生地，不过六七十公里。那一带，属辽河下游，地处卑湿，蛮荒初辟，草野苍茫。大户人家的公子哥们，盛行玩鹰的把戏，出门闲步，手臂上往往架着一只凶赳赳、恶狠狠的苍鹰。老帅也是玩鹰的老手。只不过，这个"鹰"，不是空中的飞禽，而是地上的群雄，比如那个袁皇帝，还有混战的军阀，这里想着重说说他是怎样同虎视眈眈的恶邻斗法的。

如同说到少帅，总离不开蒋介石一样；那么，说到老帅，是绝对离不开日本人的。可以说，日本人像梦魇一般，纠缠了老帅一辈子，一直到死。他的升沉、存殁，都和这个恶邻紧相联结着，所谓"成也萧何，败也萧何"。当地有句俗谚："玩了一辈子鹰，最后被鹰叨瞎了眼睛。"老帅可能没想到，这句话竟然成了他的谶语。

在辽宁民间，也包括老东北军中，广泛流传着这样几个小故事：

——张作霖因为经常要和日本人打交道，不得不学了几句寒暄用的日语，像"阿里安多"（谢谢）、"巴格牙路"（混蛋），还有"沙约娜拉"（再见），等等。不过，他经常弄混了，有人说是故意的，结果闹成了笑话。一次，他在帅府请日本一位贵客吃饭。为了表示诚意，他迎出客厅。在与客人握手时，连连说道："沙约娜拉！沙约娜拉！"客人感到莫名其妙，正要拂袖而去。经过日语翻译解说，才明白是说错了。宾主尽欢畅饮,客人临走时,老帅亲自送至门口,握手道别,连声说道:"巴格牙路!巴格牙路!"还有一次,宴请日本公使,酒过三巡,副官指挥厨师往桌上续菜,不小心将菜汤滴在公使身上了,张作霖连忙用餐巾代为揩拭,一面大骂副官:"阿里安多!阿里安多!"弄得日本公使一肚子怨恨,认为他是有意戏弄。

——张作霖执掌东北大权伊始,日本驻奉天领事馆宴请他,说是要进行私人会晤。张作霖知道对方的用意在于诱逼他出让一些主权利益。落座之后,敬献了茶水、香蕉。大帅随手拿起一根香蕉,带着皮一口咬了半截,狼吞虎咽,吃到肚里。凭着他的身份,不会不知道应该扒了皮吃。领事不解其故,连忙拿起一根香蕉,先扒掉皮,然后恭恭敬敬地递给大帅。大帅哈哈大笑,连连摆手,说:"老张从来不怕硬的。"领事听了,立刻脸色大变,心想,怪不得人们说他"不怕死,不要命",看来,真有股子野劲,邪劲!

这件事,还有另一个版本:说落座之后,领事恭恭敬敬地捧上一个小皮箱,里面装有日本最新产的小型手枪,要请大帅试用。大帅笑了笑,说:"盛意嘛,领了!只是,敌人妈拉巴子,用惯了国产的'铁公鸡'。"领事不解,随行参谋解释说:"这种手枪个头比较大,外号叫做'一毛不拔'。"领事听了,默然良久。

——张作霖当上大元帅了,以元首身份坐镇中南海。虽然那两笔字不怎么样,但"名重好题诗"嘛!日本南满洲株式会社一位总裁,带上一笔丰厚的酬金,亲来府上,请他题赐墨宝。大帅也没有推辞,只见他把袖子一撸,摊开宣纸,大笔淋漓,随手写了一张"虎"字,落款为"张作霖手黑",让副官给加盖印章。副官看了,赶忙悄悄地提醒:应该是"手墨",下边再添个"土"。老帅却大声吼叫说:"老子就是不愿意把'土'送给日本人!这叫'寸土不让'。再说,对付日本人,手不黑能行吗?"总裁听了,弄得目瞪口呆。

这些传闻,全都切合张作霖的个性、风格。当然,其真实性尚有待考察。不过，张学良"口述历史"中倒是有这样一段话，无疑是真实可靠的，我们从中同样可以看出老帅的个性特征：

> 我父亲这个人脾气硬，当时在新民府驻防。新民府离奉天一百二十里地，我就是在这里长大的。那时候，有日本人在那儿，有一些日本的娼妓啊，兵们去玩儿，结果跟人家打架，被日本人给打死两个。那么，我父亲就火了，于是就办交涉。我父亲一定要日本兵给偿命，要惩办凶手，那都是府官给办案，府官出于息事宁人，就给判：每个人赔偿五百两银子。我父亲不同意，非得要偿命不可。但是，人们都怕日本人哪，胳膊拧不过大腿，心中只能憋着一腔闷气。过了几天，他弄了一伙人，抓住三个日本人给打死了。别人害怕得不得了。我父亲说："这没有关系呀！一个人给赔偿五百两银子。我拿一千五百两银子就是了。你不是玩吗？老子愿意奉陪到底。你打死我两个，我回敬你三个，反正拿钱抵命呗！"

从那以后，张作霖就出名了，连日本人都知道，说："这个响马贼，可不好对付。"他们原本以为，张作霖土匪出身，有勇无谋，没有政治头脑，可以很好利用一下；但是，等他们真正打交道了，才明白他们遇到了一个能"玩"会"耍"的高手。当然，日本人也不是好惹的，一旦"玩"炸锅了，就会把他送入死亡的胡同。——这是他们惯用的伎俩。

19 世纪初，实际上，东三省已经处于日俄分割的局面。在这种态势下，善于观察风向、精于形势分析的张作霖，就把"宝"押在了日本人的身上。他看清了，要在东北大地上立得住脚，没有日本人的支持是不成的。早在他靠近袁世凯的时期，就不断地和日本人相互勾搭，暗送秋波，多次送礼、打躬，疏通关节。他曾露骨地表示，"打算作督军"，"希望得到友邻的援手"。

正是有了这个底子，所以，当日后郭军倒戈，直接威胁到他的统治地位时，便同日本关东军参谋长斋藤密会于沈阳旅馆。张作霖挑明："目前省城空虚，虽已电告吉、黑二省军队驰援，但恐远水不解近渴；如果郭军进逼省城，敞人想暂避旅顺，希望关东军给予方便。"斋藤当下满口应承，并且表示："我看不要紧，即便郭军进抵新民，关东军根据条约规定，可以出兵阻击，他们是无法进入省城的。"这对张作霖来说，无异于"乞浆得酒"，过于所求。看到时机已到，斋藤便立刻提出，需要考虑关东军的几项要求，如果同意，即请签字。说着，便将事先打印好的五项条款念给他听，张作霖听了，也顾不得更多，救命要紧，随即签字画押。日本出兵干预的结果，正是如其所料。

危急关头，日本关东军帮了大忙；但是事后，这个密约却成了老帅的一块心病——觉得实际上是出卖了东北主权。怎么办？"他妈拉巴子的，老子自有招法。"所谓招法，就是赖账。先是由省议会开会，否决这个密约，不予批准；然后，老帅亲自前往大连拜会关东军长官白川司令。事前，他把存在日本两家银行的五百万日元开出支票。一见面，就惭愧表示，议会作梗，无能为力，只好献上酬金，作为答谢，特意说明这是他的私人存款。尽管数额不小，但胃口大如天的日本关东军，哪里会在乎"这点意思"，他们要的是中国东北的主权。果然，过后不久，便又找上门来；张作霖自然又是一番抵赖。

日本人并未料到，他们扶植起来的这个地方军阀，会爬上中华民国军政府大元帅的高位，手中握有总统的权力。但是，他们已经认清了张作霖的本性：一贯说话不算数，当面"好好好"，过后就赖账，所以感到十分棘手。其间，最令"友邦"恼火的是，张作霖竟然试图利用英、美势力来牵制日本人，把美国资本引进东北修建大虎山到通辽、沈阳到海龙的铁路和葫芦岛港口；而日本提出的东三省和东蒙"商租权"、移让间岛地区（今延边朝鲜族自治州部分地域）行政权、增修吉（林）会（朝鲜会宁）铁路和开矿、设厂、移民等要求，虽已列入密约，却无一落实，这引起了日本关东军的深度忌恨与强烈不满。

其间有一个导火索式人物，就是日本驻华公使芳泽谦吉。他们第一次交锋，是在张大元帅于中南海举行的招待外国使节和中国高级官员的国宴上。宴席丰盛异常，其中有两道菜，格外引人注目。一是"向阳葵花丝"，原料很普通，不过是龙须菜、鸡蛋松、火腿、洋粉、红油发菜等，但是，刀工精细，色彩鲜艳，造型庄严整肃；再就是"胜利红桃片"，由龙须菜、虾片、青绿菜蔬等原料做成，看去美观大方。宴会开始后，主客双方纷纷端起酒杯，离席敬酒。芳泽公使用手指着这两道菜，笑着对张作霖说："这两道菜真好吃，我们日本人非常喜欢吃中国菜。"老帅却报以讥讽的口吻，说："你们愿意吃？怕是吃不消吧！"一语出口，立刻引发全桌人的笑声。芳泽尴尬地回到座位上。宴会结束，返回帅府，老帅仍然怒气未消，说："这两道菜，都有象征意义。那道象征国旗的菜，代表了汉、满、蒙、回、藏五族共和。他小日本爱吃，做梦娶媳妇——净想好事！"

第二次交锋，在"皇姑屯事件"之前十几天。据《世纪情怀——张学良全传》记载，5月17日晚，芳泽向老帅面交照会，提出索取满蒙权益的要求，逼他立即答应。同时威胁说：张宗昌的兵在济南杀死几十名日本侨民，大元帅应该对此负一切责任。面对芳泽的威逼恫吓，张作霖勃然大怒，气得把手中的翡翠嘴旱烟袋猛力往地上一摔，声色俱厉地冲着芳泽说："此事一无报告，二无调查，叫我负责？他妈拉个巴子的，岂有此理！"说完，扔下芳泽，怒气冲冲地离开了客厅。这天晚间，他们足足谈了四个小时，最后就这样毫无结果地不欢而散。

但是，芳泽仍不甘心，当他得知张作霖将要离京返奉时，于6月3日下午一时许，又到中南海来纠缠张作霖，硬逼他正式履行"日张密约"的手续。张作霖推说："现在太忙，等我腾出手来签字以后，再通知你来取。"过了三个多小时，芳泽再次前来索取。张嘱外事人员把他让到客厅等候。这时，张在办公厅内，故意高声大骂：

日本人不够朋友，竟在人家危急的时候，掐脖子要好处。我张作霖最讨厌这种做法。我是东北人，东北是我的家乡，祖宗父母坟墓的所在地。我不能出卖东北，免得后代骂我张作霖是卖国贼。我什么也不怕，我这个臭皮囊早就不打算要了！

骂了一通，张作霖便叫人把一叠文件返还给芳泽，说老帅太忙了，不能会见，还请原谅。芳泽心想，反正已经签署了，不见也罢。待他回到使馆，打开文件一看，原来张在文件上，只签了个"阅"字，既未署名，也没有"同意"字样。这时，芳泽才知又上了张作霖的当。

后果不难设想，日本关东军的最后一着，必然是"图穷匕见"。只是，张作霖缺乏足够的警觉。他总是以为，身为安国军大元帅，堂堂的国家元首，小鬼子"其奈我何"！即使离京，他也要摆摆排场，不能给人以仓皇出逃的败军之将的印象。于是，乘坐前清"老佛爷"慈禧太后的豪华花车，挂了二十多节车厢，浩浩荡荡，出关而去。

对于日本关东军的无耻伎俩和狡诈行径，他始终估计不足，警惕不够。在这一点上，张氏父子犯下了同样毛病。结果是，未出三年，前者粉身碎骨在皇姑屯，后者蒙羞含垢于"九·一八"。

千秋功罪

张学良对于他的父亲，感情极为深厚；而张作霖对于这个"小六子"，更是舐犊情深，寄予了深深的厚望。多少年以后，少帅还记得：当年父亲离京回奉的时刻，他同杨宇霆、孙传芳等人，都在站台上欢送。老帅和他们一一握别之后，特意把他拉到身边，轻声说："等回到奉天，爹给你补办生日！"听了，他一愣，值此国事蜩螗、内忧外困集于一身之际，父亲居然惦记着他的生日！当即感动得热泪盈眶。岂料，第二天——正是他的生日那天，父亲竟然身遭重厄，自己的生日成了父亲的忌日。这样，他就再也不在这一天过生日了。直到弥留之际，父亲还郑重嘱托："叫小六子快回沈阳。我这个臭皮囊不算什么，告诉他以国家为重，好好地干吧！"

多少年以后，少帅还记起当年父子合作共事的那段黄金岁月。那是1922年，奉军在第一次直奉战争中遭到惨败，退回山海关外。作为东三省保安总司令，老帅决定成立陆军整理处，以便"整军经武"，重振雄风。这时，在他心中，已经明确张学良作为接班人，因此委任他为整理处参谋长——这样，就可以名正言顺地参与最高层的决策了。这天，他把学良叫到自己的房间，说："小六子，这一仗我们输得忒暴了，十几万人的队伍，只在长辛店打了七天硬仗，就全线崩溃了。若是没有你和郭松龄两个旅打了几场阻击战，只怕撤也撤不回来了。今儿个我没找别人，就想听听你的实话。看来，奉军非改良不可了，可又拿不准怎么个改法。"

儿子略一沉思，便说："学良想，主要的事情是培养和提拔军事人才，训练精兵，整编庞杂的队伍……"

老帅说："好！就这么办。"

在这次整顿队伍中，张学良经手做了大量实际工作，特别是在协调各方的能力方面，得到了很好的锻炼。几十年之后，那些老东北军人还津津乐道讲武堂上老帅、少帅同台讲演的逸闻——

当时，老帅是堂长，少帅担任监督。每期学员结业，老帅都要到场祝贺，一般的都由少帅出面讲话；这次是第一期，老帅特别看重，要亲自给大家训话，特意叫秘书给拟了个讲话稿。他登上讲台之后，刚说了"作霖戎马半生，饱经事变"，下面的词儿已经忘得一干二净。台上台下，寂然无声，他越发尴尬，便说："他妈拉巴子的，我来之前，讲稿背得滚瓜烂熟矣，看见你们一高兴，竟全盘忘记矣！"于是，他走下讲台，巡视一周，遇到年貌较轻的，便问上一句"什么名"，然后夸他"好小子"。这样闹了一阵，便又重新登台，放开喉咙讲下去："你们知道现今的潮流吗？中国是谁的？就是咱们的。你们都是好小子，好小子就得好好干！譬如你们毕了业，就可以当排长，不久就给你们升连长，再升营长、团长。只要知道努力，不贪生怕死，有功我必赏。要什么，我都可以给什么。但是，有一样我不能给。"话音落下，稍作停顿，然后扑哧一笑，"我的太太可不能送给你们"。引起了全场欢声一片。

张学良的讲话，就显得文绉绉的了：

> 今日为本队第一期毕业之日，尔等学兵历经六阅月之劳苦，获兹圆满之成绩，本人无任欣慰。惟盘桓半载，不日离别，未知后会何日，则又不胜恋恋。今以"望、爱、热"三字为临别赠言，其细听之！望者，希望之心也！望汝等勿以地位卑微而自弃，人人自奋，国力以张；人人自弃，国势必亡；故须抱希望心。爱者，爱人民也！吾军人食国家之粮饷，而欺压百姓，非国家养兵之意也。故须具爱国心。热者，热心也！天壤间事，悉由热力做来；敷衍从事，万事难成，故人人须有热心……

父子二人"整军经武"的愿望是一致的，但目标不尽一致。从他们的讲演中，就可看出，不仅风格各异、气质不同，而且，在向往与追求方面，是大有歧异的。

整军的效果，加上有利的政治形势，使两年后的第二次直奉战争，以奉军大获全胜告终。但此后，少帅与老帅的思想分歧就日益显著了。

"是军人，但不愿为军阀。"少帅这句话，透出了全部的症结所在。作为典型的封建军阀，老帅从个人的权势、地位出发，着眼于扩充实力，扩大地盘，争权夺利，威加全国，因而不惜穷兵黩武，祸国殃民。他要不停地"南下"，一仗接着一仗地打下去；而少帅更多地考虑到，如何把东北建设好；要打仗，应该是冲着帝国主义列强开火，而不能制造派系冲突，中华民族自相残杀。他的这一主张，也得到了以"停止内战，开发东北"为宗旨的郭松龄的全力支持。这样，张氏父子的矛盾冲突，自然会在郭军反奉的斗争中，充分地彰显出来。

但是，作为军人，作为下级，作为孝子，张学良仍然要听从老帅的调遣，一次又一次地投入军阀派系的战争。直到1927年6月，张作霖如愿以偿，登上中华民国陆海军大元帅的元首宝座，仍然还发动奉军与晋军疆场鏖战。不久，又双方通电，宣告停止军事行动。张学良问他父亲："你今天跟这个打，打过之后又好了；明天又跟那个打，究竟是什么目的呀？这纯粹是造孽。是谁给老百姓造成的？那就是我们啊！"

一年过去，奉军又和蒋、阎、冯的三角同盟打上了。就在各派血战方酣之际，张学良从冀南前线前往中南海居仁堂面见老帅，简单地报告了战况，他又一次提出撤军的建议。老帅听了，大发雷霆："我当了快一年的陆海军大元帅，中国还没有统一，你就想撤兵不打了，你小子这不是拆我的台吗？"

少帅诚恳地劝说父亲：

> 天下哪有儿子欺骗爸爸的。我说咱们东北军统一不了全国，这是实话，是真话。咱们只有几十万军队，现在过了黄河，再往前就过长江了，孤军深入，乃是兵家大忌。后面没有预备部队和援军，冯玉祥、阎锡山要是抄了咱们的后路，再想撤也撤不了啦！中国打内战，日本最高兴。他对各方都支持，就是鼓励你打下去，这是鹬蚌相争，渔人得利。

当时，老帅是听不进去的；后来为形势所逼，败局之下，才被迫罢兵，但为时已晚了。

当然，张氏父子也有完全一致的地方，那就是兴办教育，培养人才。他们都深信，国家的前途、命运，最终决定于人力资源，一是人心向背，二是人才培养。因此，他们筹建东北大学，不惜投入巨资，吸收了大批顶尖级的专家、教授；整个校园占地九百亩，发展潜力非常大，这样大的校园，当时在全国首屈一指。李鼎彝（台湾著名作家李敖的父亲）回忆当日情景，说："每逢孔子诞辰，张作霖都脱下戎装，穿着长袍马褂，到各个学校，给老师们打躬作揖。坦言自己是大老粗，什么都不懂；只懂得把教育下一代全都仰仗各位老师，特地赶来致谢。他的态度，诚恳感人，所以大家都尽心竭力。"

白云苍狗，世事沧桑，时光过去了八九十年，一切已经水落石出。关于张作霖的历史评价，历史学家陈崇桥认为："盖棺论定，张作霖是个做了许多坏事的封建军阀，但也干了一些好事……他是一个复杂的人物，对他持全盘肯定和全盘否定的观点都是不对的。"

张作霖传记作家徐彻指出，所谓坏事，当然指他镇压辛亥革命、五卅运动；连年穷兵黩武，争夺地盘，为害人民；反对共产党，杀害革命领袖李大钊；等等。但观其一生，也有应予肯定的部分。对内方面，重用人才，兴办教育，发展实业，修建铁路，镇压俄国操纵的蒙古民族分裂分子的叛乱，为东北地区的稳定、发展，做了很多工作；对外方面，日本梦想吞并中国东北，对张作霖千方百计威胁利诱，强迫他签订丧权辱国条约，而他则绞尽脑汁，巧于应对，或推托，或抵赖，或翻脸，或装傻，情况危急时爽快答应日本人要求，过后便断然推翻原来的承诺。这是作为特殊历史条件下的特殊历史人物的特殊做法。对于日本人的威胁恫吓，张作霖根本不在乎，他曾愤怒地声言："我不能出卖东北，免得后代骂我张作霖是卖国贼。我什么也不怕，我这臭皮囊早就不打算要了。"

　　徐彻还引述著名学者金毓黻的论断："日人欲伸其巨掌于东省者久矣，光绪甲辰两役所获已多，犹未餍足。遇中原有事，辄向作霖有所要索，颠颠若不出口。作霖笑而麾之，或折以片言，尝有以关其口而夺其气。故当其世，东省中日交涉迄不得决，号为悬案。日人怯于积威，惮不敢发。然所以蓄怒于作霖者亦至深。故作霖亦终不免饮日人一弹。"最后徐彻作出结论："总之，我认为，张作霖是一个具有一定爱国思想和民族意识的封建军阀。"

　　应该说，这些论断都是客观而公正的。

"大姐"风范

迟到的"会晤"

　　作为张学良来说，他已经实现了"红尘觉悟"，百年风霜历尽，万事秋风过耳，一切都付之旷怀达观，因此，有"平生无憾事"的说法。其实，根本不是这么一回事。他自己比谁都清楚，哪里是"无憾事"，而是憾恨多多呀！甚至可以说，多到"恒河沙数"，难以计筹的程度。那些"重头戏"不去说了，只拣在他的百年生涯中一件说大未必大、说小绝非小的情感方面的缺憾来讲。

　　1991年，张学良专程赴美探亲。依照常理，他的结发妻子于凤至，尽管二十几年前解除了婚约，但彼此间的情感并未斩断，所以，所探之亲中应该列在首位。可是，令人憾恨的是，竟然来晚了一步，她已经提前走了。她隔海相望了整整半个世纪，"望穿他盈盈秋水，蹙损他淡淡春山"，苦苦地等啊，等啊，最后实在撑持不下去了，颓然倒下，怅憾先行。晚到的责任，当然不能记在张老先生身上。古人说"戴盆难以望天"，铁窗生涯中他身不由己呀！

　　从张学良研究专家窦应泰所著《张学良在美国》一书中得知，抵美之后，老先生曾在他和于凤至的女儿闾瑛的陪同下，乘飞机从旧金山前往洛杉矶，然后，驱车直奔风景秀丽的好莱坞山。女儿挽扶着他，看了山顶上那幢掩映在苍松翠柏间的风格独特的米黄色建筑，里面陈设的一桌一椅，每一件都是严格按照女主人和张学良在东北的家的样式摆放的。女儿说，这是母亲十二年前以巨金买下来的别墅，她希望有朝一日，夫妻能够共同在这里安度晚年。听到这里，老先生神色黯然，低下了头。他在想什么？是忆念？是愧疚？我们无从得知。他在静夜无眠之时，是否也曾追忆过凤至"大姐"那颀长、窈窕的身影？因而也说不清楚此刻他的心里究竟是什么滋味。只听老将军以喑哑的声音，催促着迅速前往城外的树林草地墓园，说要尽快地赶往久违了的凤至大姐的身旁。

汽车沿着山麓飞速地前行，穿过了郁郁葱葱的雪杉、红松林，不远处，就见到了这处墓地。小小的一个方块，有矮矮的石墙围着，墓前竖立着一尊白色大理石女神雕像，墓碑用英文刻着"凤至张 1899—1990"一行字。就是说，她仍然自认是张将军的结发妻子。而最令人伤情、令人感动的，是在她的墓旁还有一块墓地，说是留给丈夫张学良的。谁知竟然成了空空的等待！

老先生此刻满怀伤感地肃立在墓前，微闭着双眼，声音低沉地叨念着："大姐，你去得太匆忙了。你若再等一等，我们就能见面了。"是呀，他清楚地记得，"大姐"离开人间的那天，是上年 3 月 20 日，再过几天，就整整一年了。

女儿告诉他，母亲总是盼望着，有那么一天，能和父亲在一起。去年年初，她听说父亲要来美国探亲，高兴极了，做好了迎接的准备。万没想到……女儿还说，母亲弥留之际，留有口头遗嘱，大意是：她死去以后，埋在洛杉矶城外的山上，以便能看到遥远的故乡。在她的墓旁，再挖一个空墓穴，留给他……

女儿说，直到咽气，母亲还惦记着要和父亲在一起。

此刻的老将军，感情的洪水该在他的心头掀涛涌浪、放纵奔流着。或许像是撞翻了五味瓶，酸甜苦辣，百感交集。绵延不绝的记忆之潮，将他推回到遥遥的往昔。冥冥之中，他似乎又见到了这位知情知义、宽厚待人，真情至死不渝的永远的"大姐"。

归途上，他一改往日活泼、开朗的面容，神情凄苦，缄默无言。原来，他正沉浸在往事依稀的追忆之中，他的思绪已经飘回到太平洋彼岸遥远的故乡……

凤命千金

那是民国二年的中秋节吧？他的父亲张作霖因为执行剿匪军务，来到辽北的边城郑家屯，与当地商会会长、"丰聚长"商号老板于文斗相识，并结为朋友。这天，他意外地见到了于家的千金小姐，貌美、端庄、大方、娴雅，而且才学出众，琴棋书画样样精通，在学馆中读了很多书，老帅当即动了要娶她做儿媳的心思。《诗经》有言："取妻如何，匪媒不得。"当时，大帅的至交、洮辽镇守使、绰号"吴大舌头"的吴俊升将军，恰好在这里驻节，便锐身自任，主动担起了"牵线月老"的角色。

日后，于凤至对这段成婚的往事，曾有专门的回忆：

> 我出生在吉林省怀德县大泉眼村，父亲在郑家屯开粮店，我从小在郑家屯上学、长大。当时的驻军一度住在粮店，驻军统领张作霖和我父亲结识，相交很好，拜了把兄弟。张作霖看我读书很用功，常夸我是女秀才。后来，他向我父亲提亲，说他大儿子很听

话，肯上进，将来也要在军队发展，需要我这样的女秀才帮助。那时代的婚姻是父母包办决定，我爹娘疼爱我，认为当官的都三妻四妾，会受委屈，拒绝了这门提亲，说我的婚姻需我自己同意才行。张作霖竟然同意这说法，他叫汉卿来郑家屯住住，让我们两人相处、相熟，自行决定。汉卿处处依着我，听我的话，他这种态度使我很满意。当他拉住我的手，说他永远听从我的话，决不变心时，我点了头，这样才订了亲。我和他是注定的姻缘啊！我们大了，对于我们的结婚，我娘提出：汉卿的母亲已故世，婚礼要在郑家屯举办。张作霖也同意了。我爹当时念叨：张家是讲情义，看重我们这老兄嫂啊！我娘说：这是他们看重咱们孩子，我也就放心了。婚礼后去沈阳，住进张作霖的宅院（以后称为"大帅府"）。

回忆中，于凤至还专门谈了她对大帅的印象：

全府各房都对大帅十分服从，有时大帅召集各房家人全体集会，这时是大家互相见面相谈之时。大帅常讲忠孝节义、仁义礼智信等做人的道理。更说到东北被日俄两国侵占的处境，以及他对老毛子（俄国）、小日本的斗争。他说他要把日俄赶出东北。他常骂各地军阀都是假借爱国爱民之名，实为谋取个人名利。中国的落后、腐败，全是这群军阀造成的，他要一统天下，使中国强大起来。他是草莽出身，但是，努力学各方面的知识，找各方面有学识的人帮他。他听取谏言，大办工厂、企业，兴建水利，发展兵工厂，建立海军、空军，创办了一时之盛的东北大学，把一些东北青年送到海外各国留学。他给东北的军政官员规定了两条：一是只许减税，不许有苛捐杂税；二是不许克扣军饷和虐待士兵。犯这两条的一律杀头。

最后，她深情地说：

> 这么多年过去了，现在我常常在梦中回到我爹娘的身旁，回到郑家屯，回到大帅府。故旧亲朋和乡亲们的面孔，不时出现在我眼前，我牢记汉卿和我离别时的话："盼望我们能熬过这大难，得到自由，一同回故乡。"这一天能来到吗？

成婚之日，少帅十六岁，夫人长他两岁。为此，日后几十年，他总是以"大姐"相称，当然，这里很大的成分还是出于敬重。而凤至女士，无论是作为妻子，还是作为大姐，对少帅都是无微不至地爱抚、关怀、体贴，从不撒泼、使性。尤其值得称道的，是她的识大体，有见识，大度雍容，进退有节，以其闺阁风范赢得了丈夫以及阖府上下的特殊尊重。同时，"大姐"的进门，不啻良师在侧，对于少帅的莽撞任性、率意而为，也发挥了一定的制约作用。

1928 年 6 月，大帅被日本关东军炸死之后，在军署参谋长臧式毅和奉天省长刘尚清的精心策划下，大帅的五夫人寿懿偕同稳重、沉着的长房媳妇凤至，同理乱局，共度艰危。她们忍着深悲剧痛，秘不发丧，每日令厨房照常开大帅的饭食，医生天天进入帅府为大帅换药，逐日填写医疗处方，与日本特务头子土肥原等巧作周旋，争取到必要的时间，等待少帅秘密潜回，妥善料理。

少帅接掌帅印之后，诸事猬集，公务极为繁忙。只有到了年根底下，才算喘过一点气来。往年一到这个时节，由于老帅喜欢热闹，整个帅府，上上下下，欢声雷动，灯花灿烂，炸炮轰鸣。可是，今年由于大家怀念老帅，阖府沉浸在悲凉、肃穆的氛围之中。张学良更是打不起精神来，情怀沮丧地斜卧在床上，满脸挂着泪痕。"大姐"凤至的心情也同样难过，但她还是亲切地解劝丈夫：

汉卿，在这除夕之夜，我知道你心情沉重，你是在想爸爸，大帅府里又有谁不怀念他老人家呢？全帅府的人失去了靠山啊！

不过，人死了又怎能复生呢？难过又有什么用？现在你是一家之主，你这样消沉，夫人们岂不更是难过！全家人都这样，怎么行！

所以，汉卿，你千万要克制一些。况且，国事、家事，双重任务在肩，你必须振作起来，可千万别倒下呀！

听了"大姐"的一番话，少帅霍地坐了起来，动情地抓住凤至的手，说："大姐，你说得对，我听你的。"

大年初一，夫妻二人吃过饭，打扮好，并肩在老帅遗像前肃立、默哀、三鞠躬。然后，于凤至又到各位夫人房里拜年、请安，说："汉卿初掌全盘，希望各位姨妈支持他、体谅他，大家同舟共济，共克时艰。"然后，又召集各房弟弟、妹妹，说："你大哥说了，今晚要举行迎春晚会，弟弟、妹妹们每人都要献上节目，让夫人们高兴高兴。嫂子在这里拜托了。"

关键时刻，凤至"大姐"总能拿出主意，铺排场面，俨然成了一个主政的凤姐，理家的探春，博得了帅府上下的一致好评。

出于高度信任，在早年的军政生涯中，少帅确实把凤至"大姐"看作是一个得力的助手。他在同唐德刚教授说起果断处置"杨常事件"的经过时，讲到了于凤至一言九鼎的独特作用：

杀杨、常，事前我只与王树常商量过。我说我要放炮，他说万万不可。我也和于凤至商量过。我本来想把杨关起来，不想杀他。她说："你能关得住他吗？张作相等人为他求情，你是放，还是不放？"这话让我下了决心，真是"一言兴邦，一言丧邦"。

这也是所以我要用银元卜卦的原因。我丢了三次，都是大头在上，我说可能是成色问题。再押反面，丢三次又全是反面。我太太（于凤至）就哭了，她知道我要杀人了。她说："处决杨、常，是逼出来的，最后只有一条路，你死我活。"

紧接着，凤至"大姐"又提示少帅：事不宜迟，应该马上组织军事法庭，对杨、常进行公审；并且向东三省公众公布他们多年策划战争、勾结日本、妄图谋权篡位的罪行；同时，向南京政府和东北各界，通电说明杨、常伏法等有关事宜。

应该说，此事所付出的代价是比较大的；而且，事关全局，风险至大，稍有纰漏，就会造成严重的后果。而最终之所以能够获得成功，处置得比较妥善，少帅政治上的日渐成熟，成竹在胸，稳操胜算，起了主导作用；也和老帅在奉系军阀中打下的基础及其身后的余威、余荫有一定的关系；当然，这里也应记上一笔凤至"大姐"关键时刻拿定主意、事后又能精心擘画的功劳。

更多的是敬重

结婚十多年来，张学良对于"大姐"，不仅充分信任，而且也是有情有义的。有这样一件事，令于凤至终生念念不忘：在她生第四个孩子的时候，病得非常严重，中外医生都束手无策了。当时，少帅的岳母提议，要把凤至的侄女给他娶过来，帮她照料这些孩子。少帅当即予以严词拒绝，说："这事绝对使不得！她现在病得这么重，若是把她的侄女娶过来，那我不就是这边娶亲，那边催她死吗？那叫她心里多难过呀！"后来，凤至奇迹般地痊愈了，她为这件事，铭感于心。

这样，对丈夫也就倍加关怀，倍加宠爱，以致对于他的放荡生活也完全放任了。"大姐"也清楚，老帅生前对儿子有过"成亲以后，外面再找女人，我可以不管"的承诺，所以，她也就"睁一只眼闭一只眼"，看见了也当作没看见；甚至还曾对少帅这样说："我比你大两三岁，是你姐，哪有姐姐不宠着小弟弟的！"用少帅的话来讲："所以，对我也就很放纵，就不管我了，拈花惹草的。"

《于凤至回忆录》中有这样一段话：

在汉卿掌握半壁江山的权势和大帅遗留的巨大财富之下，很多女人为谋取私利，不顾道德和法律，用一切手段缠住汉卿。汉卿对女人又十分随便，前后有很多人和他发生关系。对此，我从不过问，我相信他决不负我。只有对王正廷的妹妹，他找我，要求我接纳她做二房，说她人品好，留学归国，学识很高，并因王正廷的关系，和政府要人都有渊源，一再要求。为此事，我再三思考后拒绝了。我说，为了我们两人这个家，为了孩子们，我不能同意。最后，汉卿依从了我的意见。我心里感到很安慰。汉卿没有背弃他的诺言。

"汉卿对女人十分随便"。凤至这么说，绝非空穴来风，下面就有一个典型实例。

据窦应泰《战乱中生死相依的天津姑娘》一文记载，1920 年，少帅前往吉林剿匪期间，在一次堂会上，同年仅十七岁的菊坛女伶谷瑞玉相识，共同的艺术爱好使他们相互产生好感。尔后，在深山密林中，少帅中惯匪冷枪，身负重伤，多亏谷瑞玉日夜护理，才渐趋康复。这样，爱慕加上感激，少帅很快地便和她走在一起，并带回到奉天城。由于畏惧父亲的威严，也不敢直接面对凤至"大姐"，只好让她寄居在朋友家里。姑娘倒很开通，说："跟上你，是缘于爱慕，甘愿放弃演艺生涯，也不计较有无如夫人的名分。"第一次直奉战争打响后，她便毅然登上军车，前往烽火弥漫的战场寻找张学良。其时奉军遭到重创，少帅痛苦之极，竟要开枪自杀。谷瑞玉紧紧把他抱住，加以制止，并激励他振作精神，重整旗鼓。回到奉天后，她仍然单独住在外面，由于耐不住寂寞，被少帅政敌杨宇霆的三姨太笼络过去，结果卷进了政治的旋涡。面对这种局势，凤至"大姐"从顾全大局出发，主动地纡尊降贵，到经三路宾馆去迎请谷瑞玉，要把她接进帅府，以免受人利用，危害少帅的前程。但谷瑞玉执意排拒，后来，他们终于离异了。难能可贵的是，凤至"大姐"这种忍辱负重、顾全大局的识见与器度，令人十分钦佩。

孰料，事情竟然接二连三地出现。最使凤至"大姐"沮丧、难堪的，是年轻漂亮、美慧天成的天津少女赵四小姐的突然闯入。这次，她确实感受到一种完全失控，直至无法承受的意外打击。为着维护一己之尊严和作为妻子所特有的权利，她本来也可以拼死抗争，闹个沸反盈天，江河倒泻。以她当时在家庭中的地位与威望，可以赢得家庭内外普遍的支持，就是说，抗拒成功的可能性是极大的。但是，她没有这样做，因为念及赵四小姐已经无家可归，没有了退路——父亲赵庆华登报声明与她断绝了父女关系，这就意味着切断了归路。而且，这时的赵四小姐已经有了身孕，不久即产下了婴儿。在这种情况下，如果硬是逼着他们斩断情缘，纵使不致逼出人命来，起码也显得她有些残忍、太不近人情了。加上，赵四小姐一进入帅府，就跪在地下向大姐叩头，信誓旦旦地说，永远不忘大姐的大恩大德，许诺一辈子只做少帅的秘书，决不要任何名分。揆情度理，悲天悯人，凤至终于以大度包容的态度，把赵四小姐接纳进来，并用她自己的钱，给赵四小姐买了一处房子；特意吩咐财务人员，从优给她开付工资，表现出一位贤惠女性的博大胸怀。

人们常说，爱情与婚姻常常是两股道上跑的车，并非完全是一码事。少帅同妻子于凤至也正是如此。虽说相敬如宾，彼此十分尊重，感情也不为不深；但敬重、感激是一回事，而爱情又是另一回事。可以说，终其一生，少帅同"大姐"也并没有建立起真正的爱情。在同海外历史学家唐德刚教授交谈时，他曾直言不讳地说过：

> 我跟我太太啊，我不喜欢我的太太，我们是媒妁之言，父母之命。我跟我太太说，你嫁错了人，你是贤妻良母呀，可是，张学良不要一个贤妻良母。我是上战场的人，那打起仗来，真不知道谁能回来谁回不来。我跟你说，她对我实在是很好啊。

这就是说，到头来，面对发妻的付出，张学良作为丈夫，只不过是感激，更多的是敬重，而并非真正的爱情。那么，对于凤至"大姐"来说，当然就只能做一个贤惠的妻子，而绝非亲昵的爱人。

「大姐」风范

艰难岁月

西安事变爆发之际，凤至"大姐"正在英国陪伴着孩子读书。当她惊悉丈夫被蒋介石拘禁之后，便忍痛把三个年幼的孩子托付给友人照料，不顾身躯羸弱，万里迢迢地只身赶到上海，经由宋氏兄妹通融，被允准到溪口同丈夫见面，陪侍在他的身边。

于凤至在回忆录中说：

汉卿的羁押，是由军队、警察、宪兵层层戒守，隔离内外。特务更是吃饭同桌，不离左右，日夜在旁监视。在里外隔绝、失去自由的情况下，汉卿所受的精神打击很大，十分痛苦。他白天强颜应付，夜晚回房时独自流泪，经常地吟诵着："生命诚可贵，爱情价更高，若为自由故，二者皆可抛。"说他愿以自杀来控诉蒋介石如此背信弃义，不守信诺的迫害。我就此向他指出：在军事法庭上，你光明正大地说明西安事变的兵谏，是关乎国家存亡的革命行为，是为了改正错误的政策而兵谏，并不承认有罪。这从得到蒋先生的允诺，采纳我们的主张可以证明。既然我们认为不仅无罪而且行为正确，今天受到非法囚禁，那就要学文天祥等仁人志士的为人才是。我们心有正义，历史会有裁判，怎么能丧失信心！何况，你对东北军几十万将士有责任，对西北军官兵有责任，对儿女有责任，你要战死在前线的心愿未遂，蒋帮如此忘恩负义、背信弃义的报应未见；所以，不但不能自杀，反而要千方百计保住自己的生命，才对得起世人，对得起老帅的在天之灵。他痛定思痛，逐渐认识醒悟，说："我是应该起来和他们斗到底。"
……

我说，如果我在西安，我是绝不会让你送蒋的，在飞机场我会拦住你。他说，是有人劝我不要送蒋，我不听。你在，飞机场上又有宋美龄，你不许我上飞机，我只有不上飞机。但是，我是从来不后悔的，今天，我无怨无悔，只有恨。

汉卿向我说明了事变前后这些事情，向我指出："蒋欺骗大家，自然不会放过每一个人。他们公开处死我，可能感到为难，但必要时，会用办法整死我。你要记住：我已同意你的意见，我决不自尽，我要尽力争取保住性命，以求公道的一天；你也要保重自己，为我把这些事情真相原委传递给世人。世道炎凉，人心难测，有的人会出卖我求荣，有的人会背叛我保命。我们二人要坚强，更要冷静去面对明天和面对这些人。"

今天，我在回忆他的每一句话。这么多年来，他所说的一一出现，世道人心是如此冷酷啊！

之后，在凤至"大姐"的陪伴下，张学良被转移到了黄山。五百多公里的路程，在军旅出身的张学良来说，倒不觉得怎么样；而身体素来娇弱又经过大病煎熬的"大姐"，可就吃不消了。经过千辛万苦，总算到达了目的地。不料，在那儿只住了十多天，南京失守了，为防止出现意外，便又被解往江西的萍乡。两天多的崎岖山路，又使"大姐"受尽了颠折。住上三个多月，再次转移，匆匆赶赴湖南郴州，一路上更是崎岖历尽，苦不堪言。当局选择城外险僻的山顶上一座旧庙作为监禁少帅的场所。此地偏远，疾疫流行，人称"马到郴州死，人到郴州打摆子"。

住了一段，春节过后，张学良又被秘密押解到湘西沅陵的凤凰山。道阻且长，跋山涉水，乘车上船，一路上，"大姐"跟着他受尽了颠簸之苦，最后住进山巅的凤凰古寺送子殿里。这是一处年久失修的古建筑，木制地板破损得很厉害，走在上面，吱嘎作响。她唯恐丈夫休息不好，连走路都是轻轻地，全副心思都放在他的身上。也亏得凤至"大姐"体贴入微，悉心照顾，耐心开导，为他提供坚强的精神支柱，才得以顺利挨过那段充满苦难的艰辛岁月。为了表达对大姐的感激之情，少帅苦中作乐，即兴戏吟一首七言诗：

卿名凤至不一般，凤至落到凤凰山。
深山古刹多梵语，别有天地非人间。

正是在这"非人间"的"天地"，"落魄的凤凰"身体彻底垮下来了。但她为了不给丈夫增添烦恼，忍受着一切的痛苦，从无半句怨言。哪怕是心情百般郁闷，她也还是耐心地安慰他，仿佛这般般苦难都是由她造成的。在此期间，远在伦敦的次子被纳粹的狂轰滥炸所惊吓，患上了严重的精神分裂症。凤至"大姐"肝肠寸断，在全身心地帮助丈夫解除内心愁苦的同时，还要忍受着思子之痛——对一位母亲来说，这当是最为残酷的精神折磨。

一年过后，湖南局势也更趋紧张，日本侵略者直逼长沙，于是，少帅又被转移到了贵州。汽车艰难地爬行在蜿蜒的山路上，不时地熄火；凤至"大姐"也像带病运转的汽车，脸色蜡黄，说话没有气力，觉得全副身躯都像散了架子。到达禁所之后，她发现左侧乳房长出三个明显的肿块，有时痛得厉害，竟至冷汗淋漓。经医生诊断，患上了乳腺癌，必须立即转地实施切除手术，才有存活希望。最后，在宋氏兄妹帮助下，允许她赴美就医，由赵一荻来替换，当时是1940年2月。岂料，此番分手，竟是夫妇二人的生死长别！

对此，《于凤至回忆录》中是这样记述的：

1939年末，我们又被押解到贵州省修文县。第二年春天我患了乳癌，汉卿沉痛地说："你要找宋美龄了，要求她帮助送你去美国做手术。你会康复的，一旦病好了，也不要回来。不只是需要安排子女留在国外，而且要把西安事变的真相告诉世人。蒋介石背弃诺言，他是要千方百计伪造这不能见人的历史，你尽量帮我完成这个心愿吧。"

生离死别将临，多少夜二人不能成眠，边谈边泣，商议两人如何面对未来。议及我有可能不治，我要抓紧时间安置好子女在外省的生活，不要回到蒋统治区。汉卿应允我，任何情况下决不自杀，还特别明确指出：永远不会认罪，因为自己没有罪，并且是尽了力报效国家了。汉卿还告诉我："赵四要来了，她会照料我，是戴笠让她来的。"

意外飞鸿

"大姐"身在海外，心系丈夫，经常给他寄送各种衣物、食品，并天天祈祷上苍，保佑他早日脱离苦海，重新获得自由；盼望着有朝一日，夫妻能够团聚。其间，她还通过报纸揭露张学良被拘押监禁的事实真相，并通过种种关系，在美国国会和司法界，在上层人士中，奔走呼号，呼吁早日释放张学良，给他以人身自由。当时台湾还没有被逐出联合国，于凤至在联合国大会上发表演说，严正抗议，给台湾当局施加压力。这种"救汉卿，我要奋斗到最后一息"的坚强信念，支撑着她一直挨到1964年的夏天。

突然，静如止水的生活，又一次翻起了掀天巨浪。她遭遇到平生最为惨重的致命打击。起因是女儿、女婿从台北归来，带回了父亲的一封信：

我的爱妻凤至大姐：

闾瑛、鹏飞之来，带来了你的信息，知你生活平静，身心健康，不胜高兴，思念之情，稍得安慰。

数十年了，你与我同历盛衰，共赴磨难，汉卿于心何忍。我一人获罪，却连累三人坐牢（还有一获小妹），我心难安。然而，你从无怨言。芝魂兰韵，谁人可比；昆玉秋霜，再无匹敌。你对汉卿恩之深，爱之厚，关照之重，永世难忘。今生得一凤至为妻，足矣！

反思之，我给了你一些什么呢？只有一世辛苦、半生哀怨。忆之思之，俱汉卿之罪孽。我这一辈子，虽不得其志，至今无悔；只有一件憾事，那就是对不起大姐。欠你的实在是太多太多。

想当年，弟统兵数十万，南征北剿，气吞万里如虎。也曾为开发东北，稳定中原，坚树勃勃大志，大展武运雄风。谁能料到，阴错阳差，舛途生变，无过而遭唾骂，无罪而受牢刑。此间你为我陪牢伴狱，形同犯妇。呜呼，身世浮沉，其非天意耶？奋争固然可贵，成败千古莫测呀！

近年来，小弟超脱凡俗，习读《圣经》，似有所悟，意欲摒弃一切人间苦恼，而皈依基督。然戒律有言，不能一夫多妻，只有一位太太才能受洗。小弟权衡再三，一生所剩时光苦短，且与大姐重逢无日，夫妻之情名存实无。而一荻在我身边，伺奉晨昏，也有几十年光景，遂生求近而舍远之念，请求大姐与汉卿解除婚约。大姐是至明至察之人，对汉卿之心洞若观火，一定能深加理解，遂小弟心愿。何去何从，任由大姐酌定。

弟学良　手启

"大姐"读了丈夫的信之后，心痛如捣，泪如雨下。她一向刚强、洒脱，通情达理，包括当年突然面对谷瑞玉的冲击、赵一荻的闯入。这次，确实有些支撑不住了。连续多天，坐卧不宁，茶饭无心，苦苦思考着对方的请求。

尽管两人远隔重洋，身在万里之外，而且，彼此暌隔已经二十多年了；但她考量问题，仍然像当年聚首时那样，习惯于一切以丈夫为转移。为了心爱的人，她甘愿付出一切，至于个人的苦楚，算不了什么。想到这些，便毅然告诉女儿："只要能使你父亲得到安慰与欣悦，我任何事情都可以答应。"她想的是：蒋介石把汉卿圈在牢笼里，随时随地都会把他处死。几十年来，我为了汉卿，吃尽了苦，受尽了罪，连死都不惧怕，难道还怕在离婚书上签字？在她看来，对于所爱的人，最高的境界是从其所欲，是成全，那么，留给自己的又是什么呢？只有"打牙咽进肚里"，默默地把苦涩埋在心底。

唐德刚先生曾题诗赞颂《于夫人主动离婚》：

为尊教义礼真神，未许娥英自在亲。

最是贤良称姐弟，平生稽首凤夫人。

贤妻良母

实际上，凤至"大姐"对于离婚一事，并非情愿，更谈不上什么"主动"，这从下面摘录的她的长篇自白中，可以看得鲜明、真切。

1940 年 6 月，我到了美国纽约，在医院做了手术，经治疗得以痊愈。宋美龄、孔祥熙到纽约时，都来看望我，问我有什么要求，要帮助我。孔祥熙特别嘱咐我，不要在纽约、旧金山安家，说这两地情况复杂。为了汉卿来美和家人团聚，找一个其他城市的安静社区住。他语重情长，心意感人。在纽约，不止亲朋故友闻讯纷纷来相见，探询汉卿的情况，以及要帮助我在美生活，更多的是不相识的侨胞知道是我后，都表示对汉卿为国牺牲的敬佩，并且都痛责蒋介石残害忠良。

孔祥熙请友人传话，说洛杉矶好莱坞市的山顶上有一小平房出售，山较高，道路窄小，社区的房屋少，很安静，所以想买下送给我。我到洛杉矶看房，如同他所介绍的，这房子的位置和它的幽静，来此居住很合适，我自己买下来，没有要孔祥熙赠送。对他的盛情心领。在洛杉矶，我依靠我的经济知识买卖股票，每有盈余，就买近处房产出租，在美国安顿下来。孩子逐渐长大，成家立业了。因为在美国，以及我和宋美龄的关系，蒋介石一伙不便阻拦和汉卿联系，但也只限报平安而已，每知他安康，我唯有痛哭。

一年一年过去了。1964年，台湾市面上传出了汉卿在几年前写的《西安事变忏悔录》，一个杂志发表了，遂即被查封。这是汉卿和我早就预料到的，只是想不到以这种形式出现。这是为了将蒋一伙被赶出大陆失败的责任推给汉卿，用以欺骗世人的手段。汉卿绝不承认有罪，何况他根本没有这个文学水准，赵四在学校没念过什么书，并没有如此文笔。

1964年，蒋介石策划了一个离婚、结婚的自欺欺人的丑剧，用所谓教会要求一妻的借口来堵住汉卿来美国和家人团聚、取得自由的路。为了此事，某某（张家某远亲）突然由台湾来美国找我，这位一直没什么联系的人，竟开门见山说是为了汉卿办离婚的事来的。我问他是不是政府派来的，是台湾什么机关？他说：他是政府的公务人员，但不是奉政府之命，而是为了汉卿的处境安危而来的。我问他：是汉卿委托你来？他犹豫了，回答说：不是，说是汉卿经过多年教育，已经认罪和守法了，愿意和赵四在台湾终老，所以才要办离婚的。并说：这是他到汉卿家里和汉卿、赵四三个人说这事，赵四说的。

我和汉卿电话中说此事，他说："我们永远是我们，这事由你

成功的失败者：张学良传

决定如何应付，我还是每天唱《四郎探母》。"

为了保护汉卿的安全，我给这个独裁者签字，但我也要向世人说明，我不承认强加给我的、非法的所谓离婚、结婚。汉卿的话："我们永远是我们。"够了，我们两人不承认它。宋美龄每年和我都互寄圣诞、新年贺卡。这年，她信封上仍然是写张夫人收。以后每年都如此。

赵四不顾当年的誓言，说永远感激我对她的恩德，说一辈子做汉卿的秘书，决不要任何名分等，今天如此，我不怪她。但是，她明知这是堵塞了汉卿可以得到自由的路，这是无可原谅的。

岁月如流，时光无情，儿子们都先我而去。我是在苦苦地等待汉卿啊！我只有在看到孙女、孙子们成长时，才略感到一点安慰。汉卿的这一嘱托，我办到了。

凤至"大姐"的屈己待人、雍容大度，着实令人感佩。抛开那些政治联姻者不算，正常情况下，不会有一个女子对于身边出现一个年轻、貌美的情敌，会无动于衷的，这可说是另一类的"卧榻之旁岂容他人鼾睡"。然而，她不仅平静地接受了这一既成事实，而且，在尔后的数十年间，始终如一地待之如亲生姊妹；即使最后"鸠占鹊巢"，她仍然说"我不怪她"。直到垂暮之年，她还同子女说："绮霞小姐对张家是有功的。"看得出来，只要是有功于自己所钟爱的男子，哪怕她是情敌、是对手，她也公平对待，爱人如己。"汉卿的事情，我都是无条件支持的，只要对汉卿有好处，叫我死我就死！"爱一个人能达到这个份儿上，真正是难以企及的高标准了。

爱新觉罗·溥杰见到过于凤至，夸赞她："生就一张很古典的脸，清清秀秀，宛若一枝雨后荷塘里盛开的莲花。"是的，她真的是一枝"出淤泥而不染，濯清涟而不妖，中通外直，不蔓不枝，香远益清，亭亭净植，可远观而不可亵玩"的莲花。就凤至"大姐"来说，我以为，其德、其品、其才诚然可钦，而其情、其遇尤为可悯。尽管她献出了全部爱情，但最终却并没有赢得爱情，一辈子都陷在无望的痛苦等待之中，最后以九十一载惨淡人生，书写了一部令人黯然神伤的人间悲剧。她让我懂得了，什么叫忠贞不渝，什么叫生死相许。因亦为诗恸之：

> 形神磨难苦连年，久染沉疴幸得全。
> 一世飘零风荡草，涛声如诉意绵绵。

当然，也可以从另一角度去看，作为边城僻镇上的一个"小家碧玉"，能够为举世知名，受到时人与后世的关注与赞叹，客观上确也得益于那位多姿多彩的传奇丈夫。唐德刚教授有言："如果没有西安事变，张学良什么也不是。蒋介石把他一关，关出了个中国的哈姆雷特。"套用这句话也可以说，如果不是嫁给张学良，于凤至至多不过是一位普通意义上的贤妻良母。而"艰难困苦，玉汝于成"，颠折、苦难的人生，成就了她的女性光辉、人格魅力，树立了一种东方文化传统的"大姐"风范。

尴尬的四重奏

序　幕

　　不是说"人生如戏"吗？郭松龄与张氏父子那场血火交迸的军事斗争，就非常富于戏剧性，而且充满了人性纠葛和悲剧色彩。此刻的张学良，作为当事人之一，面临着极为尴尬、极度艰难的处境。他"一手托两家"，斗争双方，一面是郭松龄，他的恩师、挚友，又是他的副手；另一面是他的父帅、"东北王"张作霖，这就注定了矛盾冲突的错综复杂与困境选择的残酷、艰巨。

　　这里面还隐现着两个重要的配角：郭军方面，有"女杰"之誉的郭松龄的妻子韩淑秀；奉军方面，绰号"小诸葛"的杨宇霆——"郭军反奉"以"清君侧"为号召，剑指的就是这位奸雄。

　　历史不能重演，却可以倒叙。现在，且从张学良将军说起。

　　人生易老。转眼就到了他的九十六岁寿辰。夏威夷的初夏，晴光耀眼，微风习习，天气非常之好；老寿星的兴致也特别高。他和夫人赵一荻及其子女们，还有从中国大陆、台北、香港专程赶来祝寿的亲戚朋友，早早地就来到了中华第一基督教堂。大家献花篮，送条幅，致贺词，气氛欢腾热烈；随后，又有华人艺术家表演了精彩的杂技节目；最后，几名少女捧过来一个巨大的生日蛋糕，老寿星运足了气力，吹灭了上面的蜡烛，全场一片掌声，寿庆活动达到了高潮。可是，老将军终觉兴犹未尽，亲友们猜想这是由于没有京剧选段的演唱。须知，这位即将寿登期颐的寿星佬是一位顶级的"京剧迷"呀！

于是，过了几天，待老人稍事休息，便又请来当地几位京剧爱好者，在他的寓所里"弦歌助兴"。老将军听得津津有味，拊掌击节，不住地叫好，并且站起来唱了两段《失街亭》与《空城计》。票友们见他对"三国戏"有特殊的兴趣，便由两人分别扮演曹操和关羽，唱起了《华容道》：

> 曹操：在许昌你许我异日图报，
>
> 　　　今日里狭路逢不肯轻饶。
>
> 关羽：非是某忘却了异日答报，
>
> 　　　奉军令捉拿你岂肯轻饶。
>
> 　　　来，来，来，
>
> 　　　请上了华容道，
>
> 　　　试一试关某偃月刀。
>
> 曹操：一见关公脸变了，
>
> 　　　吓得曹操魂魄消。
>
> 　　　庚公之斯岂忘了？
>
> 　　　你本是大英雄，怎忘故交！

听到此处，老将军顺便讲解了戏文中"庚公之斯"的典故：

战国时期，子濯孺子率领郑国兵去攻打卫国，班师途中，遭受到卫国兵的跟踪追击。子濯孺子见追兵赶到，便说："糟了！今天我的旧病发作了，胳膊抬不起来，弓也拉不开了，我将死于敌军之手。"说着，又随口问他的侍从："敌军领兵的是谁？"侍从告诉他是庚公之斯。子濯孺子一听，欣慰地说："这可有救了。"部下正惶惑不解，庚公之斯已经站在了对面，问道："先生你是大名鼎鼎的神箭手啊，怎么不开弓呢？"

子濯孺子回答说：“今天我旧病发作，拉不开弓，射不了箭啦。”庚公之斯听了，现出十分为难的神色，说：“我的老师是尹公之他，尹公之他是您的弟子。我怎能忍心用您传授的高超射技，来伤害我的‘太老师’呢！虽然这样说，但我今日是奉命而来，在国事面前，我不能不有所表示。”于是，抽出四支箭来，一一除去箭头，对着子濯孺子射了四下，便转身走开了。

说到此处，老将军戛然而止，似乎触动了什么心事，一时意兴索然，连声说：“不好玩，不好玩，不玩了。”

“一朝风烛，万古尘埃。”想不到，那早已魂消魄散的郭松龄，此刻又突然闪现在眼前：依旧是微黑的长方形脸膛，蓄着短短的胡须，依旧是炯炯有神的一双大眼，依旧是身材魁梧，胸挺颈直，仪表堂堂……迷离恍惚中，老将军那早经干枯的老眼，竟滚下来两行清泪。怪不得古人说，戏文能够移情动性。起因都是《华容道》的戏文与“庚公之斯”的掌故，触及老将军的心中隐痛，引发了他的感伤情怀，不由得忆起了七十年前一桩惨痛的往事。

尴　尬

那是 1925 年北国的初冬。在短短的三十二天里，用他的话说，真是撞见了“恶煞”神，交上了“华盖”运，钻进了环环相扣、纷至沓来的“魔魂圈”。

尴尬局面之一：

奉天大帅府，凌晨。少帅刚刚洗漱完毕，秘书处就递上了从老帅那里转过来的郭松龄与张学良联署的"反奉"通电，内称：为"消弭战乱，改造东省"，必须要求穷兵黩武的张作霖下台，由"英年踔厉，识量宏深，国倚金汤，家珍玉树"的张学良来主持大政，郭某人自愿"竭诚匡助"。

那天，张作霖看过这份通电，登时气得说不出话来，把电报往杨宇霆手里一甩，便拂衣而起，绕室彷徨，最后，狠狠地吐出两句："这是他妈的什么事！给他（指张学良）去看！"

少帅扫视一过，立刻脸色煞白，双手颤动，感到自己已经被置于极度难堪的境地。

多年之后，他对访谈者作过这样的追述：

> 那个时候，大家也不明白这个叛变到底是怎么回事儿，连我的部下也不知道，不懂得。开始时，大家都不晓得我在这件事儿上处于什么位置，多数人都怀疑是我们两个闹的鬼。你知道，因为我们两个人太好了。那么，现在郭松龄叛变了，又拥戴我，因此，都认为我是叛军总司令，他是副司令。

应该说，对于郭松龄的倒戈反奉，少帅并不感到意外。他清楚地了解，这是奉系内部矛盾激化的结果。当时，奉军也同其他军阀一样，派系丛生，山头林立。占主导地位的是随同张作霖接受招安而来的"元老派"，都是绿林出身、略识之无的"大老粗"。他们之间有的成为儿女亲家，有的结拜为"把兄弟"。为了扩充实力，后来，他们又延揽了一批留日归国的士官生，称作"士官派"，首领是杨宇霆，表面上依附于"元老派"，实际上，他们已经逐渐地掌握了实权。再就是"讲武堂派"，包括陆军大学和讲武堂出身的将领。他们以富国强兵、开发东北、不事内争、抵御外侮为旨归，是颇具爱国思想与进步倾向的少壮派。虽为后起之秀，但奉军的精锐部分掌握在他们手中。"讲武堂派"的精神领袖是少帅张学良，而郭松龄，由于与少帅谊兼师友，受到高度信任、特殊倚重，因而成了这一派的实际掌门人。鉴于迂腐守旧的"元老派"与"士官派"沆瀣一气，攘权称霸，排斥异己，深受国内外革命潮流之剧烈冲激的郭松龄及其毕业于燕京大学的夫人韩淑秀，遂暗暗地积蓄实力，伺机崛起，使双方矛盾日益加深，渐成无可挽回、一触即发之势。

对于张作霖多次发兵入关，争夺地盘，屡起战衅，郭松龄始终持反对态度。在第一次直奉战争中，奉系吃了败仗，郭松龄上书老帅，苦劝"罢兵息争，保境安民"，老帅却置之不理。第二次直奉战争取得了胜利，就中以张学良、郭松龄麾下的第三军团出力最大。他们担负山海关一线主攻任务，击败五万直军主力，吴佩孚从海上逃命。从此，张、郭声威大震。事过六十多年，张学良仍然念念不忘："这次胜利之后，我升上来了。但这次胜利的功劳不是我的，我没有那样的能力。实际上，是郭松龄在支持着我。"可是，老帅在论功行赏时，却独不及郭松龄。到了1925年，杨宇霆又竭力怂恿张作霖发动第三次战役，进关攻打冯玉祥。郭松龄闻讯后，愤慨地说："东北的事情都叫老杨这帮人弄坏了。他在江苏弄砸了，断送了东北军三个师，败退回来还包围老帅，再叫我们去卖命，给他们打地盘。这个炮头我是不再充当了。"

为此，郭松龄以养病和观察军事为由，偕同夫人暂避日本。在那里，听说张作霖派人正与日方商谈购置军火，以进攻国民军，他当即表态："我是国家军人，不是某一个私人的走狗，他若真打国民军，我就打他。"郭松龄回国后，就在天津秘密策划反奉，并发电要求张作霖下野，请张学良接管大权；随后，将所辖的七万官兵改编为四个军，克日挥师北上。对于停止内战，反对进攻国民军，少帅是认同的，觉得合情合理，至公至正；但是，事情竟闹到这种地步——要"儿子出面打老子"，推出他来扛"反奉"的大旗，那就无法接受了。

尴尬局面之二：

面对郭松龄的突然起兵，张作霖乱了阵脚，环顾北大营，将在哪里，兵在何处？一时竟没有着落。"完了！完了！"六神无主的张作霖，这两天就像吞下了炸药似的，怒气一触即发，出出进进，不住声地破口大骂"小六子"：

> 这个鳖羔子，和郭鬼子穿一条裤子，六子——鬼子，鬼子——六子，一个鼻孔出气，他除了老婆没让郭鬼子睡以外，吃一个水果都得分人家一半。
>
> 小六子上了郭鬼子的贼船，坏了大事，郭鬼子叫他当李世民，还要什么"清君侧"！

骂了一通之后，张作霖长长地叹了一口气，补上这样一句："咳！我与张学良，真是'今生父子，前世冤仇'。"

这一切，都使身为老帅副手的张学良饱受心灵之苦，感到万分难堪。

郭松龄字茂宸，1882 年出生于沈阳，北京陆军大学毕业之后，投到"东北王"张作霖的标下，担任陆军讲武学堂教官，后来升任步兵第八旅旅长、第三军副军长。由于他人高马大，长得有点像白俄军官，又爱穿粗布野战军服，因而获得一个"郭鬼子"的绰号。至于说到张学良与他"穿一条裤子"，固属挖苦之词，但也不能说全属子虚乌有。少帅自己也不讳言："我就是郭茂宸，郭茂宸就是我。"有人甚至认为，郭松龄是少帅的灵魂。早在讲武堂就读期间，张学良就对郭松龄的强烈的爱国思想，高超的军事素养，严肃认真的工作态度，十分钦佩，仰慕他的深湛的学养和脱俗的人品。而在郭松龄心目中，张学良则是一个颇具正义感的有为青年，很有培养前途，日后可望成为国家栋梁之材，因而经常有意识地向他灌输"强兵救国"、"抵御外侮"的进步思想。

就这样，两人惺惺相惜，以知己相托，在师生情谊之上，又建立了相互信任、相互提携的深厚友情。在之后处理军务、训练新军的工作中，他们一直配合默契，情同手足。两人同睡一张炕，同在一间房里办公，相知相谅，如鱼得水。张学良虽为军团之长，而"该军一切用人、行政和作战计划与战术战略、训练官兵及调动一切事宜，均揽在郭松龄一人之手，张学良概不过问"。换来的是，郭松龄"朝作夜息，事必躬亲，补缺额、汰老弱、勤劳作、严纪律、精器械、足粮秣，将畏其威，士怀其恩。久之，士饱马腾，遂成劲旅"。一方面是知人善任，倚为股肱、心腹；一方面是英雄有了用武之地，竭忠尽智，大展才华。

想起这些前尘往事，少帅更是倍感伤情，中心如焚。

尴尬局面之三：

为了同郭松龄议和，张学良正在向前线进发途中。突然，一封发自奉天的奇怪电报传到手里。上款是"张汉卿先生阁下"，而发电人竟是他的父亲张作霖。电文说：你现在那个军队，叫我即日下野，公举你为东三省总司令，那就请你快来接事吧！几句话像当头闷棍一般，打得张学良的脑袋轰然作响，几乎失去了知觉。事后，他说：

> 当时要多难过有多难过，简直是无地自容，只差没有地缝儿可钻了。若不是部下护守着，我就真的投海了。他老先生（郭松龄）啊，可把我整稀了！

尴尬局面之四：

老帅下令，让张学良挂帅去讨伐郭松龄。看来，绿林出身的张作霖，处理事情还惯用"绿林方式"，最后亮出了这个杀手锏，也可以说使出一个毒招儿：你小六子不是和郭鬼子"穿连裆裤"、情同手足吗，那好，干脆就叫你去带兵讨伐郭鬼子，看你怎么下手。当然，这一决策还有更深层的考虑，它的"神奇效应"在尔后的作战中发挥得淋漓尽致。谁说张作霖是个"粗人"啊？

如果说，前面几件事只是使他愧怍，使他难堪，那么，这最后的尴尬可就动了真格的，他被牢牢地置于彷徨无计、左右为难的困境，逼使他做出痛苦的抉择。对张学良来说，如果践行了恩师"大义灭亲"的主张，通过武力，取父位而代之，就必然遭到"千秋忤逆"的骂名；反过来，如果执行父帅的命令，前去讨伐"倒戈"的郭军，又有悖于公理与良知，完全抹杀了正义与非正义的是非界限，同样陷自己于不义。换句话说，这一仗无论为胜为负，谁胜谁负，都只能是一个尴尬而难堪的结局。

在这两难处境中，张学良陷入了极端苦痛之中。他失眠了，脑袋痛得像要炸开。

"无情未必真豪杰"。可是，感情过于浓重，又会使豪杰难于自处。在你死我活、残酷无情的血火交迸中，深于情者，几乎都没有好的归宿，为此，引发了诗人"英雄无奈是多情"的感叹。庄子有"处乎材与不材之间"的生存体验，看来，豪杰行事，也要"处乎情与不情之间"了。

劝　　和

绞尽脑汁，最后，张学良终于谋划出一个在父帅与恩师之间都能交待过去的"两全之策"——劝和息兵。他自信，以他们二人之深厚情谊与知己至诚，不愁郭松龄不听从劝阻、罢兵言和。这样，他又稍稍感到了一点轻松，一丝宽慰。

于是，来到老帅面前，先是叩头请罪，接着就谈出了自己的"劝和"想法，这在张作霖来说，自是求之不得的。他也做出一种姿态，为了减除郭军反奉的部分口实，示意杨宇霆主动辞职。杨氏心领神会，当晚即悄悄溜走，去了大连。动身之前，张学良再次向父帅泣拜，表示"如不能制止郭军倒戈，宁死不归"。然后，就带上秘书、参谋和日本顾问等一干人，由奉天乘火车向前线进发。

当少帅的专车临近山海关时，得知前面的路段已遭到破坏，便退转到葫芦岛，连夜乘"镇海"号兵舰前往秦皇岛，以便与郭松龄及早会面。此时，张学良还充满着自信，心想：只要我们俩一谈，什么问题都能解决，不需要动武，东北军内部从来没有打过仗。《诗经·小雅》里说得好："兄弟阋于墙，外御其侮。"枪口还是应该一致对外啊！

但事态的发展，并不像他设想的那么简单。郭松龄当时仍在滦州，以"军务缠身"为托词，回避同少帅的代表见面。这样，少帅就打算亲自赶赴滦州，谋求一见，但遭到部下的一致反对，认为，那样肯定会被扣下，然后"挟天子以令诸侯"，事情就更不好办了。最后商量的对策，是由少帅致信郭氏，邀他上船一叙。

少帅在信中写道："这种内战一旦发生，后患无穷，又可能引起日本军队干涉中国内部争端，负有丧权辱国的历史罪孽，应三思而行。因此，请茂宸军长亲自到兵舰上来一趟，我们两人慎重研究解决问题。"郭松龄看完信后，对来人说："军事时期，我不想见他；待打完仗回天津后，我们再见面交谈。""开弓没有回头箭"，这完全符合郭松龄的个性。既然他拒绝见面，那就等于关闭了和谈的大门。——郭松龄的顾虑是，唯恐知己相见，动摇了他的反奉决心。

这使张学良十分失望。满腹衷肠无由倾诉，感到痛苦不堪，他久久地凝视着窗外，默默不发一语。见此情景，他的日本顾问便又给郭松龄的随身医生、日本人守田打通了电话，要求他再次劝说郭氏，无论如何也要与张学良见上一面。郭松龄听过守田医生的劝告，决绝地说："我要说的话，在宣言中都作了充分阐述，再没有见面的必要了，就是说，已经没有接受他的劝告，改变主意的余地了。"

终竟由于两人关系实在太深了，而且事关重大，少帅绝不甘心接受师生反目、同室操戈的结局，于是，下决心再做最后努力。他用铅笔给郭松龄写了一个便函，先向老师问候病情；然后写下令人肠断神伤的词句：战局一开，断无完卵，"倘吾沦为天涯孤客，必无后会之期"；末尾郑重写上："向夫人致敬"。

郭松龄披览一过，默默地把信递给夫人，说："信上也提到你。"尔后，闭目良久，悄然滴下了泪水，颇有伤情之劢。守田医生见此情景，趁便劝说郭氏应慎重考虑起兵一事。郭彻夜未眠，次日凌晨对守田说："起兵是经过深思熟虑的，现在已不能终止。我已经四十二岁，这样的病体，也许活不了多久了。"

尽管拒绝见面，但郭松龄夫妇对少帅仍是一往情深；对于他拘守愚忠愚孝，"义不背父"，深感遗憾与失望。在阵前，韩淑秀声泪俱下，当众宣读了郭松龄与张学良的往来信函：

> 松龄此次举动，纯为消除乱源，拥我公为首领，改良东北政治，不事内争，休养人民。所发命令，均署我公之名，使部下不忘我公也……松龄自受知遇，以至今日，七八年矣。公待龄以恩遇，龄报公以忠诚……龄一身所有，皆公之赐，故夙夜策励，欲有所建立，以报大德……凡所希之功名，皆为公而求，所望之事业，皆为公而立。自矢此身早为公有，区区之心天日可鉴。现在已知不能回奉，故拼将此身，仍以效忠于公为职志。已约束部下，分途前进，以"清君侧"而驱群小，另造三省之新局面。成则公之事业，败则

龄之末局。如蒙鉴谅，即请暂移租界，稍待数日。如以为不可，即请指示善后办法。

信中，郭松龄表达了对少帅的忠悃之诚。暗示少帅无须亲自出马，只是借助一下名义；稍待数日，即可结束战事，大功告成。

张学良在回电中加以婉拒，备述其艰难处境，希望得到郭氏理解：

> 承兄厚意，拥良上台，隆谊足感。惟良对于朋友之义，尚不能背，安肯见利忘义，背叛予父。故兄之所谓统驭三省、经营东北者，我兄自为犹可耳，良虽万死，不敢承命，致成千秋忤逆之名。君子爱人以德，我兄知我，必不以此相逼。
>
> 兄举兵之心，弟所洞亮。果能即此停止军事，均可提出磋商，不难解决。至兄一切善后，弟当誓死负责。

对此，郭松龄颇不以为然，于是，以万分恳切的心情，再次致函，晓以大义，劝他切不可盲从"老子"。"若徒以服从为孝，而长其骄盈侈大之心，是陷亲于不义，委亲于自危"。信的结尾写道：

> 松龄愿公为新世界之伟人，不愿公为旧时代之枭杰；愿公为平民讴歌，不愿公为政客所崇拜。龄临书心痛，涕泪沾襟，暂时相违，终当相聚。徼天之福，大事定后，仍请我公回奉主持一切。设不幸失败，自认驽下，不图恢复，甘愿为农夫以没世。倘因病弱不能以苦力自食，亦唯有伏剑自裁而已。决不要钱，决不讨饭，决不步现代失败人物后尘。龄之志事，如斯而已，掬诚奉告。

在疏通无计、劝和失效的情势下，摆在张学良面前的，惟有率兵抵抗之一途，再没有其他的选择余地。这样，一场让两个主角都身受其害

——郭氏招致灭顶之灾，少帅终生感到无比痛心——的内部拼争，到底还是交火了。

对　　阵

这是一场奇绝今古、中外罕见的战事。对阵双方的统帅由同一人担任，张学良既是攻方郭军的最高司令官，又是守方奉军的统一指挥员。一身而兼二任，同时扮演两个角色，既不像神话中的孙悟空那样，一眨眼工夫就克隆出另一个美猴王，也不同于李逵和李鬼，一真一假，混淆难辨；而是发生在 20 世纪 20 年代中叶的山海关外的确凿无误的现实。其奇崛诡异之处，莫要说在两千多年前的《孙子兵法》中找不到恰切的诠释；即使起克劳塞维茨于地下，这位曾以《战争论》驰名世界的现代军事理论家，也照样莫名所以。

且说，倒戈反奉的郭军在主帅张学良、副帅郭松龄的名下，浩浩荡荡地向关外进发。不，开始时应该说是"鸦默雀静"地穿行，只是由于"策反"未成导致军情泄露，才不得不索性公开化了。这种临时变轨，最是兵家的大忌；只是由于彼此强弱悬殊，对攻方暂未造成更大的影响。当时奉军的精锐部队，几乎全部掌握在郭松龄手中，包括六个步兵师、两个炮兵旅、一个骑兵旅以及辎重工兵等，总数在五万人以上，并且拥有野战炮二百四十门、迫击炮一百五十门、重机枪一百五十挺；而兵力空虚的守方，由于仓促迎战，未能形成防守合力，连招架之功也没有，致使连山一役遭到惨败。

本来，在防守的同时，奉军还是有机会、有能力狙击的。当总指挥官张学良在葫芦岛"镇海"舰上，从望远镜中发现郭军部队联翩北上时，舰上的炮长请示："兵舰上的主炮可以有效地击中目标，是否可以开炮?"张学良摇了摇手，断然地说："不，不能开炮，那都是我的部下。"是呀，辛苦经营多年的子弟兵，怎能忍心自相残杀，眼睁睁地看着他们成为炮灰呢!

第二仗的主战场在锦州。张学良集结残部，正面迎战郭军，战果也并不理想。只是靠着炸断大凌河铁桥，暂时阻遏了对方的强大攻势。照这样打下去，奉天易手，已成必然。可是，世事茫茫难料，人生前路多歧。到了第三仗，打到巨流河时，形势竟陡然逆转，郭松龄功败垂成，彻底走了"麦城"，新民的白旗堡成了他的"滑铁卢"。

恩格斯于1890年致约·布洛赫的信中，曾有过这样的论断：

> 历史是这样创造的：最终的结果总是从许多单个的意志的相互冲突中产生出来的，而其中每一个意志，又是由于许多特殊的生活条件才成为的那样。这样，就有无数相互交错的力量，有无数个力的平行四边形。而由此产生出一个结果，即历史事变，这个结果又可以看做一个作为整体的、不自觉的和不自主的起着作用的力量的产物。

巨流河之战，以至整个郭军倒戈反奉的成败，同样是"无数个力的平行四边形"合力作用的结果。当然，它们的作用并非等同，而是有大有小，有主有从。在众多的合力中，张学良占据主导地位。郭松龄之所以成了"气候"，由一个普通的赳赳武夫、一介教官，青云直上，而旅长，而师长，而副军团长，统东北半壁之精锐，成万众影随之雄豪，除了个人的才智外，主要是依靠少帅的信任、提携。包括这次挥师出关，之所以能够振臂一呼，应者云集，端赖于依托少帅的影响力，打着少帅的旗号，否则是很难奏效的。

而任何事物都有两重性，正所谓"成也萧何，败也萧何"。问题在于，张学良是个有血有肉有头脑有智慧的活人，他能够为你所用，当然再理想不过了；如果只是一厢情愿，也就是说，他不听从调遣，而是来个"倒戈的倒戈"，又将如何？从郭松龄角度看，上上策是能够像他信中所要求的：少帅"暂移租界，稍待数日"；起码是，虚应故事，装聋作哑，作壁上观。说明白了就是，只打你的旗号，无须你本人出面。因为他很了解张学良的为人，知道他不大可能甘冒"忤逆"的罪名，公开扯起大旗，背父自立。而下下策，也是郭氏所最怕的，是由少帅出任奉军统帅，挥师抵抗。这样，郭军的旗号打不出去，下面的仗也就没法打了。

而现实情况正是如此。与郭军进行正面抵抗的，恰恰是少帅本人及其统率的军队。这样一来，真相便随之洞穿，郭松龄就变得师出无名了。特别是，少帅平日驭下有恩，深受三军将士的爱戴。郭松龄手下的兵愈逼近老家，便愈觉得自己的行为不符合伦理道德中的"忠义"二字。因此，当张学良在两军对阵的前线喊话时，才会产生超出预期的强烈效果：郭军中团职以上军官，几乎个个都通过军用电话与张学良互通款曲；而士兵厌战情绪更是与日俱增，军心涣散得不可收拾，到处流传着这样的顺口溜："吃张家，穿张家，跟着冤家打张家——图希个啥？"

看来，楚霸王"四面楚歌"、兵败垓下的命运，很快就会降临到郭松龄的头上。多年以后，当张学良追叙这段往事时，还慨乎言之：

> 郭松龄夫妇当时犯了两个错误：他们一看我带着奉军讨伐他，已经站到了他们的对面，再保留我这个"名义总司令"没意义了，只好自己出任总司令。——这当然是出于不得已；第二个失算是，不该把我们两人的通信说给部下听。我知道他们的意思，完全是出

于至情，说明我们之间关系如何好，感情如何深，他这一仗如何迫不得已；可是，他们哪里想到，这么一公开，一切真相都大白了，那些旅长、团长洞察了我的真实态度，知道我并不支持他们这么干，那也就不会再接受他的命令了，很多人也就不会再打了。

关于巨流河之战，张学良将军也有一段回忆：

> 在巨流河布阵与郭军决战，好似命中注定。巨流河一带地形我熟悉，以前在讲武堂时，我与郭松龄就在这里演习过。那时，我是他的学生，演习时打过一回仗，演练过攻防战。这回我们又聚在了一起。我就给他写了一封信，说这次不是演习了，是真打。你曾是我的教官，现在我们看一看，是老师行，还是学生行。

由于张学良深知郭松龄的脾性，也熟谙他的战术，这次两军对阵，彻底挑了郭松龄的"软肋"。张学良晓得，"郭茂宸是个宁折不弯的人，他一定哪硬往哪打，我们只要把正面工事做好，就可取得胜利"。果然不出所料，当发动全线进攻时，郭军主力全部用到正面进攻上了。他没有想到，张学良在军事作战中能够洞悉他的一切，狠狠地攻击着他的侧翼弱点。

在正常情况下，学生能够如此颖悟，"青出于蓝而胜于蓝"，老师应该感到欣慰；但是，此刻面对的迎战之敌，竟是自己的"高材生"，却只能自认晦气，真是"教会了徒弟，饿死了师傅"。而在张学良看来，这次胜利，带给他的绝无点滴快意，只有彻底的绝望、透骨的悲哀。从此，他将失去一位最崇敬的老师、最忠诚的伙伴、最知心的朋友、是骁勇的战将。——幸耶？不幸？

郭军的功败垂成，还有另外一个重要因素，就是日本人的介入。据美籍华裔学者、张学良研究专家唐德刚教授分析：

那时唯一能左右郭张内战的是日本的"关东驻屯军"。日本人本不喜欢奉张父子，但是两害相权取其轻，日本人更怕带有共产党色彩的郭氏国民军进入满洲，终于决定不让郭军穿过南满路，并将他们的"驻屯军司令部"移入沈阳。这一来，奉天便成为铜墙铁壁。

当时的情况是这样的：日本人曾以调停人的身份，出面斡旋。不满于日本人语带威胁的霸道，郭松龄拍案而起："岂有此理！这是中国内政"，"我不懂什么是日本人的特殊权利！"而情急之下，张作霖却口头上与日方缔结了密约，以承认日本在我东北有"土地商租和杂居权"等作为关东军出兵的条件。这样一来，在郭军乘势东下时，日本关东军不仅不允许其靠近南满铁路沿线，并"从背后插刀"——以大批兵力切断郭军后方，焚烧弹药库，还出动飞机配合轰炸，给予郭军以沉重打击。奉军方面，则得以有足够时间，调集黑、吉两省的大量骑兵，前来救援。

从内因来说，除了张学良提出的两个方面，郭松龄在战略抉择、战斗指挥上也颇多可议之处。唐德刚教授说：

> 郭氏如早怀异志，欲成大事，则应效他的小东人（指张学良）搞西安事变的干法，出其不意，劫持统帅，然后以三两天功夫，底定奉天，才是有效的办法。舍此不图而称兵犯上，一经胶着，旷日持久，则叛军就要作鸟兽散了。——这就是郭松龄原本克榆关、取锦州，势如破竹，然终于12月24日兵败巨流河，单骑走麦城，而夫妻双双被擒伏诛之原委也。治史者走笔至此，有余慨焉！

尾　声

说到郭松龄、韩淑秀夫妇的牺牲，确是很悲壮、很惨烈的。

他们见大势已去，决定取道营口，返回关内。本来，军中有能够追赶火车的快马，郭松龄可以挖鞍脱险，但他念及夫人韩淑秀不会骑马，于是，改乘一辆农家的马车。这样一来，没有逃出多远，便陷入了奉军的网罗。

对于郭松龄，韩淑秀不仅是乱世知己、穷途伴侣，当日还曾有活命之恩。辛亥革命爆发后，奉天的有识之士纷纷起来响应，郭松龄参与了组织工作。韩淑秀当时以小学教员身份作掩护，积极参加进步活动，她的家成为一个据点。她非常佩服郭松龄的人格与才干，由相识、相知而心生爱慕。不久，郭松龄在白色恐怖中遭到逮捕，并被宣判死刑，韩淑秀四出活动，拼力营救。1912 年 12 月 25 日，郭松龄等被押解到奉天城的大西门外，马上就要行刑了，韩淑秀风风火火地闯进法场，手擎一份当天的《盛京时报》，高呼着："刀下留人！刀下留人！"。原来，报纸上登出了宣统帝《退位诏书》。这样，在千钧一发之际，由于政局骤变，郭松龄等人的生命得以挽救；而郭、韩二人则在生死关头，收获了爱情，结成为伴侣。

现在，这对患难夫妻再一次经历着"生死劫"，逃奔在坎坷不平的乡村土路上。黑龙江骑兵队在后面尾追不舍，当天就把他们抓获了。消息立刻报告给张氏父子。张学良在前线司令部收到电报后，立刻命令秘书处长草拟电稿，叫把郭氏夫妇押解到他的司令部来。处长问："你把他们弄来，打算怎么办？"张说："郭是人才，为国家着想，我把他送到国外去深造。"岂料，电报没有送达，那边已经传过来信息，郭氏夫妇双双遇害了。张学良连连跺脚，叹了口气，连声说："完了！完了！"紧接着，又传过来两人尸体的照片，张学良批了"以火焚之"四个字，不忍目睹其惨状。

郭松龄被俘后，曾想到要给张学良写一封告别信。可是，刚刚开了个头，说明"私产无多，除酌留一部分赡养年老父母外，其余部分全数捐充教育、慈善事业费用"，后面就再也写不下去了，瞑目良久，掷笔而罢。下文，他究竟想说些什么呢？遗憾？怅惘？悲愤？怀念？一切一切，都不得而知了。

张作霖听说郭松龄夫妇已经被俘，自是十分快慰，当即下令将他们押回奉天，他要亲自进行审讯；而与郭松龄结怨甚深的杨宇霆，生怕夜长梦多发生变化，竟矫命把他们就地枪决。12月25日那天，囚车开进了辽河滩，押解人员喊道："郭军长，请下车吧！到地方了。"郭松龄和韩淑秀知道下一步的结局，他们手拉着手，从容下车，相互爱怜地深情对望，露出不屈的神色。

同是这一天，十三年前，韩淑秀从法场上夺回了她所敬爱的情人的生命，陪伴他轰轰烈烈地走了一程；现在，她以自己的生命陪伴敬爱的丈夫走上了又一个法场，从此将永不分手，相伴到永恒。

临刑前，郭松龄慷慨陈词："我倡大义不济，死固分也；后来同志，请视此血道而来。"韩淑秀从容地接上说："夫为国死，我为夫死，我们死而无憾。"她告诉行刑者："先向我开枪，让军长看着我走，好放心。"这样，韩淑秀、郭松龄相继饮弹而死。妻子时年三十四岁，丈夫四十二岁。

由于杨宇霆的插手，使郭氏夫妇的生命彻底失去了挽救的可能。对此，少帅一直耿耿于怀。其实，除非在他们被俘当时，就地放走；否则，即使被押解到大帅府，老帅也决不会饶恕他们，在百般折磨之后，最后还是难免一死。在客观上，这倒使少帅免除了再一次的、更大的难堪与尴尬。

下列情景完全可能发生：在余愤未平的情势下，老帅会再次采取"绿林方式"，狠"将"少帅一"军"：你小六子不是和郭鬼子"穿一条裤子"吗？那好，我"成全"你郭鬼子，干脆就叫小六子送你到西天好了。倘若这种局面出现，少帅又将如何措置呢？当众放了，根本没有可能，他们逃不出老帅这混世魔王的手心；开枪吧，又怎能下得手呢？最后的结局，也许是玉石俱焚，……幸好这都是不着边际的设想。

戏到这里也就收场了。

八十余年过去，天上白云苍狗，人间陵谷变迁。当年"舞台"上的三个主角、两个配角，一个个都已相继退场。看来，历史老仙翁的宝葫芦，确实不是吃素的，"嗖嗖嗖"地，不住地往里吸人。

如同大家所知道的，在讨郭战事中，张作霖对日本人做出了许多承诺，可是，事后他又变了卦、赖了账，结果，两年半过去，就被关东军炸死了。而杨宇霆，作为最大的赢家，自以为得计，骄横跋扈，不可一世，他万没有想到，少帅执政之后，首先就拿他开了刀。少帅后来有个说法："有人问我为什么要杀杨宇霆，杀杨宇霆有许多原因，其中之一可以这样说，杨宇霆是死在郭松龄的手里，死在郭松龄事件上。"

对于郭松龄，张学良始终念念不忘，在许多场合都曾说起他，其感情之真挚、心情之沉重，令人为之动容。事过一年，张学良在复饶汉祥的信中，以哀婉的心情说："良与茂宸共事七年，谊同骨肉，其去冬举事卤莽……良事前不能察防，事败不能援手。回忆前尘，痛至曷极！"

东北沦陷五十周年之际，张学良怀着无限感慨的心情追念说："如果当时郭松龄在，日本人也许就不敢发动'九·一八'事变。"倒戈一举，不仅丧失了这位出色的爱国将领；而且使奉军遭致严重挫伤。事物的发展不以人的意志为转移。后来发生的一切，都有悖于郭松龄反奉的初衷，这也是当时他所不曾料到的。

我们谁也不能预卜未来，只能当"事后诸葛亮"。假设郭松龄能够暂忍须臾，静候其变，等到少帅主政东北，那时他们并肩携手，实施"改造东三省"的规划，那么，白山黑水间的膏腴之地，定会辟出一片新天，建设新东北的史册上也将涂写浓重的一笔。然而，历史老人却在关键时刻搬了一个道岔儿，结果，时代列车辗出了沉痛而悲凉的辙迹。

记忆与时间等长。一幕曲终人散的悲剧，使人心潮涌浪，久久不能去怀。在郭氏夫妇的家乡沈阳，在他们起事的沈山沿线，在整个辽沈大地，八十年来，人们一直在言说着这场充满传奇色彩的战事，忆念着郭松龄夫妇与张学良将军。

只有为了爱

"为什么才肯舍己？只有为了爱。"

——赵一荻

紧握着她的手

　　写张学良与赵四小姐，自然离不开爱情这个主题。说到张赵恋情，正在写作《西方爱情诗话》的文友 W 君对我说："记得你在一篇文章里讲，百岁高龄的张学良对赵一荻的去世，抱有难以言喻的哀痛。妻子弥留之际，张学良一直紧握着她的右手，直到停止呼吸了，他还抓着渐渐冰凉而又僵硬的手不放，足足有两个小时。他坐在轮椅上，默然无语，泪水缓缓地流了下来。这里得蕴含着多少深情，多少爱意啊！"说着，W 君激动地朗诵起英国女诗人乔金娜·罗赛蒂的名诗《想念》：

　　　　请想念我吧，当我已经不在——
　　　　不在这里，在远方，寂静的田园。
　　　　当你已不能握住了我的手腕，
　　　　握住了我的手，我欲去又徘徊。
　　　　……

如果原先属于我的思忆，

被黑暗和腐蚀留下一丝痕迹——

那么，宁愿你忘怀了而欢笑，

不要，不要你记住了而哀悼。

"'当我已经不在'，'握住了我的手，我欲去又徘徊'，缠绵缱绻，无语凝噎，写尽了相爱者的深情款曲。"我说。

W君说："张学良曾经说过，他这一生欠赵四小姐的太多。他的抓住不放，完全发自肺腑深情，这里面有追忆，有依恋，有感激，更有报答。"

"是的。"我说，"赵四小姐从十六岁开始，就舍弃了一切，而把整个一生奉献给她心爱的人。可说她是为张学良而生，为张学良而活，为张学良而死的，她的存在似乎只是为着与他相依相伴；直到生命之花渐形枯萎，终于抵挡不住癌细胞的侵袭，油尽灯残，黯然辞世。"

W君说："一个成功的男人，需要一个温柔的女性在身后予以强力的支持。厮杀累了，可以帮助舒缓疲惫的心灵；受到创伤，能够抚平疼痛的疮口。成功的男人需要女人，是为了活得更好；失败的男人需要女人，则是为了活下去。这已经成为生活中的铁律。记得有这样一句话：'历史虽然由壮士写成，其代价，却由无数母亲和妻子承担。'"

"你讲得很好！这'代价'二字，正是我想要写的——赵一获'过五关'。"我说。

只是为了爱，也只有为了爱，当赵四小姐告别津门，快步跨出山海关之际，前面等候着她的，便是接连不断的雄关险隘。

亲情关

张学良与赵一荻的相识，有如歌德与情人丽莉的邂逅，都是在舞会上。

1926年7月，少帅在津门驻防。那天，他应邀参加怡和洋行蔡老板的家庭舞会，与一荻小姐首次见面。一个是"年少万兜鍪"，风流倜傥；一个是"清水出芙蓉"，豆蔻年华。四目对视，相互传情，彼此都给对方留下了美好的印象。其实，少帅同她的两位哥哥早已在游乐场中相识，甚至连她的父亲也打过交道，因为他曾担任过东三省外交顾问；只是，没有把兄妹、父女关系联结在一起。这次他才晓得，这位姿容绝代的妙龄少女，原来是北洋政府交通次长赵庆华的小女儿，1912年出生于香港，少年时代在天津度过，当时正就读于以接纳社会名流女公子闻名遐迩的中西女子学校。

翌年7月，他们又在北戴河海滨不期而遇。异地重逢，自是欢喜逾常，游泳、远足、听歌、看戏；回到天津之后，两人更是经常出入于舞场和高尔夫球场，少帅也就成了赵家的常客。

1928年夏天，少帅返回奉天，一度患病住院，电邀赵四小姐北上，说是可以就读东北大学。其时，四小姐的父亲已经为她订了亲，算是名花有主；但她出于对少帅的关心与倾慕，也热衷于上学深造，便束装就道，前往沈阳。她绝没有料到，此地一别，从此竟断了归路。

这期间，赵家变生不测，所谓"城门失火，殃及池鱼"。兄弟之间陡起阋墙之争，牵连到四小姐的母亲，结果，异母长兄向父亲告状，说是四妹私奔了；随之，惯常拨弄是非的坊间小报，对这起"绯闻"更是大肆渲染，竟闹得沸反盈天。身为政府要员，一向"爱惜羽毛"的赵庆华，怎受得了如此难堪的污辱！一怒之下，便在报纸上刊出醒目的启事，略谓："四女绮霞，近为自由平等所惑，竟自私奔，不知去向。查照家祠规条第十九条及二十二条，应行削除其名"，"嗣后因此发生任何情事，概不负责。"实质上就是断绝了父女关系。这样一来，一个年仅十六岁的少女，就被生生地逐出家门，甚至无路可走了。

至于赵老先生《启事》背后是否还有什么"深心"，论者说法不一。有的猜测，其意为"一箭双雕"，一则可以平衡、止息家室间的矛盾；二则也算是对于亲家的一个"无颜面对"的痛苦交代。这无疑都说到了点子上。还有一种说法，赵父采取了以退为进的"倒逼"策略——由于他对风流少帅的个性比较了解，为了防止出现"始乱终弃"的悲剧恶果，如此铺排，就逼着少帅只有接纳一途，不容轻易悔弃，正所谓"置之死地而后生"吧。少帅的副官陈大章就持这一观点："依我看来，这是赵庆华为使女儿同张学良结为伴侣所采取的一种手段。"

那么，张学良本人是怎么说的呢？

　　我跟太太认识的时候，她才十六岁。后来，我生病了，她到奉天来看我。她临走时，跟她爸爸说了，说要到奉天看我，她爸爸当时也没吱声。她就拎着个包来到奉天。她哥哥就借机说她跑到奉天去了，老爷子就不高兴了。后来，老爷子登了报，把她赶出了祠堂，这样她就回不去了。怎么办？弄拙成巧了，本来，她跟别人已经订婚了。所以，我说，天下事情就是这样。姻缘之事，就是这样阴差阳错的。

不管怎么判断，反正是赵老先生同女儿断绝了一切往来，并引咎挂冠归隐，直到1952年病逝，也不肯原谅这个他最钟爱的小女儿。不过，赵四小姐后来听说，父亲弥留之际，曾经把一双象牙筷子交给女佣刘妈，嘱托她日后设法交给女儿，并且说："她一看就明白了。"如果说，前者是女儿心中的永远之殇；那么，后者就是老父心中的迟回之爱。

爱是不能忘记的。作为女儿，赵四小姐失亲的心痛，尚未完全平复；十二年之后，作为母亲，她又遭遇了别子的伤怀。当时她在香港，突然接到日夜思念着的监禁中的少帅的来信，说：奉化溪口一别，已经过去了三年时间，此后辗转于安徽、湖南、贵州等地。大姐凤至身染乳疾已过两年，近日有转重之势。经向蒋夫人写信求情，蒋先生准予她去美国就医，近日即将启程。因而恳切希望小妹能够惠然前来。信的最后说，小妹如果肯来，务请不要将孩子带到这蛮荒瘴疠之地，况且上峰也不能允许。最好是送往美国友人伊雅格处，既可接受抚养，又能方便就学。

这样，赵四小姐便又再次陷入层层心理矛盾与痛苦的抉择。听说妈妈要走，独生子嚎啕哭叫，紧紧抱住妈妈的大腿，不肯放开；赵四小姐早已哭得泪眼婆娑，心痛如捣，最后还是毅然决定只身前往。她将未满十岁的唯一爱子，匆匆托付给美国友人之后，便星夜赶赴贵州修文县阳明洞。为了照料说不出名分的至爱，她宁可忍痛割爱，抛离幼子，宁可放弃舒适、安定、优越的都市生活，而自投囚笼，赴汤蹈火。你可以说，她并非合格的母亲，却不能不承认，她是世间绝对顶尖级的理想情人。

忍辱关

　　如果把上述父女间、母子间的感情纠结，看作是"亲情关"；那么，接下来的便是"忍辱关"。

　　不管无义的兄长、绝情的父亲出于何种用心，将她拒之于赵家门外，不管好事之徒如何飞短流长，造作事端，最终所造成的痛苦而沉重的负担，斤两不少地全都落在了四小姐纤柔稚弱的身躯上；即便是钟情于她、痴恋着她的少帅，也一点帮不上忙。

　　除了已经惯于承受社会上的污言秽语，赵四小姐还做好了心理准备，面对少帅元配夫人的冷眼霜颜。不过，凤至大姐并没有当面责难她，只是质问丈夫：赵四进门，身份如何定位？少帅回答，名义是给他当秘书。于夫人表示强烈反对。少帅一气之下，顺手拔出手枪来，于凤至哪会吃他这一套？当即厉声斥责："你敢？我给你生儿育女，把孩子哺育成人，现在你觉得没用了。那好，你就打死我吧！"少帅赶忙服软、道歉，说："我哪里是想伤害你。考虑到已经答应了赵四，堂堂的司令官说话不算数，你又不依不饶，逼得我实在没有活路，只有开枪自决。"

　　于凤至原本是最为体贴丈夫，而且胸襟豁达的；现在，她觉得这个现实实在难以接受。即便是男人娶上三妻四妾，对外也好说；唯独这种"淫奔"、"苟合"，令人无法面对，认为有辱张家门庭，败坏了帅府家风。最后，她断然说："你也不要逼我。反正我也没有亲人了，咱们一刀两断，干脆分开。女儿归我，儿子归你，北陵房子给我。"她的本意，是高设门槛，悬置障碍，让赵四知难而退，就是说，斩断他们的情缘。

无奈，少帅软磨硬泡，不肯退让，赵四更是无比顽强，为了她的所爱，表示就是低头下跪也甘愿承受。事实上，她也真的无路可走——不仅无家可归，而且还怀有身孕，让她到哪里去？再逼，就只有死路一条了。深明大义的凤至"大姐"，最终还是退让一步，对少帅讲：可以容忍下来，但须约法三章：一是永远不许用夫人名义；二是对外称你的秘书；三是对内为侍从小姐。少帅全部应承，赵四也一一接受。私下里，少帅说："小妹，我让你牺牲的东西实在太多了。"

女人的心是相通的。四小姐这种宁可牺牲一切也要坚持炽烈的爱的精神，也着实令凤至"大姐"感动。当即决定：将位于帅府东墙外的那栋二层小楼买下来，让赵四居住。这样，既将其置于自己的眼皮底下，起到约束作用，又没有违反不让赵四进入帅府的规定。装修完毕之后，她亲自前往北陵别墅，将赵四小姐母子接了过来。二人以姊妹相称，后来倒也相处得十分融洽。

但是，对于赵四小姐来说，这次不过是爬了个陡坡，后面还有崇山峻岭。就是说，屈辱这一关并没有真正过去，更为难堪的事正在等着她。"九·一八"事变发生，不仅张学良戴上了"不抵抗将军"的帽子，而且祸及妻孥，连累了赵四小姐，使她再次在国人面前，"臭名远扬"，丢尽了脸面。这是由著名学者、社会活动家马君武的两首诗所引起的。

诗名《哀沈阳》，刊载于11月20日上海《时事新报》。诗一开头就说："赵四风流朱五狂，翩翩胡蝶正当行"，后面又说"温柔乡是英雄冢，哪管东师入沈阳"。"沈阳已陷休回顾，更抱阿娇舞几回"。诗的矛头是对准张学良的，而作为"红颜祸水"的领头羊，赵四则首当其冲。

这样，不仅张学良的"不抵抗"的恶名传播得更远，还连累了赵四和其他两位女性——朱五和胡蝶，也承受着极大的精神压力。

事实上，据当事者何世礼的回忆："九·一八"之夜，"竟传汉公与胡蝶共舞，确属诬捏之词。盖当夜乃为辽西水灾筹款演戏，汉公亲临鼓动捐款，并邀先父母作客，且请英大〔公〕使作陪，均同坐一包厢，世礼则随侍左右。"至于那三位女性，则属"误中副车"，"殃及池鱼"。胡蝶翌日即登报辟谣，说："留平五十余日，未尝一涉舞场"；事后还说，她与张学良不仅那时未谋面，以后也未见过。

赵一荻的屈辱并未到此终结，仍有下文。少帅被拘押后，1937年9月，当赵四小姐陪同少帅四弟张学思等前往奉化探视时，蒋夫人宋美龄竟然明令阻止，包括以后转徙各地，都不许她随行，"觉得像个姨太太似的"。这对赵四的刺激无疑是很大的，万般无奈，只好领着孩子，黯然返回香港。既不能与少帅长相团聚，又无法回到父母身旁，她觉得特别孤单，极为沮丧。

拘禁台湾期间，她和少帅一同信仰基督教，但她在教堂做礼拜时，总是踽踽独行，从来没有与少帅同出同进过，原因是身份不明，不为教规所允许。这种尴尬的处境，一直持续到1964年7月4日与少帅正式结婚并受洗。

赵四小姐伴随张学良七十二载，以正式结婚为分界线，前后各为三十六年。前三十六年间，像这类受屈忍辱的情景，简直多到难以数计，然而她全都"安然"地暗暗地忍受了。

此无他，只是为了爱。

病苦关

不止此也，在她的有生之年，还有第三关、第四关、第五关——要拼，要闯，要挨。

自从她只身到了贵州那天起，她就开始过"苦累关"。19世纪40年代的贵州山区，"天无三日晴，地无三里平"，蛮烟夹杂着瘴雨。即便是普通人，生活之艰难也可想而知；何况少帅是在监禁之中！

少帅五十四载的铁窗生涯，四小姐作为不是囚犯的"囚犯"，整整作陪了半个世纪，其间经历了由龙岗山阳明洞、黔灵山麒麟洞到开阳刘育乡、桐梓的天门洞，长达七八年的贵州全程，尔后又转经重庆，到达台湾。可以说，自从结识了这位"风流将军"，她就没有过上几天好日子，借用两句宋诗来形容："年年不带看花眼，不在愁中即病中。"

少帅与赵四住过的麒麟洞，我曾去看过。三间矮房，开间很小，少帅住在左边，四小姐和女佣人住右边那间，中间供烧饭与进餐用。窗子外面，就是南山，四周满布着铁丝网，当时山上架有三挺机枪，驻扎了三个连的士兵，大门旁边架有三部电话，还有电台。昼夜都有便衣特务环伺着。而在刘育乡，军统对少帅的监视就更严紧了，便衣特务像尾巴一样，形影不离。少帅只能在划定的范围内散步，心情十分苦闷。百无聊赖之时，就在门口的青冈树下坐坐，云天眺望，一语不发。而桐梓的天门洞，简直就是个小集中营，少帅与赵四住的地方，不仅四周圈着铁丝网，沿着住地的山坡上还挖了战壕，修了碉堡，架着机关枪。

四小姐就是在这种环境中过活的。除了条件艰苦，最难堪忍受的，还有"牢头"刘乙光夫妇的凌辱、盘查、刁难与虐待。

1946年11月，她又作为"准囚犯"，同少帅一起被押赴台湾。在新竹县井上一个人烟稀少的大山里，他们相濡以沫，一待就是十几年。她身着布衣，脚穿便鞋，几乎洗尽铅华，俨然成为最普通的家庭主妇，不但能够熟练地使用缝纫机缝制衣被，还学会饲养家禽，为少帅提供滋补身体的营养品。她终朝每日，陪侍在少帅身边。尽管相对来说，她比张学良多些自由，还可以获准到美国去探望儿孙，但也仅仅住上两三天，因为惦着少帅，总是疾去急归。即便是平日在家，一当她要出去办事，也必须把少帅寄送到亲朋故旧家中，一如外出工作的职业妇女，把孩子寄托在托儿所里。性好诙谐的老将军，总是对友人说，他经常要进"托儿所"。

那么，第四关就是"疾病关"了。赵四的身体状况，远不如张学良将军。投奔到少帅那里之后，她曾患过险些致命的红斑狼疮；还经受过骨折之痛和膀胱结石的折磨；由于长期吸烟，肺部发生癌变，动过一次大的手术，切除了半边的肺叶，之后便经常出现呼吸困难，只能靠不断地吸氧来维持。而老将军自从1997年之后，先是患老年性白内障，尔后便罹患了老年痴呆症，严重时会丧失记忆，甚至陷入意识混乱状态，日常眠食都需妻子帮助料理，这更增加了她的负担。晚年的一荻夫人，已经被病魔折磨得浑身剧痛，真有一种生不如死的滋味，但她说："为了张先生，我还必须延续生命，唯恐一旦撒手红尘，自己先走了，实在放心不下他。"她还说："看来，张先生活过百岁不成问题。可是，我死之后，又有谁能照看他呢？"

舆情关

第五关，是时论的品评、褒贬，姑名之为"舆情关"吧。"身后是非谁管得，满村争说蔡中郎。"这在任何人都毫无例外，同样也贯穿于赵一荻的生前身后。

按说，像赵一荻那样以全副身心投入到爱情方面，对待所爱的人抛洒、奉献了一切，应该是无可挑剔的了。可是，在中国，古史有"《春秋》之法，常责备于贤者"之说。意思是，《春秋》这部史书对于贤者的要求是更为严格的。不过，清代的大名人纪晓岚却认为：对于女性应该放宽尺码，不能用士大夫的标准加以苛求，原话是："《春秋》责备贤者，未可以士大夫之义律儿女子。"无奈，世人并不听他"纪大烟袋"的，人们照样还是以"士大夫之义""律"她这个"儿女子"。这样，说东道西、较短量长，就难免了。

大体上集中在三个方面：

一是，与少帅正式成婚问题。于凤至回忆录中说："赵四不顾当年的誓言，说永远感激我对她的恩德，说一辈子做汉卿的秘书，决不要任何名分等，今天如此，我不怪她。但是，她明知这是堵塞了汉卿可以得到自由的路（指前往美国），这是无可原谅的。"一些支持与同情于凤至的在美华人，大致对此持相同态度。

二是，把少帅未能回大陆的账，记在赵四小姐身上。客观地看，赵四小姐对于少帅回乡探亲，确是一向持反对态度，原因主要是出于维护少帅的身心健康，担心他回来探亲会感情激动，吃不好、睡不安，情绪波动过大，有害于他的身体；当然，也和她本人对于大陆感情淡漠，甚至印象欠佳，有一定关系。在美国，有的熟悉少帅夫妇的人在回忆文章中写道："自始至终，只要说是大陆来的，不论是同乡还是过去和张将军有什么关系，都立即被拒之门外。甚至男女佣人都异口同声说，'夫人有话，张将军不见客'，还说出'以后也别来了，来了也不见'之类没有礼貌的话。"应该说，为了维护张将军的健康，谢绝客人，以至阻止回乡探亲，其事虽然不得人心，但其情确是有可宥谅之处。

三是，对于赵四小姐出于爱心对老将军看管甚严，有些人也持不同看法。张之所以寿登期颐，确是有赖于赵四的悉心照料，由于有了这个大管家，他可以免除一切负担，有利于修身养性，颐养天年。但也有论者认为，赵四这么一管，内外一切全由她来定夺，张也就一切唯赵之命是从，而失去自由、自主，身不由己了。对此，包括张将军自己，也会产生逆反心理。只要看看他到美国之初，在早年女友蒋四小姐（贝夫人）那里居停的反映，就一清二楚了。

贝夫人觉得，当日风云叱咤、活虎生龙般的少帅，在五十四载的软禁中，度过了难以想象的苦涩岁月，实在是太亏欠、太熬苦了！如果不能在有生之年做一些有效的补偿，这昂藏七尺之躯，岂不是空在阳世间走一遭！"所以，这次，"贝夫人说，"我一定让半生历尽苦难的汉公，真正感知到人生的乐趣"；"要他见见老朋友，广泛地接触各界，也体验一下国外的社会生活，看看我们在美国怎样过日子"。而汉公自从来到纽约之后，就像吞服了什么灵丹妙药，容光焕发，声音洪亮，精神头十足，兴致异常高涨。他说，这是从 1937 年失去自由之后，最感自由的九十多天。身边既没有国民党的便衣特务跟踪，也没有"监督大员"赵一获在场，他终于实现了那种向往已久的无忧无虑、无拘无管、无忌无碍的"逍遥游"，过一段最畅怀适意的舒心日子。

话语间，大有"乐不思蜀"之势，也难怪赵四小姐要紧急下令，将他立刻"捉拿归案"了。对此，蒋四小姐自然多有微词；就一般人看，也觉得赵四小姐未免做得过分，甚至会以胸襟褊窄、心存嫉妒讥之。当然，从赵四小姐角度来品评，这样做有其必然的合理性。投入的越多，便越怕失去，情感上的分割，哪怕是一点一滴也无法忍受。面对她的作为，他人不便置喙，只有"理解万岁"了。

　　关键是少帅自己怎么看。说来也可能令人有些心寒。少帅这个"大嘴岔子"，有时说话不关后门，他曾对友人说，于凤至是最好的夫人，赵一荻是对他最好的患难妻子，但不是他最爱的，他的最爱在纽约。这话听来，实在有些残酷——人家陪侍了你一辈子，为你献出了一切，到头来却不是最爱的。其实，赵四自己心里明镜似的，你听她说："若不是蒋介石把他关起来，他那乱七八糟的，也早就把我踢到一边去了。"网上有篇"博客"分析得更为削切："只是因为没有了过去那样多的机会去选择，他被固定在一个不情愿的时空里，动弹不得，这才有了后面被人艳羡的'天长地久'。就是说，这不过是命运诡异安排的意外之果。"

　　其实，所谓"意外"，是就它的结果而言；要论女性对爱情的执着与坚贞，原是有规律可循的，这可能是天性使然。除了赵四小姐这一最典型的事例；还有那位凤至"大姐"，不也是为了丈夫倾其全力、献出一生吗？本来已经割断了婚姻，所谓"义尽情绝"；而凤至"大姐"却仍然以张氏夫人自命，甚至在墓碑上刻上"张凤至"的名字，还说"生是张家的人，死是张家的鬼"。这类情况，在国外也同样存在。

　　近日翻看俄国诗人叶赛宁的传记，加丽雅的痴情令我心灵震撼。她爱恋叶赛宁，已经达到痴迷的程度，心甘情愿地为他奉献一切。可是，诗人对她却绝情地说，"您对于我来说，亲近得如同朋友，但作为女人，我一点也不爱您"。他只是把她当作一个换乘的驿站，在外面跑累了，不时地回到这里歇歇脚，然后便起身投向一个又一个女人的怀抱。叶赛宁和舞蹈女皇邓肯结婚后，赴欧美巡游期间，给好多人都写了信，唯独漏掉了加丽雅。待到和邓肯仳离，回国疗治心灵创伤，住在了加丽雅家中，加丽雅问他何以没有写信时，叶赛宁却谎称，"在内心的最深处，不知默默地给你写了多少封信"，加丽雅听了，自是乐不可支，于是，当起保姆、护士、佣人来，就更加起劲了。也正是在她的家中，叶赛宁与老托尔斯泰的孙女索菲娅一见钟情，并决定结婚。这样，加丽雅才略微清醒一些，说："我的童话终结了。"尽管如此，她仍然扮演妻子的角色，照料叶赛宁的妹妹们读书，联系叶赛宁诗集出版事宜；直到叶赛宁在列宁格勒的一家旅馆里自杀，一年过后，这个没有任何名分的女性，又在诗人的墓地，把手枪对准自己的心脏，用生命来祭奠心上的人。她的理念是，死在终生挚爱的人的身边，是最幸福的事。

呜呼！面对这类痴情可哂的女性，还有什么话可说呢？只能表示十二分的敬重。

两股道上跑的车

一席话

　　叙写张学良的朋侪故旧、社会交往，有一个人还需要缀上一笔，那就是清朝的末代皇帝溥仪。因为从张学良对于溥仪的殷殷垂注，特别是为这位前朝废帝所设计的人生道路中，可以洞见其人格、品性和卓绝的识见。

　　溥仪，作为一个政治工具，一个典型的能走动、会呼吸的时代玩偶，就其道路抉择、政治取向来看，诚然是可耻、可鄙的；然而，如果从人性的角度观察，那么，他的人生处境、惨酷遭遇，又确是可悲、可悯的。登基、退位之类的话题，与本书传主、本章主题无关，且不去管它；这里只讲他被逐出紫禁城，日夜筹谋着还宫复辟之事。当时，他的社交圈子很广，皇族、戚属之外，面对的主要是三种人：一是前清的遗老，什么帝师呀，老臣呀，忠仆呀，南书房行走呀，一列很可观的"辫子帮"；二是走马灯般的"你方唱罢我登场"的军阀政客，张家父子可以划入这个类别；三是阴险狡诈、虎视眈眈、居心叵测的东邻野心家。角色不同，心性各异；但他们有一点是共同的，就是千方百计要利用这个政治玩偶，达到其不可告人的个人目的。就中，只有一个人例外，他既没有政治野心，也就根本没有想在溥仪身上打什么主意；只是出于友朋之间的真诚愿望，甚至是年轻人热心、好胜的习性，善意地提出了一些个人见解。他就是张学良。

张学良与溥仪，相识于上世纪 20 年代中叶，那时他不过二十五六，溥仪也刚过二十岁。他们相会于天津日本租界地宫岛街的张园，那里是溥仪的所谓"行在"办事处；在其他场合也见过面，应该说，交往较多。有人统计，溥仪在《我的前半生》中，提及张学良，多达二十处。

1990 年夏天，张学良在同日本广播协会（NHK）电台记者交谈中，提到了早年他与溥仪会面时的一席话：

> 我在天津的一个饭馆吃早饭，溥仪突然进来看见我。我劝他把袍子脱掉，把身边那些老臣辞掉，你这些老臣围着你就是在揩你的油，你能天天出来走走，我倒很佩服你。我劝他，你肯不肯到南开大学去读书，好好读书，你作一个平民，把你过去的东西都丢掉，你真正做个平民。如果南开你不愿意去，我劝你到外国去读书，到英国或到哪儿去读书。我说你原来有皇帝的身份，你虽然是平民，你比平民还是高，你要是真正好好做一个平民，将来选中国大总统中有你的份。你如果今天还是皇帝老爷这一套，将来有一天会把你的脑瓜子要掉。

从叙谈情景看，他们并非初识，而是相处已久、相知较深了。言词虽然峻烈，但态度却是诚恳的。他以知心朋友和老大哥的身份，设身处地，置腹推心，给溥仪出主意，导出路，完全出自关心、爱护，而丝毫没有个人打算。正如溥仪研究专家王庆祥所说的：

> 张学良跟溥仪交往，从来没想过利用"宣统皇帝"这块招牌，恰恰相反，而是劝溥仪脱袍子，辞老臣，"真正做个平民"。然而，他们政见不同，交往中潜藏着对立和斗争。张学良承继着老一辈的交往，同时牢牢掌握着自己的原则。

可谓片言居要，恰中肯綮。这里有三个关键词：一、"没想过利用"他；二、劝他"真正做个平民"；三、彼此"政见不同"，"潜藏着对立和斗争"。

与少帅形成鲜明对照的，是他的父亲老帅。从王庆祥《溥仪与张作霖》一文中得知，老帅曾经巴结过这个退位皇帝，叩过头，送过两棵高价的东北人参。当年拜见袁世凯大总统时，他也只是送上一棵，价值六千金；那么，两棵呢？自然代价不菲了。前此，溥仪选立"皇后"时，老帅曾主动要把女儿献上，只是由于"满汉不能通婚"的清宫祖制所限，才算作罢。俗话说："礼下于人，必有所求。"这一代枭雄精明绝顶，外壳是"忠君"，而内核却是利己——深知问鼎中原，还需利用"宣统"这块招牌。特别是老帅早就把满蒙地区看作自己的势力范围，而要提高在这一广袤地区的影响力与号召力，清朝帝室与蒙古王公的特殊历史背景，是绝对不能忽视的。当然，以复辟为职志的末代皇帝，也看中了这个"东北王"的政治地位和强大的军事实力。交相倚重，互为利用，这原本是他们之间的本质特征。

而少帅奉劝溥仪脱去皇袍，辞掉老臣，真正做个平民，却是完全出于一片至诚；而且，这一识见也是绝对的高明。对于溥仪，少帅可说是仁至义尽。直到"九·一八"事变之后，他本人已经是弄得焦头烂额，自顾不暇之际，仍然不忘拉扯已经泥足深陷的溥仪。据王庆祥文中披露，1931年11月2日，土肥原夜访溥仪，"假门假氏"、甜言蜜语地说，日军在满洲的行动，仅为反对张学良，而对满洲毫无领土野心，并愿意帮助宣统皇帝在满洲建立独立国家。溥仪倾向于接受。张学良闻讯，于6日晚，派人往其驻地静园送了一筐水果，里面潜藏着两枚炸弹，意在警告溥仪，祸患临头，让他清醒过来。翌年7月，溥仪任伪满执政四个月后，张学良又通过他的胞弟溥杰，再一次进行规劝。溥杰后来在回忆文章中说：

暑假我从日本回国了一次，张少帅大概也得知了我回国的消息，我意外地收到了一封他的信。记得信的大意是：日本人歹毒异常，残暴无比，我们父子同他们打交道的时间长，领教够了。他们对中国人视同奴仆，随意宰割。你要警惕他们，并要劝诫你哥哥，让他同日本人脱掉干系，悬崖勒马。可惜，我当时为了同溥仪一道恢复满清王朝，对张少帅这些忠言，根本听不进去，真是一桩终生憾事。

　　我们不妨设想，如果当日溥仪能够听进去这番坦诚的劝诫，并能笃信躬行，付诸实践，那么，他就不会背上"汉奸"、"战犯"的恶名，就可以远离那根历史的耻辱柱，余生将会现出崭新的霞彩。

　　至于说到少帅与废帝两人"政见不同"，"潜藏着对立与斗争"，这是准确无误的。他们确实是"两股道上跑的车"，岂止不同而已！这在对待日本军阀土肥原贤二和板垣征次郎的态度上，暴露得至为充分。

三条路

　　张学良的忠告，对溥仪来说，有如秋风之过马耳；或者说，逆耳之言，根本听不进。这里有主客观双重因素。溥仪复辟意志之顽强与坚定，这一主观因素占据主导地位。

　　他在《我的前半生》中记载，1924 年 11 月 5 日，冯玉祥的国民军把他逐出紫禁城，当带兵进宫的北京警备司令鹿钟麟问他"你今后是还打算做皇帝，还是要当个平民"时，他曾爽快地回答："我愿意从今天起就当个平民。"对于他来说，这无疑是最光明的前途，最理想的选择。张学良的劝说，正与此恰合榫卯。

但后来的实践表明，他的这种表态，根本不是真心话。他的真实打算，却是："我要按照自己的想法去实现我的理想——重新坐在失掉的宝座上。"其间，北府二十四天，日本大使馆三个月，天津七年，以致后来潜往东北，可以说，无分昼夜，醒里梦里，时时刻刻，都在思谋着、策划着怎样还宫复辟。对此，少帅并非没有察觉，只是出于真正的关心，作为朋友，还是披肝沥胆地掏出至诚，为他做出具体的擘画——到南开大学进修，或者去英国留学；最后，当头棒喝，如果舍此不由，继续走那条幻想复辟的老路，那就等着掉脑袋吧！

应该看到，除了少帅，溥仪身边的一切亲朋故旧，再没有人这样地劝过他。包括他的父亲载沣在内。那些遗老旧臣、皇亲国戚，还有军阀政客，用他后来的话说，身旁正有"一群蝇子"，整天嗡嗡营营地，吵得一塌糊涂。有些人，比如他的父亲载沣，头脑昏聩，未谙覆车之鉴，可说是见不及此；而更多的人，则是从个人私利出发，把这个末代皇帝居为"奇货"，当作实现种种目的的政治工具。

溥仪后来回忆说：

> 我面前摆着三条路：一条是新"条件"给我指出的，放弃帝王尊号，放弃原有的野心，做个仍然拥有大量财宝和田庄的"平民"；另一条，是争取"同情者"的支援，取消国民军的新条件，全部恢复袁世凯时代的旧条件，或者"复号还宫"，让我回到紫禁城，依然过着从前那样的生活；还有一条，是最曲折的道路，它通向海外，然后又指向紫禁城，不过那时的紫禁城，必须是辛亥以前的紫禁城。这条路当时的说法则是"借外力谋恢复"。

我站在这个三岔路口上，受着各种人的包围，听尽了他们的无穷无尽的争吵。他们对于第一条路，都认为不屑一顾，而在其他两条路线的选择上，则又互不相让。即使是同一条路线的拥护者，也各有不同的具体主张和详细计划。他们每个人都争先恐后地给我出主意，抢着给我带路。

表面上，这些人期待复辟的目标是共同的，一致的；实际上，每个人都是"各怀心腹事"，打着自己的小算盘。以罗振玉为首的"出洋派"，主张"立刻出洋"，日本也好，欧洲也好，他们想望拉着这个末代皇帝，投靠到洋主子的卵翼之下，通过垄断居奇，收获各自的私利。而以帝师陈宝琛为首的"还宫派"，那些王公、旧臣、帝师、翰林们，则是惦记着这些名头，这些高位，使已经丧失了的重新回到手中。这一点，溥仪后来也看清楚了，他说：

我认为，那些主张恢复原状的，是因为只有这样，才好保住他们的名衔。他们的衣食父母不是皇上，而是优待条件。有了优待条件，绍英就丢不了"总管内务府印钥"，荣源就维持住乐在其中的抵押、变价生涯，醇王府就每年可以照支四万二千四百八十两的岁费。

而就溥仪个人来说，复辟复位，是所至望；但他并不愿意重新回到紫禁城去，以免在那里遭限制、受约束；他的目标是"依他列强，复我皇位"。这样，他从北府出来，一头就扎进了日本使馆，实际上，从此也就投入了日本军国主义的怀抱，开始踏进罪恶与死亡的深渊。他却醉生梦死，酣然不觉，竟说：

在那个时代，"使馆区"和"租界"正是"好客"的地方。我在这里遇到的热情是空前的，也许还是绝后的……使馆主人看我周围有那么一大群人，三间屋子显然住不开，特意腾出了一所楼房，专供我使用。于是，我那一班人马——南书房行走和内务府大臣以及几十名随侍、太监、宫女、妇差、厨役等等又各得其所。在日本公使馆里，"大清皇帝"的奏事处和值班房又全套恢复了……这些表示骨气的，请安的，送进奉的，密陈各种"中兴大计"的，敢于气势汹汹质问执政府的遗老遗少们，出进日本使馆的一天比一天多。到了旧历的元旦，我的小客厅里陡然间满眼都是辫子。我坐在坐北朝南、以西式椅子代替的宝座上，接受了朝贺……

　　在使馆的三个月里，我日日接触的是日本主人的殷勤照拂，遗老们的忠诚信誓和来自社会的抗议。我的野心和仇恨，在这三种不同的影响下，日夜滋长着。

而这种仇恨，到了1928年7月2日，国民政府陆军第十二军军长孙殿英东陵盗墓事件发生，达到了一个新的顶峰。末代皇帝当着满脸鼻涕眼泪的宗室人等发誓：与国民政府不共戴天，"不报此仇，便不是爱新觉罗的子孙！"可是，事实上，他根本不具备报仇雪耻的实力。怎么办？除了投靠列强、借助外力，就是发展自己的武装势力。他从蒋介石与张氏父子的发迹史中，得到一个重大启发：

　　这就是若求成事，必须手握兵权，有了兵权实力，洋人自然会来帮助。像我这样一个正统的大清皇帝，倘若有了军队，自然要比一个红胡子或者流氓出身的将帅更会受到洋人的重视。因此，我决定派我身边最亲信的亲族子弟去日本学陆军。我觉得这比自己出洋更有必要。

于是，而有派其胞弟溥杰和三妹夫润麒到日本去学陆军之举。

与此同时，溥仪更是一步步地向日本军阀靠近。当时，日本侵略者把子承父业、执政东北，特别是宣布"易帜"、服膺中国统一大业的张学良，看作是他们分裂中国、吞并满蒙、建立"满蒙帝国"的最大障碍，由过去的百般拉拢，而变为切齿仇恨，必欲除之而后快了。受其影响，溥仪对于张学良的态度也随之而改变。他既不愿意张学良当"东北王"，更对南北统一持强烈反对态度，因为这不利于他实现复辟大计。

两股道

张学良主政东北之初，摆在他面前的有两条道路可供抉择：一条道路，是继续坚持奉系军阀的路线，沿着他父亲所闯开的老路亦步亦趋，战伐不停，穷兵黩武，使国内仍旧处于南北分裂状态。如果这样做，则势必仰承日本人的鼻息，寻求列强的支持，实行所谓"保境安民"，"满蒙独立"；另一条道路，是改弦更张，同老师所惨淡经营的什么"东北王"、"满蒙王"——也就是现代"李世民"的路线划清界线，坚决走国家统一、民族独立之路，接受国民政府的统一领导。他毅然选择了后者，降下民国五色旗，升起青天白日满地红旗，有条件地接受国民政府的统一指挥。

奉系军阀是北洋军阀中的重要一支，又是北洋军阀政府末代的统治者。东北"易帜"，标志着现代中国长期以来混乱局面的终结，起码是在形式上实现了统一。这在中国近现代史上，是一件了不得的大事。就张学良个人来说，则实现了由封建军阀向爱国主义将领的政治转变。

在他宣布东三省"易帜"，服从中央统一指挥之前，日本人曾经连番发出警告；后来见威胁恫吓不成，便又甜言笑脸，百般利诱。那天，日本首相的特使前来拜访，承诺要全力支持他出任满洲"执政"，并表示：只要答应这一点，不管提出什么要求，都将一一照办。张学良却不紧不慢地说："你想得挺周到啊，只是忘掉了一点。"特使忙问："哪一点？"他说："你忘了我是中国人。"

这番铿锵作响的话语，噎得日本人目瞪口呆，不得不刮目相看。他们原以为这个二十八岁的"愣小伙子"，不过是一只假张作霖"虎威"的狐狸崽儿，谁知竟是一头无人驾驭得了的兴风怒吼、咆哮山林的猛虎啊！

对于坚持走统一之路的果敢作为，少帅终生引以自豪。那一年，在台南参谒延平郡王祠，他曾即兴题写了一首七绝，借助称颂郑成功战胜荷兰殖民者收复台湾的英雄业绩，抒写自己当年以民族整体利益为依归，坚决维护国家统一的爱国情怀：

孽子孤臣一稚孺，填膺大义抗强胡。
丰功岂在尊明朔，确保台湾入版图。

据《张学良世纪传奇》一书记载：在同著名史学家唐德刚交谈时，张学良对此专门作过阐释：

"你看出我这首诗有什么意思没有？我是在讲自己呢。是讲东北！假如不是这样的话，东北不是就没有了吗？我与日本一合作，我就是东北的皇帝啊！日本人真请过我当皇帝，真请过我呀！而且向我申明了，当皇帝！"

"哦，这事是谁干的？"唐教授惊讶地问。

"就是土肥原干的，他搞王道论。"

"他真叫你做满洲的皇帝？"唐教授重复问道。

"是啊，是做皇帝，做满洲皇帝。"

接着，少帅讲了一大篇：

已经把话说明了！为这个，我同土肥原谈崩了。所以，我就知道东北不能了（意为不能安定、平静啦）！那时，他一直不让我同中央合作。他说，你来当东北的皇帝，我日本捧你，我日本帮你。那个时候，日本在东北奉天负责任的是秦真次，那时他们叫特务长官。我把秦真次找来，我要他换顾问，把土肥原换掉。土肥原本来不是我的顾问，他是北京政府的顾问，跟着我父亲回到奉天，接着就当上了东北的顾问。

我为此事跟他火了。本来，日本"二十一条"上订的，奉天的军人要有两个顾问，一个上校，一个上尉，一定要请日本人。我就跟秦真次说，我要换人。他说，你没有这个权。要不要顾问，这是日本政府的权啊。这可把我气死了。我这个人啊，我这个怪人，事情都是这么引出来的。我说，好，我没权，可他是我的顾问，我没权换，那好，但我有权不跟他见面，这个权我总该有吧？我就告诉我的副官，我说，土肥原顾问随便哪个时候来，我都不见。我说，我可以不见他，我不见土肥原的面！你是顾问，但我不跟你谈话。……没过多久，秦真次调回日本去了，土肥原又回来当上了特务长官。哎呀，这事情可糟了，我晓得这问题大了，他回来当特务长官，那就是升官了，这东北的特务都在他手里头。我就知道要来事了。

真是"无巧不成书"。同溥仪打交道的，恰恰也是这个土肥原。

下面，我们再听听溥仪的陈述：

他（土肥原）那年是四十八岁，眼睛附近的肌肉已出现了松弛的迹象，鼻子底下有一撮小胡子，脸上自始至终带着温和恭顺的笑意。这种笑意给人的唯一感觉，就是这个人说出来的话不会有一句是靠不住的。他向我问候了健康，就转入正题，先解释日军行动（指九·一八事变），只对付张学良一人，"因为他把满洲三千万人闹得民不聊生，日本人的权益和生命财产也得不到任何保证，这样日本才不得已而出兵"。他说，关东军对满洲绝无领土野心，只是"诚心诚意地要帮助满洲人民建立自己的新国家"，希望我不要错过这个时机，很快回到我的祖先发祥地，亲自领导这个国家；日本将和这个国家订立攻守同盟，它的主权领土将受到日本的全力保护；作为这国家的元首，我一切可以自主。

他的诚恳的语调，恭顺的笑容和他的名气、身份，完全不容我再用对待罗振玉和上角利一的眼光来对待他。陈宝琛所担心的——怕罗和上角不能代表关东军，怕关东军不能代表日本政府——那两个问题，我认为更不存在了。土肥原本人就是个关东军的举足轻重的人物，况且，他又斩钉截铁地说："天皇陛下是相信关东军的！"

我心里还有一个极重要的问题，也得到了满意的答复。我问道："这个新国家是个什么样的国家？"

"我已经说过，是独立自主的，是由宣统帝完全做主的。"

"我问的不是这个，我要知道这个国家是共和，还是帝制？是不是帝国？"

"这些问题，到了沈阳都可以解决。"

"不，"我坚持地说，"如果是复辟，我就去，不然的话，我就不去。"

他微笑了，声调不变地说："当然是帝国，这是没有问题的。"

"如果是帝国，我就去！"

"那么，就请宣统帝早日动身，无论如何，要在十六日以前到达满洲。"

溥仪就这样登上了土肥原的贼船，从而一步步坠入了罪恶的深渊。

战后，土肥原被定为日本甲级战犯。《远东国际军事法庭判决书》中指出：

> 土肥原是日本陆军大佐，一九四一年升到将官阶级，在九·一八事变前约十八年间居住中国，被视为陆军部内的中国通。他对于在满洲所进行的对华侵略战争的发动和进展以及嗣后受日本支配的伪满洲国之设立，都具有密切关系，日本军部派对中国其他地区所采取的侵略政策，土肥原借着政治的谋略、武力的威胁、武力的行使，在促使事态的进展上担任了显著的任务。

同是面对这个日本军国主义的特务头子，少帅与溥仪，一个是以清醒的头脑、犀利的目光、凛然不可侵犯的威严，从民族命运、全局利益出发，义正词严地断然加以拒斥；一个却是纯然出于复辟称帝的一己私利，奴颜婢膝，毫无气节与廉耻地"为虎作伥"，充当日本侵略者的政治工具。他们由于所选择的道路天差地别，最后的结局也判若云泥：一个成为民族英雄、千古功臣，受世人景仰；一个沦为罪恶的汉奸、卖国贼，被钉在历史的耻辱柱上。

九·一八，九·一八

慷慨悲歌

九·一八，九·一八，

从那个悲惨的时候，

脱离了我的家乡，

抛弃那无尽的宝藏。

流浪！流浪！

整日价在关内流浪！

哪年，哪月，

才能够回到我那可爱的故乡？

哪年，哪月，

才能够收回那无尽的宝藏？

爹娘啊，爹娘啊，

什么时候，

才能欢聚一堂?!

　　这首最先在西安校园唱开，而后又响遍多个城市街头的《松花江上》，我是直到新中国成立后上了初中才听到的。那苍凉悲慨、凄婉动人的歌声，一下子就把我的"少年心"紧紧地攫住了，听着，听着，眼泪便"刷—刷—刷"地流淌下来。

音乐本身就具有移情动性、感发兴起的功能，加之身在曾经沦为殖民地的东北，有着直接的生活经历与生命体验，因此，那回环萦绕、反复咏唱的旋律，像是旋动着的一颗螺丝，一步步把激扬澎湃的情感推向顶端，直如万箭攒心，肝肠欲断；最后竟达到这种地步，只要一提到"九·一八"这三个字，耳畔便立刻荡起这悲凉、愤慨的歌声。

后来，我读了民国年间的东北史，又陆续看到一些有关张学良将军的史料，知道原来史册上是记载着两个"九·一八"的。——在那个举国上下无人不知、无人不晓的"九·一八"事变的前一年，1930年也有一个轰动全国的"九·一八"。二者不同的是，前一个把张学良推上荣誉的巅峰，后一个使他堕入耻辱的泥淖。时隔一年，他就由光华四射的耀眼明星，变成了人人喊打的过街老鼠，真是"世事茫茫难自料"啊！

前一个"九·一八"

1930年中原大乱。经过频繁的幕后活动，李宗仁、冯玉祥、阎锡山等各派势力，公开亮出了反蒋旗帜，他们一致拥戴阎锡山为"中华民国陆海空军总司令"，逼迫蒋介石下台。当时唯一没有卷入这场战事的，是雄踞山海关外、同样手握重兵的张学良。在斗争双方旗鼓相当、相持不下的情势下，显然，当时有"中国政治舞台上的一颗新星"之誉的张学良，"左袒"则左胜，"右袒"则右胜，舆论公开地宣称："谁赢得了少帅的支持，谁就赢得了这场战争，甚至就能赢得整个中国。"因而，他的一言一行、一举一动，受到社会各界的密切关注，地位骤然凸显出来。于是，交战双方都费尽心思寻觅能与张氏拉上关系的人物，沈阳城里，冠盖云集，帅府楼前，说客盈门，都竭力争取东北军的支援。

形式上，张学良严守中立；内心里已经意有所属，那就是南京政府。因为他一贯以维护国家和平统一为旨归，在他看来，蒋介石是代表中央政府的理想人物。他先是致电阎锡山与冯玉祥，认为"战争对外则为耻辱，对内为人民所不取"，表示"如能同意罢战，愿执调停之劳"，结果遭到拒绝。于是，在 9 月 18 日，张学良发出了轰动中外的通电，主要内容是：

> 战端一起，七月于兹，庐舍丘墟，人民涂炭，伤心惨目，讵忍详言！战局倘再生长，势必致民命灭绝，国运沦亡，补救无方，追悔何及，此良栗栗危惧者也。
>
> ……良委身党国，素以爱护民众、维持统一为怀，不忍见各地同胞再罹惨劫，用敢不揣庸陋，本诸"东电"所述，与夫民意所归，吁请各方，即日罢兵，以纾民困。至解决国是，自有正当之途径。应如何补救目前，计划永久，所以定大局而餍人心者，凡我袍泽，均宜静候中央措置。

电文语意含蓄，措辞温和，并未明显指责某一方，但由于文中有"静候中央措置"字样，客观上已经彰显了他的立场，因而在整个政界鼓荡起一场轩然大波。即此，亦足以见出当时他在全国举足轻重的地位。

电文发出后，张学良即调遣十多万东北精锐之师，浩浩荡荡开入关内，反蒋联盟闻风溃退，迅速瓦解。阎锡山在地上往复兜圈子，边走边说："完了，完了！咋个办呢？咋个办呢？"立即宣布辞去"总司令"之职；随后，与冯玉祥所率军队全体将领联名复电张学良："今我公慨念时艰，振导祥和，凡有血气，莫不同情"，"究宜如何循正当之途，以定国是，敬请详示"。至此，军事调停宣告成功，从而结束了民国史上为时最长、投入兵力最多、付出代价最大的一场内战。仅用十几天，东北军就平定了华北，平、津、河北政权由东北军全部接收。

很快，张学良就接任了中华民国陆海空军副总司令一职。到达南京时，受到了蒋介石为首的中央政府最高规格的接待，礼遇之隆重，报章上说是"前无古人，后无来者"。当张学良一行由浦口过江时，江中的军舰和狮子山上的炮台，礼炮齐鸣，向他表示敬意；船至下关码头，早已恭候在这里的国民政府各路大员，齐声问候，鼓掌欢呼；驱车上路，目光所及，满城都张贴着"欢迎拥护中央、巩固统一的张学良将军"的巨幅标语；进了国府大门，蒋介石以对等身份，降阶相迎。

为了酬答张学良的勋劳，蒋氏授予他节制奉、吉、黑、晋、察、热、绥、鲁八省军队之权柄，并将北平、天津、青岛三市及河北、察哈尔两省划归奉系管辖。俨然与这位未及"而立"之年的少帅平分天下，共掌朝纲。张学良一时位极人臣，权倾朝野，其政治生涯可谓登峰造极，也是他人生最为得意的时刻。这飞来的荣誉，不禁使他有些飘飘然，甚至忘乎所以了。说来也不出奇，毕竟他还很年轻嘛！

后一个"九·一八"

月盈则亏，物极必反。得意，是一种很可怕的心态。正如古语所说的，"福兮祸所伏"，少帅辉煌的荣耀，至上的威权，也埋伏下危机的种子。

就在他统率十余万精锐之师挥麾入关，致令东北兵力空虚，而八省三市冗杂的善后事宜亟待处理，无力顾及东北防务的严重时刻，密切关注、伺机待动的日本关东军，早已磨刀霍霍，杀气逼人。于是，一场陷他于灭顶之灾、使他遭受奇耻大辱的另一个"九·一八"，正在暗地里悄悄地等待着他。

1931 年夏天，张学良因患重症伤寒，入住北平协和医院诊治，入秋之后渐渐恢复。9 月 18 日晚，东北军政要员为辽西特大水灾筹措救助基金，在前门外中和戏院举行盛大京剧义演，著名青衣梅兰芳领衔演出《宇宙锋》。各国驻平使节及当地仕商名流应邀出席。病后初愈的张学良也一道前来观看。正当全场沉浸在精美绝伦的艺术享受之中，少帅突然被紧急电话唤出，原来，一场震惊中外的事变在沈阳的柳条湖发生了。

当晚 22 点 20 分，日本关东军炸毁了奉天北大营附近柳条湖的一段南满铁路，并扔下三具穿着中国军服的尸体，诬称中国军队破坏南满铁路，袭击日军守备队。于是，参加夜间"演习"的关东军各部队，分别向北大营、奉天城等预定目标发起攻击。当时，中国士兵群情激愤，要立即予以反击，可是，旅长却下达了张学良发出的"不予抵抗"的指令，当时还有这样的话："缴械任其缴械，占领营房任其占领营房。"结果，到了第二天上午 8 时，陆续得到增援的日军几乎未受到任何抵抗，便占领了整座城市，东北军被迫撤向锦州。当时全国最大的、拥有五万名工人的沈阳兵工厂，连同九万余支步枪，两千五百挺机关枪，六百五十余门大炮，两千三百多门迫击炮，东北航空处的二百六十余架飞机，以及大批弹药、器械、物资等，全部落入日军之手。尔后，四个月零十八天，就占领了相当于日本本土三倍的整个东北。

难道是真的活见鬼了？为什么张学良竟然鬼迷心窍，做出这样既悖常情、又乖公理的决定？不妨追溯几件近期发生的事情，也许可以给出一定的答案。

　　前此一两个月，因为"万宝山事件"、"中村事件"，引发了全国风起云涌的抗日怒潮，蒋介石对此十分光火，当即在"剿共"前线，电告南京政府与张学良：

　　　无论此后日本军队如何在东北寻衅，我皆不应予以抵抗，力避冲突。吾兄万勿逞一朝之愤，置国家民族于不顾。希转饬遵照执行……宜隐忍自重，以待机会，以免被共产党利用，逞共匪之跋扈，同时对于中日纷争更有导入一场纷乱之虞。

事变发生前几天，蒋介石又当面向张学良交代：

　　　最近，我获得了可靠的情报，关东军在东北就要动手。我这次和你会面，最主要的是要你严令东北全军，凡遇到日本进攻，一律不准抵抗。如果我们回击了，事情就不好办了。你的身体不好，和日本人打交道的事交给中央。

　　这就是说，张学良的下令不抵抗，是奉行了蒋介石的既定方针。

　　其实，这种不抵抗的政策也并非蒋氏所独创。可以说，近代以来的历届中国政府，对于英、法、美、日、俄等各国列强的侵略挑衅或中外局部性冲突的处理，大多持让步、妥协、忍耐及不抵抗的态度，几十年间，几成惯例。他们还美其名曰：这是另一类的爱国主义，——弱者面对强者，出于最低限度的自我保护，只能忍辱负重，在夹缝中求生存。此其一。

　　其二，蒋介石师法曾国藩当年处理洋人与太平军关系的故伎，将"安内攘外"确立为国民政府的一项基本方略。而不抵抗政策不过是这一方略的逻辑推演与必然延伸。因为他一向把眼皮底下的共产党看成心腹大患，而视东北边陲之外、蠢蠢欲动的日本人为"成不了气候的敌人"。他在 1931 年 7 月 23 日《告全国同胞一致安内攘外》的文告中，指出："攘外应先安内，去腐乃能防蠹"；"不先消灭赤匪，恢复民族之元气，则不能御侮；不先削平粤逆，完成国家之统一，则不能攘外。"

可是，具体落实到张学良身上，就另当别论了。他是一个"爱国狂"，国仇家恨集于一身，对日本鬼子早已切齿痛恨，不共戴天；此刻，面对强敌入侵，国土沦亡，东北三省父老乡亲惨遭涂毒，他又怎能坐视不顾，置若罔闻呢？况且，以他那样一个"天不怕，地不怕"、敢作敢为、我行我素的犟牛猛虎，蒋介石只凭着几句嘱托，一纸饬令，就能把这个"东北硬汉子"的手脚捆绑住吗？

我们且听听张学良自己是怎么讲的：

> 要说我就是不想抵抗，我是一点不服的。但是你要责备我一句话，说我作为一个封疆大吏，东北那么大的事情，我没把日本人的情形看明白，——我还是把这时的日本看做是平常的日本，我就没想到日本敢那么样来，我对这件事情，事前没料到，情报也不够，我作为封疆大吏，我要负这个责任……
>
> 我情报不够，我判断错误！我的判断是，日本从来没敢这么扩张，从来没敢搞得这么厉害，那么，现在他仍然也不敢。我也判断，这样干，对你日本也不利啊！你要这样做法，你在世界上怎么交代？那个时候，我们也迷信什么九国公约、国联、门户开放，你这样一来，你在世界上怎么站脚？

原来如此！

三个"错误期待"

揆情度理，设身处地，张学良这么讲，应该说是可信的。但是，新的一系列问号又随之跳了出来：

作为封疆大吏，守土有责，为什么你事前竟然没有料到？

为什么"情报不够"，作为最高指挥官，难道不晓得"知己知彼，百战不殆"的兵法常规吗？

纵使事变当时猝不及防，为什么战局拉开之后，日本军队一日之内下我二十城，略地千余里，就是说，他们已经动真格的了，作为军事统帅，你还是拒不抵抗呢？

本着中国传统史学"春秋责备贤者"之义，寻根究底也好，"诛心之论"也好，这些疑问都是无法回避的。

其间的症结所在，是他事变前对于日本军国主义的本质缺乏清醒的认识。他说："我的判断是，日本从来没敢这么扩张，从来没敢搞得这么厉害，那么，现在他仍然也不敢。我也判断，这样干，对你日本也不利啊！你要这样做法，你在世界上怎么交代？"之所以如此，不能不归咎于他在整个时局面前，得意忘形，心浮气躁，自恃雄强，而放松警惕。既然东洋鬼子"不过尔尔"，那也就用不着随时掌握什么"情报"、分析什么"动向"、研究什么对策了。

而在战局拉开之后，面对日本军队势如破竹的凌厉攻势，他又从一个极端跳到了另一个极端，由原先的满不在乎，一变而为"竦然惊惧"；接下来，产生了三个"错误期待"，一个"深层考虑"。

所谓"竦然惊惧"，在他看来，"我以东北一隅之兵，敌强邻全国之力，强弱之势，相去悬绝"；"日军不仅一个联队，它全国的兵力可以源源而来，绝非我一人及我东北一隅之力所能应付"。这里不排除有过高地估计敌军实力的偏向；但日军的蓄谋已久，成竹在胸，进而积聚足够的兵力，打有准备之仗，也是铁一般的事实。当时，东北境内的日本正规军，包括一个师团和六个铁路守备队，另有持枪的警察、宪兵、特务团、义勇团等名目繁多的辅助军事力量，总数在十万人以上。

三个"错误期待"：一是期待当时的国联出面干涉，企盼英、美等西方国家制止日寇的侵略行为。当李顿爵士率领国联调查团到达东北时，张学良曾乐观地认为，一俟调查清楚后，当会采取措施帮助中国，制止日本侵略。二是期待蒋介石领导的南京政府改变不抵抗的政策，在全国掀起全面抗战。事变当时，张学良曾对东北高级将领说："现在我既听命于中央，所有军事、外交均系全国整个的问题，我们只能速报中央，听候指示。我们是主张抗战的，但须全国抗战；如能全国抗战，东北军在最前线作战，是义不容辞的"。三是期待日本政府制止关东军对中国东北的野蛮侵略。由于这三个"期待"均没有现实依据，因而，最终全部沦为甜蜜蜜的幻想。

而其"深层考虑"，则是拥兵自重，保存实力。张学良毕竟出身于地方军阀，他所念兹在兹的必然是手下的军队，这无异于他的"命根子"、"护身符"。他曾回忆说：

当时，从政治和战略上分析，敌强我弱，假如违令抗日，孤军作战，后继无援，其结果不仅有可能全军玉碎；更为严重的是，唯恐给东北同胞带来战祸，造成极大的灾难。为了避免无谓的牺牲，保存实力，所以我忍辱负重，暂率东北军退出东北，卧薪尝胆，同仇敌忾，整军经武，提高部队素质，以期有朝一日打回老家，消灭日本侵略者。

对于他来说，"中东路事件"的教训是至为惨痛的。本来是蒋介石下令出兵，并答应一旦开战，中央将派出十万援兵全力支持。可是，当与苏军交战后，竟致一败涂地，东北军损失惨重，而蒋介石却未派一兵一卒，坐视不救。到头来，只有大呼上当，自认霉头。中央发令的事，结局尚且如此；如果违抗中央命令，擅自行动，后患将更加不堪设想。应该说，这是他拥兵自保，不予抵抗的深层原因。

不诿过

至于忠实地执行蒋介石的方针，在张学良来说，也是事物发展的必然结果。追根溯源，可说是"久矣夫，非一日也"。张学良自幼就痛恨军阀割据，各霸一方，造成国家分裂，民生凋敝；而把蒋介石统治下的南京政府视为统一的象征，寄予深切的希望，并自觉自愿地将自己与东北军置于被统领、被调遣的地位。1929年，蒋介石命令他收回中东路，他即出兵与苏联作战；后来，石友三部叛变南京政府，他即刻应调，率兵平叛。在他眼中，蒋氏即是中央，中央即是统一政府，他把服从中央政府的调遣看作军人应尽的职责。也正是基于这种情况，几十年来，社会各界才一致认为，张学良是执行了蒋介石的不抵抗方针，才导致东北沦陷，最终成了"替罪羊"的。

据张学良的"口述历史"披露，关于这段历史，他有如是说法：

> 我是主张抗日的。但在蒋先生心里，他的第一敌人是共产党。能保持他的政权，他什么也不管。他是老谋深算的政客，我是很年轻的……蒋先生是个投机取巧型的买办，完全是唯我的利益独尊主义。

同时，他还这样说：

> 我要郑重地声明，就是关于不抵抗的事情。"九·一八"事变不抵抗，不但书里这样说，现在很多人都在说，说这是中央的命令，来替我洗刷。不是这样的。那个不抵抗的命令是我下的，说不抵抗是中央的命令，不是的，绝对不是的……
>
> 我下的所谓不抵抗命令，是指你不要跟他冲突，他来挑衅，你离开他，躲开他。
>
> 我简单地讲这个道理，讲这个事实。日本人在东北同我们捣蛋不是第一次了，他捣了许多年了，捣了许多次了，每次都是这样处理的嘛……
>
> 当晚，根本不知道这就叫做"九·一八"事变，也不知怎么向政府请示该怎么办。因为那时关东军经常寻隙挑衅，隔几天就找点事闹闹……
>
> 我这个人说话，咱得正经说话，这种事情，我不能诿过于他人。这个事，不是人家的事情，是我自己的事情，是我的责任……
>
> 我这个人是不受操纵的，但凡做事，我有我自己的主意，我有我自己的见解。

这番话，再一次显现了张学良的个性特征。"大丈夫要光明磊落，敢作敢当，不能功归自己，过诿他人"。这是他经常挂在嘴上的一句话。

事情其实也很简单，就是各有各的账。无论张学良如何奉行"忠恕之道"；面对日寇的疯狂入侵，蒋介石推行不抵抗政策，这是板上钉钉，洞若观火的。

万世羞

国土沦亡，山河破碎，激起全国人民的无比愤慨，纷纷指责蒋介石和张学良的不抵抗行为。著名的爱国学者王造时愤怒地指出：

> 古今中外的历史，丧权的也有，失地的也有，甚至于亡国的也有，但决找不出丧失土地如此之多而不抵抗的例子。有之，只有"九·一八"一役！
>
> 实行不抵抗主义的人们，还有什么理论可以自行辩护呢？失去东三省不抵抗，失去热河不抵抗，将来失去华北恐怕还是不抵抗；不抵抗主义不但断送了数百万平方公里土地、数千万的同胞，并且，贻我中华民族万世之羞！

"九·一八"事变后，对于张学良，群起而攻之，甚至连吴佩孚都写了讽刺诗：

棋杆未定输全局，宇宙犹存待罪身。

醇酒妇人终短气，千秋谁谅信陵君！

　　因为张学良被列入"民国四公子"，故有"信陵君"之喻；"醇酒妇人"，语含讥刺，显然是从"张拥胡蝶共舞"的谣言引申而来。当时的舆论，甚至连他陪同外宾观赏京剧也有所责难，认为在千钧一发的危难之际，竟有闲情逸致去看戏，真可说是"陈叔宝全无心肝"。而在天津的日本特务机关报《庸报》，则故意捏造有关张学良的桃色新闻，上海有的报纸也大肆刊载这类消息。

　　辛亥革命党人、在政界学界历任要职、颇负诗名的马君武，根据这些传闻，在《时事新报》上发表了两首《哀沈阳》的七绝，并自诩堪与清初著名诗人吴梅村痛斥汉奸吴三桂的《圆圆曲》相媲美：

赵四风流朱五狂，翩翩胡蝶正当行。
温柔乡是英雄冢，哪管东师入沈阳。

告急军书夜半来，开场弦管又相催。
沈阳已陷休回顾，更抱阿娇舞几回。

　　从前面讲到的情形看，事实显然大有出入。但身为当事人的张学良，除了一再申明："第一，不屈服，不卖国；第二，不贪生，不怕死。倘有卖国行为，将我打死，将我的头颅割下，也是愿意的"；只有觍颜受过，打牙咽进肚里。赵四小姐也取沉默态度，未置一词加以辩解。唯有胡蝶连续两天在《申报》上发表声明，郑重进行批驳，说她"留平五十余日，未尝一涉舞场"；况且，同张学良从来就未曾见过面。声明中揭露，这是日本人的"宣传阴谋"，"欲毁张副司令之名誉，冀阻止其回辽反攻"。

而"朱五"则以另外一种方式，把这笔账找了回来。"朱五"系北洋政府内务部长朱启钤的第五个女儿，名湄筠，是少帅秘书朱光沐的妻子。事后，在香港，她与马君武在一次宴会上见面了，便端着酒杯走了过去，说："马老，你知道我是谁吗？我就是你诗中所写的那个'朱五'啊，来，我敬你一杯酒，感谢你把我变成名人啦！"马君武现出一脸窘相，见势不妙，慌慌张张地溜走了。

当时，同为京师"四公子"之一的张伯驹在《故都竹枝词》中写道：

> 白山黑水路凄迷，年少将军醉似泥。
> 为问翩翩蝴蝶舞，可曾有梦到辽西？

作者原注："时东北已失，张学良在京方昵电影明星胡蝶，每跳舞至深夜。"

显然，他同样也是听信了报纸的传闻，作了并不符合实际的口诛笔伐。

这种批评的风潮持续了很久，直到张学良宣布下野、出国，著名学者林语堂还在他主编的《论语》杂志上登了一首打油诗加以调侃：

> 赞助革命丢爸爸，拥护统一失老家。
> 巴黎风光多和丽，将军走马看茶花。

就这样，"阅尽人间春色"、头上罩满光环的张学良，一时间，竟成为一个万口讥嗤、罪不容诛的丑恶角色；东北军也被冠以"误国军"的恶名。

相对而言，著名诗人柳亚子的诗显得客观一些：

汉卿好客似原尝，家国沉沦百感伤。

欧陆倦游初返梓，梦中倘复忆辽阳。

大意是，张学良虽然行侠好客，却未能率国士报国，这比平原君、孟尝君等战国时期的"四公子"更加不幸。而他纵然集家仇国难于一身，却又不能明言"不抵抗"的真相，只能梦中忆念沦陷的乡关暗自感伤。评判之余，饱含深切的同情。

也许是因为这首诗深深触动了少帅的私衷吧，他一直记忆在心里，几十年过后仍感怀不忘。

是呀，正如《松花江上》的歌词说的，"哪里是我们的家乡"，"我们已无处流浪，已无处逃亡"。这个有国无家，在异乡养育大的孤儿，梦里还乡，何止千次百次。只是，离别的时间实在是太久了，"奉天此日楼千百，只恐重来路欲迷"呀！

九·一八·九·一八

115

三种人

　　两年前参加法兰克福国际书展，与供职于贝塔斯曼集团的一位外国朋友闲谈。他看过了我参展的散文集《北方的梦》英译本，得知我出生在中国东北的农村，又和大名鼎鼎的张学良将军同乡，便要我谈谈有关旧日家乡与张学良的逸闻轶事。

　　我说，在我小的时候，家乡一带出过"三种人"——军阀、土匪、大烟鬼。我怕他不懂得"大烟鬼"为何许人也，便附带解释一句，"大烟鬼"的雅称是"瘾君子"。同时，用手比画一下吸食鸦片的姿势。他笑着说："明白，明白，就是我们常说的吸毒。"

　　我说，这三种人同生共长在一条毒藤之上，他们间有着天然的难以分割的联系。土匪当长了，成了气候，就要拉帮结伙，扩大队伍；有的接受了官府招安；个别的幸运儿，侥幸成功，最后成为雄踞一方的军阀。军阀与土匪，都是消耗鸦片烟的"特供专业户"。之所以如此，据张学良讲，由于战斗激烈，环境恶劣，往往连续多少昼夜不能休息，为了挺起精神，就要求助于毒品刺激。当然，更主要的还是，这类人整天在枪林弹雨中闯荡，脑袋挂在裤腰带上，风险大，变数多；又兼没有明确的奋斗方向，醉生梦死，胡度春秋，只知享乐、挥霍。因此，一嫖、二赌、三吸毒，成了这伙人的专门营生。

和土匪相似，出于"暗箱操作"和隐蔽、掩护的需要，大烟鬼之间也流行着黑话和隐语。比如，他们称鸦片为"土黑货"、"熏子"；把烟馆称作"雾土窑子"、"熏窑子"；吸鸦片说成是"靠熏"、"吞云"；贩卖鸦片叫"搬黑佬"。

这位外国朋友听了，拊掌大笑，他说，天下事情真是奇妙无比，许多竟是不谋而合的。西方国家这一行当里，同样也有黑话，他们把吸鸦片和扎海洛因叫作"追龙"，称静脉注射毒品为"打高射炮"，把吸毒成瘾称为"背上一只猴子"；不知道为什么，称鸦片和海洛因为"男孩"。两个倒卖毒品的客商见面了，一个说："我想要个男孩！"对方答曰："可以。"这就牵上了线；若是说"随便什么地方"，那就是手头无货，无法成交。

我说，这三种人，和奉系军阀，和张氏父子一家，都有着直接联系。张学良的父亲张作霖，土匪起家；他们父子都是奉系军阀的统帅人物；张氏父子，以及大帅的几房妻室，少帅的前后两个妻子，都曾经是瘾君子。

"听说，凡是吸毒的人，最后都蜷缩床头，奄奄待毙。那么，张学良将军为什么能够逃过这一劫，而且还能获得百龄高寿呢？"这位外国朋友不解地问。

我说，多亏他意志力坚强，迷途知返，戒得早，戒得坚决，戒得彻底。

当时，由于我们各自都有急待处理的业务，谈话至此便中止了。但这个话题却始终萦回于脑际，有时间我就思考一番。

鸦片烟

对于吸食鸦片，虽然我没有亲身体验；但个中情境，还多少熟悉一些。从前，家乡一带许多人家都曾种植过所谓"大烟"。他们说不出多少名堂，甚至连"罂粟"这个怪雅致的名字也叫不出来，但对那种阳光照射下娇艳欲滴的猩红色的花朵，人们并不陌生。有的人家妇女生病了，就讨要半个"大烟葫芦"拿回家去调治。老辈人说，当年华佗施行手术之前，都要进行麻醉——关王爷是神人，他是例外了——除了用大麻，就是用鸦片。李时珍的《本草纲目》里也有过记载。其实，国外应用罂粟的历史要更早一些。据说，早在公元前三千四百年，两河流域就已经开始种罂粟了。在史诗《奥德赛》里，盲诗人荷马把它称作"可以忘忧的药物"。

到了近代，鸦片在国人心目中，形象整个变了，说是洪水猛兽也不为过。人们不会忘记，这种金玉其表而砒霜其里的"药物"，背后竟掩藏着一部血迹斑斑的罪恶史。一二百年前，它几乎倾陷了我们的国家，整个民族为之遭受巨大的创伤。因此，对林则徐的虎门焚烟，都许之为大义凛然、轰轰烈烈的爱国行动。民国初年，刑法中明文规定，禁止买卖、拥有和进出口包括鸦片在内的各种毒品。1936 年，国民政府还组建了中央禁毒委员会，明令禁止种植罂粟。至于效果，却是很难说的。以我的家乡为例，那里盗贼蜂起，兵荒马乱，对于毒品的蔓延，官府既不能管也不想管，放任自流，愈演愈烈。日本人侵占后，更把鸦片和海洛因作为一种"社会武器"，向中国大量走私。致使全国各地，哪里有日本商务所和领事馆，哪里就毒品泛滥，有些日本人甚至在一些集镇上公开开设大烟馆。那个"末代皇妃"婉容的侍卫长——带有间谍身份的日本人，一项重要任务就是扶持婉容吸毒，负责为她提供一切吸毒备品，最后，她也就死在这上面。

我的塾师和开办私塾的叔叔，全都是资深的瘾君子。一进他们的屋里，就能嗅到一种特殊的糊香气味。两人总是面对面地在一张特制的床上侧身而卧，中间隔开一米左右的距离，各自一手托着烟枪，一手拿着一根金属钢针，将扎在上面的鸦片丸送进烟枪顶端的碗里，再凑近共用的酒精灯，使之烧溶、汽化。当烟管中吱吱作响之后，两人便都深深地吸上一大口。这样，连续地抽过三四管烟以后，便都沉沉睡去。一觉醒来，顿觉神完气足，或授课，或清谈，或批改作文，或写大字条幅，简直不知疲倦为何物。有时，兴之所至，还会哼上几曲民歌小调，最常唱的就是那《探清水河》：

提起了宋老三，

两口子卖大烟，

一辈子无有儿，

生了个女婵娟。

小妞哎年长一十六啊，

起了个乳名儿，

荷花万字叫大莲。

名儿叫大莲，

真是好容颜。

只可叹那二爹娘，

爱抽那鸦片烟呐，

耽误了姑娘我的婚姻事啊，

断了弦的琵琶——谁也不来弹。

但是，刺激作用一经消失，他们便如同严霜打蔫的茄叶一般，头再也抬不起来了。原来，鸦片中有几十种生物碱，吗啡占主要成分，可以从中提取海洛因。吞食或注射之后，能够迅速而强烈地影响人的大脑神经系统，产生麻醉、破坏作用。

对于少帅张学良的嗜吸鸦片，他们都耳熟能详，特别是我的那位叔叔。因为他在老东北军里混过差事，里面有许多熟人，说起来更是"有鼻子有眼"，仿佛亲身目睹一般。他们每当说到吸鸦片、扎海洛因，话的由头总是离不开张学良。我就是从他们嘴里听到一些有关少帅吸毒与戒毒的轶事。

大约在我十一二岁时候，从北满方面传来解放军禁嫖、禁赌、禁毒的信息。塾师和"魔怔叔"这老哥俩，也多次商量，要照着当年少帅的标杆，主动戒毒，并且还到县城里打探过。他们不止一次地讲述少帅吸毒后如何形销骨立，弱不禁风；后来，又如何在外国医生帮助下，狠心戒毒。那种狠劲，听起来令人为之动容。当然，较之后来了解的实际情况，尚有相当大的距离。不过，即便是他们说的那样，少帅的意志力之坚强，已经使我佩服得五体投地了。

排　　遣

　　少帅自小就受到吸食鸦片的熏染。他的双亲都有鸦片嗜好，家中烟榻横陈，迎亲待客，不是奉茶让座，而是上床先抽上几口鸦片烟。那时，市面上讲究一点的饭庄、店铺，也都设有吸食鸦片的内室和烟具。酒足饭饱之后，一灯相对，多少争权夺利、谋财害命等不可告人的交易都在这里进行。社会上，一些纨绔子弟，追求时尚，好奇模仿，寻求刺激，冀求从鸦片中获取肉体上的快感和精神上的麻醉，整天在烟雾氤氲之中消遣时光，过着飘然欲仙的日子。那时，京师有所谓"民国四公子"之称，共有两个版本，这里说的是第一个版本：除了张学良，还有孙中山之子孙科，段祺瑞之子段宏业，皖系军阀首领卢永祥之子卢筱嘉，他们都属军政界。这些豪门望族的公子哥儿，往往以吸食鸦片为时髦，用来彰显门阀的阔气，表现其尊贵的身份。

　　而张学良的情况，更要特殊一些。他以弱冠之年，统领千军万马，制衡各种矛盾，其压力之大，可以想像。1924 年，第二次直奉战争爆发，少帅率兵出征，双方相持不下。在苦撑危局中，他的精神长时期地紧绷着，寝不安眠，食不甘味。因此，就在同僚们的撺掇下，尝试着吸食鸦片，借求麻醉神经，从中获取解脱之感。但在当时，只是把它作为逃避苦恼现实，抵制恐慌、沮丧的一种调剂手段，吸食的数量并不大，次数也比较少，更没有成瘾。

翌年冬季，少帅所一向尊敬与倚重的亦师亦友的郭松龄倒戈反奉，兵败被杀，使他受到了巨大的刺激。为了求得暂时的解脱，便重新借助吸毒来摆脱忧思与苦恼，从而与鸦片烟再度结缘。郭松龄一向艰苦朴素，律己甚严，他也严格戒饬张学良，规劝他万勿沾染旧军阀的恶习，绝对不许接触鸦片和烟具。可是，一当这位良师益友下世之后，天性放纵恣肆的他，就再也没有人能够加以管束了。郭军倒戈一役，他从中接受了教训，不再设置拥有实权的副手。这样一来，军政大事一切均由自己决定，自然加重了身上的负担。每当疲劳困顿袭来，他就靠着吸食鸦片来寻求解脱，从而养成了依赖毒品驱除疲劳、振作精神的恶习。

1927年夏秋之交，开封一战，东北军吃了败仗，于珍所部全军覆没。震惊之余，"阵前思猛将"，他再次想到了郭松龄，感伤于东北军中新派精英凋零殆尽，而"庸碌无为者反获晋升嘉奖，情怀抑郁，莫可言宣"。后来，他在一篇回忆文章中说：

> 我心中有更痛苦的是：每当危难之时，必须选择最喜爱的优秀分子，来担当这困难的任务，方能胜任。明知他此一去，九死一生。可是，待到功成之日，庸庸碌碌者擎功受赏，佼佼者已经化为白骨，只剩下了孤儿寡妇。在无目的的混乱的内战之中，说不上成功成仁，彼不过是私人感情之上，命令严威之下，走上牺牲之路。中国有多少良好军事人才，就是这样白白地断送。我每一思及，心中悲痛，以己度人，在过去内战上，与我同感者，自然不在少数。吸食鸦片，不只是一时兴奋，借助刺激精力，亦含有借酒消愁之意存焉！

偏偏又祸不单行，一年过后，更大的打击降临到他的头上——父亲在皇姑屯遇难。苦恼、伤恸之外，更激起了对日本侵略暴行的痛恨与愤慨。而"九·一八"事变，又使他背上了"不抵抗将军"的恶名；接着是热河失陷，举国上下，交口谴责，此刻的少帅成了人人喊打的过街老鼠。愤恨、愧疚、烦恼、焦躁、忧愁、痛苦，犹如万箭攒集，兜头涌来。于是，他更是变本加厉地吸食毒品，以麻醉身心，摆脱难言之苦衷。时日既久，竟成痼疾，最后陷入无法自拔的地步。

"饮鸩止渴"

　　其实，广见博闻、聪明绝顶的他，哪里会不晓得鸦片烟的毒害呢！社会上、同僚中、家庭里，那些大烟鬼的堕落情态与丑陋形象，更是彰彰于他的耳目——

　　他经常接触一些自诉口干舌燥、喉咙灼热、胃部不适、食欲不振、失眠健忘、注意力不集中，导致四肢无力，慵懒不堪的病夫，那是处于初始阶段的吸毒者。

　　还有些人，四体麻木，形容枯槁，对周围事物全无兴趣，更懒得注意个人卫生，不愿与人接触，把自己封闭在一个狭小圈子里，而听力与视觉却变得异常灵敏，醒着时幻觉不断，睡下后又恶梦连绵，这样的吸毒者已经是程度很深了。

　　至于那些终日昏昏沉沉，两肩高耸，形销骨立，龇牙咧嘴，面如死灰，浑身抖颤，满脸鼻涕、眼泪，哈欠连天，像鸦片战争题材的电影《万世流芳》的歌词中所描述的："牙如漆，嘴成方，背如弓，肩向上，眼泪鼻涕随时淌"，则已经临近晚期，虽生已与死无异矣。

怪不得法国大作家巴尔扎克要把鸦片和炸药以及其他各种杀人工具等列齐观，说"吗啡是地狱人口剧增的直接原因"。

少帅自己也承认，抽大烟是一种很可鄙、很不光彩的行为。他曾对周围的人说："一个活人不能叫一个死东西管着。"他所敬重的张伯苓先生的话，更使他深受触动：

> 人可以有霉运，但不可以有霉相！越是倒霉，越是要面净发理，衣整鞋洁，让人一看就有清新、明爽、舒服的感觉，霉运很快就可以好转。

为此，主政东北之后，少帅便于当年 12 月，发布了禁止军人吸食鸦片的禁令："查鸦片之害，烈于洪水猛兽，不惟戕身败家，并可弱种病国，尽人皆知，应视为厉阶，岂宜吸食！"限定在年底前，"各主管官长都需出具戒除净尽鸦片的保证书"。时人为之雀跃，把这一禁令媲美于清嘉庆晚年一则禁烟的上谕："鸦片烟一物，其性至为毒烈，贩者皆邪慝之人，恣意妄为，无所不至，久之气血耗竭，必且促其寿命。"而少帅自己，则决心带头戒毒，为广大兵民做出榜样。

这时，杨宇霆向他推荐了一种对戒除鸦片烟瘾有"特效"的日本进口的注射药。出于戒毒心切，也是"病急乱投医"，他吩咐身旁的医生立即采购，然后逐日注射。岂料，这种所谓"去瘾止痛"的药物，只能收效于一时，而因内含海洛因，注射日久，便会产生习惯性依赖。结果，一段时间过后，他放下了烟枪，却再也离不开吗啡针了，不仅未能戒毒，反而如水益深，如火益热，无异于"饮鸩止渴"。

原来，19 世纪末，德国化学家海因里奇·德累塞经过临床试验，发现海洛因是一种超过吗啡五至八倍、具有惊人效力的镇痛药，而且制作比较方便，因而在欧美诸国得到了广泛应用。但不久，医学界就对它的致瘾性产生了警觉，认为它能在人体内引起一种化学反应，如果不能周期性地注入药物，也就是当血液中海洛因的成分降低到一定程度，人体就会产生对药物的强烈渴望，以致焦灼不安，狂热难耐，致使肌体逐渐衰竭，最后死于"药物饥渴"。只是由于大多数瘾君子的直接感觉，是海洛因使头脑保持清醒，身心全无痛苦之感，而且情欲高度亢奋，短时间觉察不到它的毒害。那些"助桀为虐"的推销商，更制造出"东方人致瘾程度大大低于西方人"的舆论，因而，他们宁予信任而不肯怀疑。

少帅就是这样过来的。结果，毒瘾愈演愈烈，一天之内需要注射多次，即使在接见宾客，举行宴会的时候，每隔一段时间也必须离席注射，以致经常遭人误解，被指责为轻狂慢客。甚至在前线指挥作战时，也片刻不能离开毒品，供应稍微迟缓一些，他便暴跳如雷，整个身心遭受到严重的损害。

昔日英俊洒脱、神采飞扬、意气风发的少帅，变得面黄肌瘦、弱不禁风，委顿不堪，实际上，此时他刚过"而立"之年。他的胳膊、大腿，打针的瘢痕累累，肌肉形成硬结，有些地方甚至连钢针也插不进去。他的外籍顾问端纳初次见他，觉得"这个人已病入膏肓，对他自己和国家来说，都毫无价值了"。大家都为少帅的健康与前途而深感忧虑。

遍体针痕

东北沦陷、热河失守之后，南京国民党政府的一些要员，为了配合蒋介石借机转移视线并夺取张学良兵权、进而瓦解东北军的图谋，掀起了猛烈的舆论攻势，要张学良立即引咎辞职。监察院更提议要将他严惩法办，以肃国纪。蒋介石认为时机已到，于是，电约张学良前往保定，要亲自与他面谈。之前，先派人透露了让他辞职下野的意愿，少帅听了，未辩一词，当即表示同意，说："正好我要休息休息。"这样，蒋即与他会面，说：

现在全国舆论沸腾，攻击我们两人。我与你同舟共命，若不先下去一人，以暂息全国愤怒的浪潮，难免同遭灭顶。所以，我决定同意你辞职，可以借此机会出洋考察，将来以图再起。

军事上的失利，政治上的失意，带来了心态上的失衡。从全国一人之下、万人之上的显赫地位，一下子降为平头百姓，自然痛苦不堪，多日里神情恍惚，情怀抑郁。不过，由于豁达的个性使然，过了一些天逐渐也就想通了，觉得到国外走走，换换环境，调整一下心态，确也十分必要。只是，以他现时的身体状况，又怎能坚持得了呢？这也进一步坚定了他戒毒的决心。

于是，他偕同于凤至、赵四小姐和端纳，一起到了上海。平时，端纳与他交谈都用英语，但此时为了劝说少帅戒毒，却改用汉语交流。他劝诫张学良：趁此下野出国机会，洗心革面，戒除毒瘾，迅速恢复健康，重振体魄和精神，发愤图强，做一名真正的大丈夫！端纳的汉语尽管不怎么地道，但"大丈夫"三个字，还是说得既真切又响亮，使少帅受到了很大触动。

宋子文对他的戒毒也非常关心，在海阔天空、旁征博引，广泛罗列吸毒的危害之后，以十分恳切的口吻，说道：

汉卿！出国之前，我劝你一定要戒除毒瘾，这不仅是为了你本人的健康，而且，也关系到国家的体面、观瞻。你不要忘了，日本人叫我们是"东亚病夫"啊!

这番话对张学良的刺激是异常强烈的:自己虽然被迫下野,但终究还有个"全国陆海空军副总司令"的名头,在外国人眼里,他仍是整个国家的代表。如果真的给人一副"东亚病夫"的形象,那么,国家的尊严何在?西方人甚至会说,怪不得他阵前输手呢,原来是病夫治军,无力抵抗啊!

他想到,一些百对战疆、边关垂老的将军,归田解甲,满身都是出生入死的刀剑疮瘢;而同是军人,在自己的身上,却遍布着荒唐岁月留下的吗啡针痕,真是莫大的讽刺!他深深地以此为辱,不禁渗出了一身冷汗。

与此同时,他的脑子里又闪现出那个令世人不齿的"傅满洲"的形象。这是德国作家阿瑟·沃德笔下的一个中国人。在这个大烟鬼的身上,集中了"东亚病夫"的一切恶习和种种丑态形象。他以毒品贩子的身份,通过各种卑劣手段在西方世界里闯荡,尤其是专门利用鸦片烟来对付敌手。——这原本是西方殖民者和日本侵略军对付中国人的手法,却反转过来成了中国人的无耻伎俩。出于强烈的爱国赤忱,少帅想到,如果自己不能迅速地从这支丑陋的队伍中脱离出来,岂不是丢尽了伟大的中华民族的脸面!

戒毒,在当时有几种方式可供选择:效果最好的当然是直接戒断,这又可分为"顿戒"与"渐戒"两种。"顿"、"渐"是借用禅宗的词汇,亦即立即戒除与逐渐戒除。前者经受折磨非常厉害,非有特大决心、特别坚强的毅力,是难以奏效的;后者,旷日持久,毒品剂量逐日递减,最后达到戒除目的。此外,还有一种药物替代法,即用一种与鸦片、吗啡性能相仿,但无依赖性或依赖性很弱的药物来取代已经成瘾的药物,然后逐渐减少剂量,直到完全停用为止。

"一朝被蛇咬,十年怕井绳"。替代药物,他是决然不肯再用了。

"渐戒"的方式，虽然痛苦较轻，易于施行，但需迁延时日；他此刻的心理，是即使痛苦至死，也要立即摆脱毒害，"放下屠刀，立地成佛"，又兼出国行期在即，也不容许他逐渐戒除。这样，就唯有"顿戒"之一途了。

立地成"佛"

决心是下定了，但以他的病弱之躯，是否能够承受得起这场巨大的风险呢？于凤至深感担心，因而劝他还是听听医生的意见，再作定夺。

话音还没有落地，少帅登时色为之变，猛地从沙发上站起来，怒气冲冲地吼叫着："什么医生？我算是领教过了，我再也不相信他们！我的命运，由我自己来主宰！"这突如其来的暴怒，吓得周围的人都噤如寒蝉。大家知道，上次戒烟，就是因为过于相信医生，结果染上了更为厉害的吗啡毒瘾，至今他犹有余愤。过了一会儿，少帅也觉得这样发火有些过分，加上端纳的耐心劝说，便也同意请个医生来帮助戒毒。

两天过后，宋子文就为他请来了德国的戒毒名医米勒博士。他对张学良早闻令名，很佩服这个统兵数十万的年轻将领；后来，听说他染上了吸毒恶习，深深为之痛惜，决心帮助他摆脱这场厄运。经过全面检查，认为张学良只是虚弱，并无其他疾病，可以放胆、放手戒毒。

他按照惯例，事先郑重告诫患者："戒除毒瘾，是个极其痛苦的过程，要有足够的思想准备。成功与否，关键在于有没有坚定的意志。"

少帅苦笑了一下，幽默地回了一句："东三省都让我丢光了，现在所剩的就只有意志了！"

在正式戒毒前，米勒与少帅约法三章：夫人于凤至和赵四小姐必须同时戒毒；戒毒期间，医生有节制卫队与随从人员的权力；暂停私人医师的工作，任何人不得擅入病房。

少帅毫不犹豫地答应照办，并亲手写下"陋习好改志为鉴，顽症难治心作医"的条幅，以表示自己的决心。最后，还当着众人的面，把子弹上膛的手枪放在枕头底下，然后，发出严厉的警告：

> 你们记住，从我戒治之日起，无论任何人，看见我怎样的难过，也不许理睬我，如果有人拿毒品给我的话，我马上拿这支手枪打死他！

米勒博士采用了"以毒攻毒"的方法。先是从患者肛门输入麻醉药与其他药物，使之沉沉入睡；待麻醉药渐渐失去镇痛效用，病人肠胃里开始翻江倒海，胃壁痉挛，腹痛难忍，肌肉抽搐、剧痛，内脏宛若打了结，起了皱，就像一条条纠缠在一起的长蛇在体内搏斗，由此引起强烈呕吐、腹泻，每天多达数十次。经过这一番折磨，再给病人服药，使其全身发生水泡，然后从水泡中抽出液体，注射到病人体内。之后，一面抽出带有毒素的腐血，一面注入新鲜血液。

戒毒伊始，最为难熬。第一天晚上，少帅在屋内毒瘾发作，"咚咚咚"地，一个劲儿地用脑袋撞墙，这声音像利剑一般刺痛了守候在门外的人们的心。渐渐的，"咚咚"声越来越小，频率越来越慢，最后，屋里沉寂下来，一点声音也没有了。少帅后来回忆说："米勒这个人，胆子很大。我的部下看到我痛苦的样子，要揍他。他们对米勒说，'你要是把他治死，你的命也没有了，你明白吗？'"

米勒博士进入房间，只见少帅双目紧闭，浑身抽搐，知道他正在忍受着常人不能忍受的痛苦，从心底里佩服他意志力的坚强。事后，少帅说：

> 一个人哪，能够把大烟戒掉了，那人就了不得。我跟你说，戒烟时难受得什么似的，那滋味说不出来。那肉就好像烫了以后没有皮肤一样，大便时都不敢坐，皮肤不敢碰任何东西，那可真疼啊！

痛得撕心裂肺，万箭穿心一般，哀号啊，呻吟啊，不管你怎样折腾，怎么熬煎，"狠心"的米勒也不为所动，像没有看见一样。由于少帅的手脚都被紧紧地绑缚在病床上，动弹不得，疼得实在熬不住了，他就用牙齿撕衣服，咬胳膊，衣服都被咬烂了，胳膊咬得青一块紫一块的。通身大汗淋漓，把床铺和垫子都浸湿了。人们都说，没有关云长"刮骨疗毒"的精神，任谁也挺不过去。

就这样，一连七天七夜，经过一番死去活来，真是"一佛出世，二佛升天"，终于脱离了苦海，戒除了毒瘾。

少帅说："我的毒瘾戒除以后，好像全身的血液换了新的一样，但四肢仍是无力，身体还虚弱得很。"

又经过了一段时间的休养，体重迅速回升，精神面貌和身体状况也大大改善了。一个月后，如同脱胎换骨一般，少帅又恢复了往日的潇洒神态。

为了表达感激之情，他特意送了五万块大洋给米勒博士。

情感定位

　　国恨家仇未报，同根其豆相煎。将军一怒发冲冠。抗日临潼兵谏。　本是恩将仇报，还玩结契金兰。枭雄手眼不新鲜。一味痴迷堪叹！

　　《西江月》词一阕，说的是千古功臣张学良与大独裁者蒋介石的恩仇旧事。

　　一位伟大的哲人说过：

　　对人类生活形式的思索，从而对它的科学分析，总是采取同实际发展相反的道路，这种思索是从事后开始的，是从发展过程完成的结果开始的。

　　那么，我们也就从当事人的"事后结果"说起。

　　1975 年 4 月 5 日，由于心脏病突发，蒋介石在台北士林官邸去世，终年八十九岁。囚禁中的张学良闻讯后，陷入了久久的沉思。想到自己与这位逝者近半个世纪的恩怨仇雠，不禁心潮翻涌，百感交集。

　　真没料到，在他长达一个世纪的生命中，竟有一多半时间是在这位雄骜而残忍的强势人物的支配下度过的。由于这个人的存在，使他的盛衰荣辱，包括整个生命的轨迹，发生了截然的改变。西京之役，是他的命运的转捩点，"搅得周天寒彻"，也"阅尽人间春色"。

须知，蒋介石这个大独裁者可不是好对付的，一贯翻手为云，覆手为雨。为了实施报复，先是按照国法判了张学良十年徒刑，可是，又一转念，觉得不妥——十年过后，这员虎将也才四十多岁，正当壮年，放出来那还得了？于是，又变了个招法，改用"家法"来加以管教。一则，可以蒙上一丝脉脉温情，彰显二人之间的特殊关系，让他人不好说话；二则，从此可以监禁终生，直到垂垂老死。这些，在他人眼中都是洞若观火的"阳谋"，只是，张将军却没有看出个中机窍。"枭雄手眼不新鲜，一味痴迷堪叹"。

且看他送给蒋介石的这副挽联：

　　关怀之殷情同骨肉
　　政见之争宛若仇雠

据说，早在 1948 年，张将军初到台湾井上温泉时，即曾写下了"爱护之深"、"关切之情"、"国事之争"、"几同参商"等语句，涂涂改改，斟酌过许多次；到了蒋介石去世，这副挽联正式成稿，足足运思了二十七年之久。可见，这十六个字并非率尔操觚的产物，其间的蕴涵还是深堪玩味的。

这里，张将军集中表述了他同蒋氏的特殊关系。其特殊的程度，竟至于我们很难加以准确、鲜明地定位——

想当年，张学良手握三十万重兵，身为北半神州的一方霸主，其角色与身份，俨然与"江湖老大"的蒋介石平起平坐，平分秋色。他既不同于一般的军阀，更有别于蒋氏的普通部下、一般僚属。此其一。

发展到后来，蒋、张二人，在最高统帅部，一为正职，一为副职，又成了上下级关系；可是，由于张学良在东北"易帜"和协调中原大战这两个至为关键的时刻，曾经对蒋氏施以有力的援手，甚至可以说是拯危救溺，恩同再造，因而，他在世人心目中，尤其是在蒋氏的心目中，具有他人无与伦比的独特地位。此其二。

在此后的八年间，张学良"一切唯蒋之命是听"，可说是蒋家王朝最卖力、最听话的忠臣良将。耿耿丹心，推诚相与，"爱护介公，八年如一日"。即便最后为了一致对外、团结抗日，被逼实行"临潼兵谏"，其最终目的也不是要把蒋氏打倒。此其三。

其四，他们曾结契金兰，订下"手足之谊"；有人甚至说他们不啻父子关系，比如，国民党元老邵力子就有"蒋张二人是家长与子弟关系"的说法。不过，若是从蒋介石的角度来看，这种"父子关系"说，是根本站不住脚的。郭军反奉期间，由于少帅与"大逆不道的郭鬼子穿一条裤子"，划不清敌我界限，老帅张作霖也曾把他骂得"狗血喷头"，最后又演出"辕门斩子"、"刘备摔孩子"的闹剧。可是，明眼人都看得出来，这是做给旁人看的，骨子里浸透着纯真的父爱。那么，且问：西安事变之后，蒋介石对张学良也是如此吗？

"关　怀"

当然，就张学良自己来说，也可能确曾存在过这种想法。我们不妨听听他在"口述历史"中是怎么讲的：

老先生对我还是不错的了。我不是说过，他死了我写了副对联吗，我这是私人的对联，我吊他的。我说："关怀之殷，情同骨肉；政见之争，宛若仇雠。"老先生对我，那是很关怀的。我有病，差不多够呛了，他们旁人就想，我要死掉了。那他不但特别关切，还派了医生，派了中央医院的来看我……

蒋先生是原谅我了，不原谅我，他不把我枪毙呀？我到南京是预备被枪毙的，我是应该被处死刑的，我是个军人，我懂得。我也是兵，也带过部下。假设我的部下这样，我就把他枪毙了……

说实在的，蒋先生对我，我暗中想，他对我也相当看得起。觉得我有种？这话倒不敢说，他不能容忍人家挑战他的权威，我损害了他的尊严……

我当时就说，好像灯泡，我暂时把它关一下，我给它擦一擦，让它更亮。实际上我这样做，他不是更亮了？

我们在解读这副联语时，遇到的一个首要问题，就是：这里说的"关怀"，究竟作何读解？从张将军本人的口述中，自然可以得出结论，那就是蒋氏对于他是真心关怀的；也就是说，联语中表述的正是作者本意，发自作者内心。以张学良的坦荡胸怀，以他的忠恕之道和与人为善的天性来说，他这样说、这样做，都是情通理顺的。

但是，这样一来，人们马上就会产生疑问：难道世间竟有这样关怀的吗？而且竟是"之殷"，竟是"情同骨肉"！不关怀，又将如何？难道只有杀头才是不关怀吗？百般困惑之余，有人代为求解：认为应该考虑这样一个背景——虽然张将军说吊唁是私人性质的，但他清醒地晓得，悼词最终必然公之于众，不宜苛薄、蹊刻；特别是，当时还处于拘禁之中，先主虽逝，蒋氏后人还在，因此，他不能不存有某些顾忌，因而免不得会夹带一点冠冕堂皇的成分。而到了十多年后，在作"口述历史"

时，也不便改口了，似乎也没有必要改口了，于是，顺水推舟，就这样过来了；况且，留下一个"忠恕"的美名，对他也并没有什么坏处。

后一因素尽管不能完全排除，但我以为，就张将军当时的心境来揣测，主导成分还是前者。张学良之所以为张学良，其实正在于此。

可以说，对于蒋介石的雄猜、鸷狠、阴险、多疑、耍手腕、弄权术的"人性暗箱"，张学良自始至终都没有真正地弄明白。因而，他一路地赤诚相与，一路地献身卖力，一路地吃亏上当，尝尽了苦头，最终仍然执迷不悟。

从本性上讲，两人就迥然有异，甚至是判若云泥。张学良正而不诡，蒋介石诡而不正。二人的出身、阅历完全不同。蒋氏自幼混迹于十里洋场，只身闯荡江湖，从最底层一步步地爬了上来，历尽人世风波，长于应付艰危局面，最后练成了"通天老狐"，谋深虑远，阴险叵测；而张学良出生于富贵人家，"年少万兜鍪"，万事皆能顺其心志，无须刻意经营，即可达致仕途通显；又兼他在接纳"孝悌忠信"儒家文化的同时，深受西方文化之熏染，因而，少了些磨炼与韧性，多了些张狂与旷达，为人处世，逞义气、重名节、讲感情，相对单纯、率真一些，有时耍一点小聪明，即所谓"黠慧"，而缺乏更深远的谋略。

在张学良的字典里，似乎没有"机心"二字，什么狡狯、权谋、暗算、防范，好像都与他毫不相干。他常常以君子之心度小人之腹，轻易地委信于人。对于蒋介石，他就正是这样。即使到最后，他也还是对蒋氏作"有大略，无雄才"的评价，以"才智"作为衡人标准，而无涉于品格、人性、伦理道德。因为他不懂得这一套。而长于政治权术的蒋介石，则恰恰与之相反。

说到二人之间"宛若仇雠"的"政见之争"，他在"口述历史"中说：

> 我的判断，他对我讨厌极了。所以，后来不能让我自由。他心

里第一敌人是共产党，而我的第一敌人是日本……其实，我跟蒋先生两个人的冲突，没有旁的冲突，就是冲突这两句话：他是要"安内攘外"，我是要"攘外安内"。

看来，根本之点在于如何对待"抗日"和"剿共"上。这一矛盾、冲突，贯穿于从东北"易帜"到"西安事变"的整个过程之中。

交往三阶段

细按张学良与蒋介石的"交情"，客观地看，可以分为三个阶段：

从东北"易帜"拥蒋，到协调中原战事助蒋，为"蜜月期"，这是两人关系最为密切的时期。在他们磕头换帖，结为"把兄弟"的同时，于凤至与宋美龄也结拜为姐妹，于称宋母为"干娘"。随着就任全国陆海空军副总司令，张学良便驻节北平，节制冀、晋、察、绥、辽、吉、黑、热八省军事，权力与地位到达了巅峰。

尔后，逐步进入了"摩擦期"，中经"九·一八"事变、热河失守，张学良被逼下野，欧洲考察后复出。

最后是"交恶期"，一方要剿共，一方要抗日，结局为临潼兵谏，捉蒋放蒋。

与此相对应，蒋介石对于张学良及其麾下的东北军，始而拉拢、利用，继则遏制、削弱，最后分化、剥夺。总之，"非我族类，其心必异"，从来也未曾像对待他的嫡系那样真正地信任过。

应该说，张学良对于蒋氏的倚重与信赖，以至后来的"敲打、教训"，绝非源于私人情感上的好恶，或是出于个人的利害权衡，而是出自对国家命运、民生疾苦的关心，他从小就渴望国家统一、民族复兴。他说：

> 良年方弱冠，屡参战事，亲见因战乱原因，满目疮痍，民生凋敝，自己同胞互相残杀，而有为有志之青年，多为牺牲，大伤国家元气，衷心实为忏悔。

作为崭新头角的青年将领，他在军阀中首倡罢兵息争。在多次谏诤父帅未能如愿的情况下，愤懑不已，决心"一旦掌权，要尽量避免无意义的战争，要利用自己的机会和优势，尽力为国家的和平与统一做点什么"。但他并没有分疆割据、独霸称王的野心，无论是父亲期望他成为李世民，还是日本人别有用心地劝他做"满洲王"，他都不予理睬。至于问鼎中原，称霸全国，他更是从来都没有想过。他愿意在"一个领袖"之下，实现他的报国济民的宏伟抱负。

在张学良看来，就当时局势而言，在各路军阀中，以蒋介石为最有能力、也最有实力统一中国。原来，他把国共合作的第一次北伐的功绩，全部记在了蒋介石的名下，从而坚定了"一个政党，一个领袖"的信念；又兼早年对美、英的富国强兵十分向往，而蒋介石已然得到美、英的支持；且其反苏、反共的政治倾向，与当时张学良的思想也是一致的。因此，早在东北"易帜"之前的1927年，张学良率军南下时，就试图与蒋介石联络，曾经致电蒋氏，希望能够罢战言和，共商国是，但未能如愿。

第二年，他即主政东北，首先面临的问题就是东北三省的生存与发展。他认为，"要靖国难，报家仇，只有全国统一，才能全力对付日本";"而欲速谋南北之统一，只有改旗易帜，才能摆脱势孤力单的困境，才能利用统一的力量与日本相抗衡，保住东北免入日本之手，维护国家的主权和统一"。他的民族气节和以民族利益为基准的高尚情怀，使他毅然决然摆脱日本的控制，归顺南京国民政府。

在中原大战中，张学良更是直接救助了蒋介石。当时，南京国民政府虽然取得了形式上的统一，但国民党内部派系林立，各霸一方。蒋介石为巩固自己的统治而进行的削弱地方实力派的"削藩"行为，引起了阎锡山、冯玉祥、李宗仁等各派军阀的不满，联合起来反蒋，导致了1930年5月的中原混战。四个多月时间，双方相持不下，互有胜负。在这种情势下，拥兵数十万、雄踞东三省的张学良，"左袒"还是"右袒"，对于战争的结局具有决定性作用。在张学良看来，南京政府是全国统一的政府，只有支持这个政府，才能保证国内统一，也才能保住东北地盘不受外敌侵略。于是，亮出了"拥护中央"、"呼吁和平"的旗帜，同时派兵十万进关，和平接收平津，中原战事迅即结束，使蒋介石在政治上、军事上稳操胜券，铺平了通向神州霸主的道路。

张学良以为，靠着白山黑水和中原沃血换来的骨肉深情，应该是牢不可破的，因而，心里充满了踏实感、安全感；而渴望进入中心地位，以期一展长才的报国赤诚，更使他多年来紧紧地追随在蒋介石的左右，没有猜忌，不加防范，言听计从，忠贞不渝。然而，实践表明，他到底还是把人看错了。

随着东三省局势的逆转，蒋张之间的矛盾也在特殊关系的背后日益凸显起来。"九·一八"事变以及热河抗战中，由于执行蒋介石的绝对不抵抗政策，造成大片国土沦亡，三千万生灵涂炭，张学良在心理上遭受到极大的刺激，几乎到了彷徨失据、无地自容的地步。而处此绝境，蒋介石却并未施以援手，反而趁机在东北军上大做手脚。这使得张学良有些心寒，思想上露出变化的痕迹。

原来，作为"蹩脚司令"的蒋介石，军事方面虽然并无长策，却是一个善于玩弄权术的出色政客。他从清代康乾二帝那里学来一套驾驭部下的权谋，经常制造下属间的矛盾，使其相互猜忌，形成派别，互不信任，以便于操纵、控制。在他的手下，什么政学系、新政学系、CC系、太子系、中统、军统，派系林立，矛盾重重。他故意引发他们相互监视，明争暗斗；自己则"坐山观虎斗"，高踞上流，左右逢源，必要时分别施以小恩小惠，使之个个都觉得承恩受宠。

他的衡人标尺是，才能远不如忠诚重要。因而用人唯亲，一贯以人划线。只要是黄埔系，浙江人，属于他的嫡系，而且能够铁杆忠诚，即便是吃了败仗，损兵失地，也照样保他升官晋爵；反之，能力再强，功劳再大，也不予以信用。对非嫡系的重要人物，在使用的同时，还要进行分化、限制，防止其威胁到自己的统治。而对于需要拉拢的人，他可以指天誓日，结为异姓拜把兄弟；待到一朝成为竞争对手，或者毫无用处，便翻脸不认人，一脚踢开，甚至必欲除之而后快。

蒋桂战争前，他尊奉李宗仁为"忠实同志"，战衅一开，便改口称之为"党国叛徒"。蒋冯战争前，他致电冯玉祥："弟自入党以来，未曾卖友，亦未曾杀戮革命同志一人。至若兄与弟，言公则兄为革命元勋，言私则我辈誓共生死。且兄又居弟之长，弟若稍有不利于兄之处，则人格破产，信用扫地。"但时隔不久，即将"仁兄"冯玉祥开除党籍，下令拿办。对于自己的这种朝三暮四，反复无常，蒋氏本人曾力图加以缘饰，他说："处世作人的要道，在于随机应变。"

台湾作家李敖算是把他看透了：

> 蒋介石一生中喜欢以异姓昆弟之交拉拢人，拉拉扯扯，拉帮结拜，但无一个真心朋友。与蒋结交的人无一有好下场。这就是蒋介石的为人。

一石双鸟

张学良自然也不例外。他在蒋介石心目中，充其量只是一个帮手，而绝非嫡系。急难中可以笼络、利用，却不能视同股肱，托为心腹。如同俗话所说的："明知不是伴，事急且相随。"

"易帜"之后不过半年，1929 年 7 月，蒋在北平接见张学良，授意他以武力接管中东路，以防止"赤化"，即使最后与苏联断交亦在所不惜；并答应"一旦中苏开战，中央可出兵十万，拨几百万元军费"。结果，战事一开，东北军即连遭败北，一个旅长战死，另一个旅旅长以下七千人被俘，团长多人阵亡，黑龙江舰队全军覆没。而蒋氏则"食言而肥"，以讨伐西北军为借口，一兵未出，一文未拨。

对此，顾维钧分析："蒋介石的目的是使无充分外交经验的张学良诱入圈套，陷于对俄的困境，使之必须依赖南京，这样，中央政府就能控制他了。"蒋在当时的日记中有这样一句话："惟吾人深望能达到（对苏）绝交目的，而复对国内共党方面有彻底办法耳。"可说是老谋深算，一箭双雕。

同样目的，同样手法，蒋介石后来又用在驱使东北军"剿共"上。正由于他始终将张学良视为异己军阀，因此，在处理过桂系之后，就着手解决西北问题。在他看来，西北问题十分复杂，既有共产党与红军的问题，还有张学良东北军的问题。于是，1935 年 9 月，急令东北军开赴西北"剿共"，任命张学良为"西北剿匪总司令部"副司令，代理总司令职务。蒋介石向来都是借"剿匪"之名行"削藩"之实的，让地方军阀与中共互相消耗，自己好坐收渔人之利。

此际，他的险恶用心正是"一石双鸟"——既可利用东北军消灭红军，又能借以消耗东北军的有生力量。为了控制张学良及其军队，蒋氏往里面派驻了多名亲信：侍从室主任作为参谋长控制军事枢纽；"十三太保"第一太保掌管张学良的政治动向；贴身侍从负责东北军的情报工作。同时，把中央军调到东北军的背后，以防不测。这样，东北军就处于腹背受敌的困境，抬头面对红军的枪口，回过头来，又有中央军的枪口对着他们。

当时有过这样一幅漫画：两堵高墙巍然矗立，细看，左侧是由滚滚人潮组成的"铜墙铁壁"，右侧是寒光闪闪的剑树刀山；中间狂奔乱跳着一头猛牛；前面明明有一条通道，却被铁丝网罩上，挂着一个"不许攘外"的牌子；身后，一个西服革履的光头绅士，手里挥舞着文明棍，在督催着猛牛，让它向左侧的"人墙"冲去，结果，一冲一个跟头，最后，弄得破头流血。而那个光头绅士却用文明棍不住地戳着牛的屁股，强迫地继续冲向人群。在走投无路的困境中，猛牛回转头来冲向主人，用双角狠狠地把他掼在地下。漫画的题目只有一个字：《逼》，大体上反映了当时的现实情境。

东北军进攻陕北红军不足两个月，损失兵力达三个师之多。当张学良请求蒋介石给予补充时，蒋介石的答复却是："中央没有机动兵员，所损各部，番号自行取消。"更令他难以接受的，是请求对两位阵亡的师长每人发给十万元特恤金，也被驳了回来。张学良慨叹："我张某人混得连十万块钱都不值了！"伤心、失望之余，张学良开始领悟到，东北军不管怎么卖命，终究摆脱不了受制遭劫的命运。生存尚且不保，更何谈抗日复土，洗亡国之耻，报杀父之仇，雪"不抵抗将军"之羞，救民族危亡之急呢！

他曾不止一次地说过："只要有人能把日本帝国主义打出去，不论他是哪个阶层的中国人，我愿意把自己所有的力量都交给他，并且，我愿意无条件地听命于他。"现在，他看得非常清楚，真正抗日的是共产党，是工农红军。于是，便加紧与陕北的共产党秘密协商，双方实现了实质上的和平共处。这件事当然为蒋介石所不容。于是，立即亲赴西北督战，并调集大批中央军开赴潼关；同时放出风去，要撤换"剿匪不力"的张学良。结果，使张学良的对立情绪更加激烈。

这次兵谏捉蒋，有两条直接的导火线：

一是当时全国抗日热潮日益高涨，纪念"一二·九"学生爱国运动一周年的游行请愿活动席卷西安城。这天，西安学生经"东北人民救亡会"等组织发动，大、中、小各级学校游行请愿，口号是"停止内战，团结抗日"，人数聚集达万人。队伍冲出西安中山门，向蒋介石驻节之临潼进发，张学良将军在灞桥阻止他们。学生代表对张学良说："东北沦陷五年了，你还忍心打内战吗？我们愿意为救国而牺牲，打回东北老家去！"整个请愿队伍，顶着凛冽的寒风，群情激愤，哭声、吼声响成一片，张学良也禁不住失声痛哭。他当众表示："我的枪决不打自己人。你们的要求也就是我的要求，我可以代表蒋委员长考虑你们的要求；我也可以代表你们把你们的请求转达给委员长。你们请先回去……"当晚，他即将情况向蒋报告，结果两人发生了激烈争辩。据张学良记述：

> 他（指蒋）骂我："你这是一双脚踩两条船，是两面人。怎么可以代表我，又代表学生……"我已不高兴了，他又接着说："这些学生，你要让他们来，我用机关枪打。"这可把我气火了。我几乎话说出来："你机关枪不打日本人，打学生？……"

这使张将军异常震惊，也极度失望，知道了靠规劝已经无济于事，于是断然决定对蒋实行兵谏，用武力迫使他改弦更张。事后，他说：

"我几乎翻脸,当时军队是我的,可能兵变","我有机枪,我就可以打他(指蒋)",在这千钧一发时刻,逼出他"决心武力解决,遂生十二日之变"。

二是,在这同一天,蒋介石写信给陕西省主席邵力子,让他密嘱《大公报》发表削夺张学良、杨虎城兵权由蒋鼎文取代的消息。此前,蒋氏曾依次召见邵力子及东北军、十七路军师长以上高级将领,而唯独把张、杨排斥在外,致使二人深感忧惧,从而更加坚定了他们捉蒋的决心。

应该说,兵谏一举,既非蓄意摆脱蒋的领导,更没有谋害他的用心,只是要逼他抗日,可说是传统的"忠君爱国"思想行为的"变型"。这种"忠君"是以爱国为前提的,用兵谏的手段,达成维护国家民族利益与个人湔羞雪耻相统一的目的,不失为彼时彼地张学良的最佳抉择。

在西安、南京和中共三方的共同努力下,事变得以和平解决。为了维护蒋介石的"领袖威信",使他对联合抗日的"口头承诺"不至反悔,张学良将军毅然决定亲自送蒋回宁,向世人表明了他一不争权、二不争地,为了实现共同抗日而置个人安危、生死于不顾的耿耿赤诚。

"不可放虎"

与之形成鲜明对照,蒋介石回到南京后,即施行无情的报复。先是组织高等军事法院会审张学良,判决书要点为:"本案被告张学良,率部劫持统帅，强迫承认其改组政府等主张……至戕害官员，拘禁将领……惟被告经奉委员长训责后，尚知悔悟，随同旋京请罚，核其情状不无可恕……减处有期徒刑十年。"紧接着又玩了个"特予赦免，仍交军事委员会严加管束"的花招。显然，蒋介石所考虑的是，以张学良的年龄，十年后也不过四十几岁，那这只虎不还是照样横行吗？而由军管会严加管制，就可以无限期地羁押，直至老死。堪称其虑也深，其计也毒。张学良想的却简单了，原以为，蒋氏要他"写一个认罪的东西，以便向南京百官有一个交待"，只是作"应景文章"，很快他就可以获释。岂料，茫茫无际的囚禁生涯就此开始，一押就是五十四年！

张学良遭到软禁之后，始而浙江溪口，接着是安徽、江西、湖南、贵州、四川（重庆），十六次播迁，最后于 1946 年 11 月被押解到台湾。其间，许多要人都为之说情，其中包括宋子文、宋美龄等"皇亲国戚"，李烈钧、于右任等国民党元老，张治中等"朝中重臣"，以及外籍顾问端纳，等等。1937 年 1 月，东北军、西北军共同致电蒋介石，要求给予张学良带兵的自由。蒋说，张学良他自己要求读书，我怎么办？同年 7 月，抗日战争爆发，东北军将领再次提出把上阵杀敌自由还给张学良，蒋仍置之不理；而在召见东北军代表时，他却说："汉卿他年轻，小事聪明，大事糊涂，只因读书太少。我留他在这里，让他多读些书。"

九年过去了，全国政协会上，委员们呼吁还给张学良人身自由，蒋介石让邵力子出来代他讲话，说："张学良的问题不是国法问题，而是家法问题，你们不要管啦！"同年 10 月，张学良请托前来探望他的张治中在蒋面前代为说情，结果，蒋断然下令：今后任何人见张，都要经他亲自批准。

1949 年 1 月，蒋被迫下野，于右任提出，为了增加与中共谈判的筹码，应尽快放出张、杨。蒋却冷冷地说，你们找李宗仁去说。李宗仁倒是真的答应了，当即给参谋总长顾祝同拍电报，要他负责落实。顾祝同深解蒋介石的用心，便推脱说，这要由台湾省主席陈诚和重庆绥靖公署主任张群来办。于是，李宗仁又派遣程思远去台协商。陈诚说，蒋先生的事，他不便插手；而私下里，遵照蒋的指令把张学良秘密转移，程思远无功而返。同年年底，蒋下达手谕：要严格审查张学良寄出的信件，这就把通讯自由也剥夺了。

在旷日持久的拘禁生涯中，张学良自己也曾多次向蒋介石上书求赦，主动承担"罪责"，以求宽宥；请缨赴战，要与日寇决一胜负，"任何职务，任何阶级，皆所不辞。能使我之血得染敌襟，死得其愿矣"；表述"加意锻炼身心，休养体智，以备钧座之驱使，代国家之驰骋"，"乞钧座念及十年之情，怜及匹夫之志，有以成之"的心愿。无奈，热面孔贴在冷屁股上，回回都是"竹篮提水"。蒋介石的策略，一曰置若罔闻，不予理睬；二曰水来土掩，虚与委蛇。

一次，戴笠向蒋介石报告，说"张学良太小气，连一根钓鱼竿也舍不得买"。蒋介石却说："你懂什么，这是暗示我，要他钓鱼必须释放他，要给他政治权力的钓鱼竿。"不久，他就叫人把一根从美国进口的高级鱼竿送过去。张学良看到这个鱼竿能伸能缩，可长可短，知道他的用意：当即折断扔掉。对于长期丧失自由，身心饱受摧残，张学良以独特的方式向蒋介石提出抗议：他特意捉了一只鸟，把它关进一个精致的鸟笼里，然后作为一件特殊礼品，托人给蒋介石送过去。蒋介石收到后，将计就计，差人做了个更大的鸟笼，作为回赠，派人送给张学良，并捎话说："我很爱鸟，你再在山上多捉些鸟吧，我有的是笼子。"

1956年，张学良铁窗生涯熬过了二十个春秋，羁身台湾孤岛也已整整十年，又正赶上老蒋七十寿诞，张学良抱着很大希望，把一只珍贵的瑞士名表作为礼物托人送给蒋介石，暗示岁月蹉跎，"管束"应该结束了。蒋介石深知个中寓意，立即回赠一本1936年年历，还有一双绣花拖鞋。看得出他对西安事变那场羞辱始终耿耿于怀，决意要把"管束"永远拖下去，直到张学良老死。

说到西安事变之后蒋介石的心理反应，包括对张学良的态度，可以用"一怕二恨"四个字来加以概括。其实，这个问题弄清楚了，也就能够回答：蒋介石何以长期扣住张学良不放？

首先说怕。有一次，美籍著名史学家唐德刚问张学良："汉公，为什么蒋先生不放你？"张学良没有直接回答，而是引用了国民党元老张群的一句话：

> 张岳公曾告诉我，他说，你是个宝贝，谁把你抓住，对谁就有用。你明白这句话吗？那意思就是怕共产党抓住我，怕我跑到共产党那边去。

看来，张学良的"虎"威犹在，是其不能获释的重要原因。

在中原大战中，张学良一麾出守，举重若轻，谈笑间化干戈为玉帛，原因在于他手下拥有一支强大的东北军，成了当时全国的最大的实力派。在蒋介石心目中，张学良是一只威震神州的真正的东北虎；而那场震惊中外、至今思之尤使蒋介石心胆俱寒的西安事变，更使他领略了这只桀骜不驯、野性十足的东北虎的赫赫神威；现如今，虽说已经"虎落平阳"，但只要获得自由，他仍然能够凭借他的老本，他的余威，振臂一呼，"啸聚山林"，成为有影响、有实力的统帅，继续率领东北军横行天下。

行伍出身的蒋介石深知，军队就是命根子，有了军队就意味着有了一切。西安事变前，红军、东北军和第十七路军，在抗日救国大旗下，相互合作，形成了时人所称的"三位一体"，总兵力达数十万之众。事变之后，这支武装力量并没有消亡，作为"东北王"，张学良既是东北军的主心骨，同时也是"三位一体"的重要支柱。扣住他不放，无疑是涣散以至瓦解东北军以至"三位一体"的关键所在；而"三位一体"内部离心力的日益加剧，又为蒋介石长期扣押张学良提供了信心和保证。

杨虎城的话，可谓一语破的：

张汉卿不回来，我们的事很难办。首先就是团结问题。东北军内部本来就不够团结，他们与我们之间也不是没有问题。张汉卿能回来，东北军内部有个中心，就不会出大问题，东北军与我们之间的合作也就比较容易。能团结，就有力量。张汉卿不回来，整个团结成问题，我个人实在撑持不了这个局面。

正是基于这一考虑，蒋介石才决心把张学良扣押到底。每当历史出现转折时刻，或发生重大变故，蒋介石都要亲自过问对张学良的监禁事宜，唯恐出现意外。1946 年春，在重庆召开的全国政治协商会议上，中共正式亮出"释放张学良"的议题，蒋介石十分紧张，立即紧急部署，匆匆忙忙将张学良秘密押解到孤岛台湾，为的是怕他在大陆被劫走，或者迫于政治压力被释放出去。押解到台湾以后，他仍然严加控制，因为他担心，张学良一旦"出山"，就会"成为一股政治力量，为反蒋的人所利用，干扰国民党的'改造计划'和'强人政治'"。

直到临终前，蒋介石在同蒋经国谈到张学良时，还郑重交代："不可放虎！"中国古人有"鸟之将死，其鸣也哀；人之将死，其言也善"的说法。张学良当时大概没有料到，他的这位"关怀之殷，情同骨肉"的老上级，关于他的临终嘱告，竟是这样断义绝情的四个字。

这样决绝的交代，显然不是随意做出的。那么，其意为何？是怕他"东山再起"，重新"占山为王"吗？看来不像。——当年的"山"已经不复存在了；而且，被囚禁了三十八年、已经七十五高龄的老将军，纵然不是"一饭三遗矢矣"，昔日的震山之威，难道还存在吗？他身后的三十万大军已然"灰飞烟灭"，莫非说一个"茕茕孑立，形影相吊"的孤老头子，还能揭竿而起，重新向蒋家王朝发难吗？看来，只能有一种解释，那就是：他害怕口无遮拦的张学良获得自由后，会在接受各种媒体采访时，披露出种种于他不利、有损于他的"光辉形象"的内幕。

再来说恨。蒋介石当然对张学良愤恨至极了。一恨张学良挑战了他的绝对权威，让他颜面无光，威信扫地；二恨张学良发动西安事变，促成抗日统一战线，共产党死里逃生，趁机壮大实力，最后国民党一垮到底。事变之后，蒋介石曾说："此时抗日，坐大中共"；"八年剿匪之功，预期将于两星期内可竟全功者，竟坐此役，几乎坠于一旦。"三恨张学良始终坚守诚信原则，不说违心之言，不肯悔"罪"认"错"。

凡是了解蒋介石的个性、洞悉其为人的人，都知道张学良一经陷入他的牢笼，便是"肉包子打狗——有去无回"。国民党元老胡汉民曾经说过，蒋介石为人私欲过重，缺乏忠诚，气量狭小，睚眦必报，不足以为民族复兴的领袖。另一位元老续范亭在谈到西安事变时，指出：

> 汉卿又一时失策，亲自把蒋送回南京。蒋介石的秉性是世人皆知的，他地地道道就是《红楼梦》中的那两句话："子系中山狼，得志便猖狂。"果然，他一缓手就把汉卿给囚禁起来，再无出头之日了。

由此，可以得出结论，蒋介石强烈的报复心理，是张学良不能获释的直接原因。当年西太后有句经典的话：谁若不让我痛快一时，我就让他痛苦一世。蒋介石比西太后狡猾，他不说出来，实际做得更狠毒，更厉害：你张学良不是让我委屈十四天吗，那我就一报还一报，还你个一千四百个十四天！结果，足足监押了五十四年。

太史公曰："怨毒之于人，甚矣哉！"旨哉斯言。

道义之交

"不能忘记老朋友"

"死生亦大矣！"一个人在告别这个世界时的遗言，历来被看作是一种经过深思熟虑的生命嘱托，一种具有纪念性、经典性、持久性的临终交代。如果当事人是一位举足轻重、影响深远的政治家，一位轰动世界、名垂青史的伟人，那么，他的遗言就更有其特殊的意义和不容忽视的价值。

周恩来总理在濒临生命终点时，郑重嘱咐："不能忘记老朋友"。这句普通至极的家常话语，却是饱含着生命智慧、人情至理的金玉良言。寥寥七个字，杂合着血泪，凝聚着深情，映现着中华文明伦理道德的优秀传统，闪射着伟大革命家高尚人格与政治远见的夺目光辉，当然，里面也渗透着数十年来斗争实践中正反两方面的经验。

内政外交，内忧外患，长年累月超负荷的繁重公务，严重地损害了周总理的健康；而"四人帮"的明枪暗箭、百般刁难、重重设障所造成的巨大精神负担和心理压力，更使他的心灵饱受痛苦的煎熬。这种长期、持续、强烈的"孤树加双斧"般的折磨与摧残，生生地把这位年过古稀的老人拖垮了，累倒了。尽管他以永生不知疲倦的钢浇铁铸的硬汉著称，尽管他有无穷的精力和惊人的毅力，最后也不得不在疾病与死神面前败下阵来。

已经广泛转移的恶性肿瘤，时刻侵噬着他的内脏与肌骨，消耗着体内的营养物质，使他的身体虚弱至极。原本一米七三的伟岸身躯，最后形销骨立，只剩下了三十公斤半的体重。住院二十个月，经过大小手术十三次，输血八十九次，身上插着氧气管、输液管、引流管，还有心电图监护仪的电极板，以致连翻身都受到了限制。躺在病床上，他的胸部微弱地起伏着，颧骨高高隆起，苍白的脸庞上布满褐色的老年斑，眼睛深陷着，已经不能再现往日那种发光闪电、炯炯有神的异彩。

总理的头脑依旧非常清晰，思维十分敏捷。面对已经叩响生命丧钟的死神，他态度安详，坦荡自若，风趣地说："马克思的请帖，我已经收到了。这没有什么，这是不以人的意志为转移的自然法则。"他知道生命属于自己已经时日无多了，便抓紧这最后的有限时光，安排好各项重要工作。大至取得毛泽东的支持，选定邓小平为助手，统筹四个现代化，遍及经济、科教、外交、军事和"全面整顿"，小到文件的归还、死后骨灰的处理，一一做出最后的交代。

1975年，对于中国来说，这是异常艰难的一年，举国上下在忧心忡忡中度过。而周恩来的病中岁月，更无异于在刀尖剑铓上翻滚，历经着百倍的痛苦熬煎。入秋之后，他的病情进一步恶化，癌细胞迅速扩散到腹腔内脏，转移到全身重要器官，引致周身上下剧烈疼痛，经常是浑身抖颤，大汗淋漓；各种镇静、止痛药物全然失去了作用。12月20日清晨，一直处于昏迷状态的周总理稍微清醒一些，便提出要见中央对台工作领导小组负责人罗青长。可是，待到罗青长匆匆赶到，护士却悄悄地告诉他，总理已经昏睡过去，请他在隔壁房间略等一下。直到中午时分，周总理才苏醒过来，亲切地招呼他坐在病床旁边，然后，翕张着干瘪的嘴唇，以微弱的声音，吃力地询问了台湾近况和在台的一些老朋友的现状，最后，郑重嘱托："不能忘记老朋友。"停顿了一下，又稍加解释："不能忘记那些对人民做过有益事情的人们，那些帮助过我们的老朋友，哪怕他一生中只做过一件有益于革命的事，比如还在台湾的两位姓张的朋友……"

罗青长在周总理身边工作了四十多年，听过总理多次部署对台工作。他知道，"在台湾的两位姓张的朋友"，首要的一位指的是张学良将军。总理多次同他谈过，张学良是千古功臣，是一位伟大人物，西安事变挽救了国家民族的一大危机，为中华民族促成了惊天动地的大团结。那么，另一位"姓张的朋友"呢？罗青长也晓得，指的是张镇先生。事情已经过去了整整三十年。1945 年 10 月，国共谈判正在进行中。在签订《双十协定》两天前，一直致力于国共合作的国民党要员、谈判代表张治中，举行盛大酒会宴请毛泽东等中共代表。不料，当晚突然发生八路军驻渝办事处秘书李少石途中遭国民党士兵枪击事件。闻讯后，周恩来立刻警觉起来，深为毛泽东的安全担心，于是，向出身于黄埔军校的旧相识、时任国民党重庆宪兵司令的张镇提出"派兵护送"的要求。张镇立即调来宪兵司令的座车，并亲自护送毛泽东返回红岩。第二天，张镇又进一步加强了警卫工作，凡属毛泽东参加的活动，他都亲自布置警戒。国共和谈协定签字后，张镇得知毛泽东一行要飞回延安，便亲自护送到机场。张镇后来去了台湾，但周恩来一直铭记着这件事，曾经嘱咐过罗青长："将来台湾解放了，一定不要忘记张镇的这一功劳。"弥留之际，又再次作了提醒，唯恐将来实际处理时有所忽略。

据张学良研究专家毕万闻提供资料称，是年 9 月，当周总理听说张学良患上了眼疾，有失明危险，感到十分焦虑，当即在一份批示中，要求有关部门查清具体情况，批示的最后三个字是："托、托、托"。这是周恩来生前无数份批示中的最后一份。

周恩来与张学良相识、相知于 1936 年 4 月。事情的起因是这样的：

1935 年 10 月，东北军的团长高福源，率领六一九团进攻陕北苏区榆林桥时，被红军俘虏，尔后进入政治学习班学习，聆听了周恩来、彭德怀等领导人的讲话并受到接见。这使他深受教育，主动提出，回去要面谏张学良，达成与红军共同抗日。经过研究批准，高福源带上了周恩来的亲笔信，返回东北军驻地，说是有重要机密要面陈张副总司令。张学良拆封后，见信中提出"中国人不应该打中国人，东北军应该调转枪口，对准真正的敌人，即在东北烧杀抢掠的日本军队。"他极表赞同，深受触动，决定与红军高层代表会谈，共商抗敌大计。这样，高福源便于翌年1月16日重返苏区，面见毛泽东、周恩来，转达了张学良要求红军派代表商谈的意见。于是，双方代表坐在一起，就联合抗日问题，进行多次秘密商谈，达成了互不侵犯、互相帮助、互派代表，并建立电台联系等项协议，在红军同东北军之间搭起了抗日民族统一战线的桥梁。

在此基础上，4月9日晚9时，时任"剿共"副总司令的张学良与中共中央副主席周恩来，在肤施（延安）清凉山下一个天主教堂里秘密会晤，商谈了停止内战，一致抗日的总体目标；讨论了抗日救国应走什么道路，联蒋抗日还是反蒋抗日等重大课题，以及通商、交通、互派代表、培养抗日人才等具体事项。商谈中一个焦点，是如何建立抗日统一战线，建立怎样的抗日统一战线问题。张学良认为："抗日民族统一战线，既然要争取一切可以争取的力量参加，那么，蒋先生也应包括在内——他是中国现在的实际统治者，全国主要军事力量都在他的掌握之中，财政、金融、外交等也由他一手包办。我们发动抗日战争，如果不把他争取过来，困难是很大的。"周恩来说："我们共产党并非不愿意争取他，而是考虑到可能性不大。蒋氏在中国面临亡国灭种的紧要关头，却一直鼓吹'攘外必先安内'，这与西太后的'宁赠友邦，勿予家奴'的卖国主张如出一辙。"最后，周恩来表示，只要蒋先生实行抗日，共产党和红军是愿意在他的领导下，捐弃前嫌，一致对外的。

5月12日夜，两人又举行了第二次密谈。

现当代党史专家认为，肤施会谈真诚、直率、平等、友善，为不同性质的军队在民族危亡之际，携手御侮，特别是为日后西安事变的和平解决，准备了思想上、组织上的条件，这是中国现代史上双边谈判的一次成功范例。

通过会面恳谈，两位高层领导人各自给对方留下了良好而深刻的印象。事后，周恩来兴奋地说："谈得真好呀！想不到张学良是这样爽朗的人，是这样有决心有勇气的人，出乎意料！出乎意料！"不久，他又致信张学良，说："座谈竟夜，快慰平生，归语诸同志并电告前方，咸服先生肝胆照人，诚抗日大幸！"同时，他又提示："抗日固足惜蒋氏，但不能以抗日殉蒋氏；为抗日战线计，为东北军前途计，先生当有以准备之也。"

张学良对这次会谈也感到非常满意，说："比我想象中好多了，我结识了最好的朋友，真是一见如故。周先生是这样的友好中，说话有情有理，给我印象很深，解决了我很多的疑难。中国的事从此好办了。"他知道当时红军经济上正处于窘境，遂以两万银元的私款相赠；回到西安后，又慷慨捐赠了二十万元法币。据红军军需账上记载，这期间，张学良共接济红军七十六万元。除了现金，还有弹药、枪械、粮食、医药、通讯器材等多方面的资助。据载，还曾提供军事情报予红军，建议红军进攻或转移之路线，推迟自己部下"剿共"行动进度，以利红军部署、调度。其间，中共联系人刘鼎同志多次前往西安，张将军都在金家巷副总司令官邸为他设置住所与电台，以确保安全。

为了阻止红军三大主力会师，进而"剿灭"陕北红军，蒋介石于1936 年 9 月 10 日，回戈西北，紧急部署军队，策划发动"通渭会战"。张学良将军当即把这一策划通报给中共中央。党中央于 9 月 13 日审时度势，适时提出以打击蒋嫡系胡宗南部为主要目标的"静（宁）会（宁）战役"计划，妥善应对。一个多月时间里，红军后卫部队与追剿的敌军展开了多次激战，成功掩护了三军主力的会师和休整，粉碎了蒋介石剿灭红军主力部队的迷梦。

两个月后，西安事变发生，周恩来应张学良邀请，飞抵西安，两人朝夕相处了八天，共商和平解决善后事宜。据《世纪情怀——张学良全传》一书记载，当时，张有千头万绪的事情等着商量：南京方面扬言要炸平西安，应该如何应对？国民党大老于右任要来西安安慰，应该怎样答复？宋子文要前来谈判，西安方面要怎样提出基本条件？对如何处置蒋氏，意见分歧很大，应该如何统一？……这一切，都有待商量，有待决断。书中记载：

　　十七日傍晚，周恩来一到，张学良立即热情地将他迎入公馆，然后促膝长谈，直到深夜。张向周介绍了有关情况，并谈了对蒋介石的想法后，征询周恩来的意见。

　　周恩来阐述了中共对西安事变的性质、前途的看法和处理方针。指出：西安事变是震惊中外的大事件，但它跟革命战争与群众暴动不同，它是趁蒋氏来西安视察，采取出其不意、攻其无备的做法捉拿了他，这不免带有一点军事阴谋的性质。把蒋捉住了，并不等于胜利；华清池扣蒋，既不同于十月革命中生擒沙皇尼古拉，也不同于滑铁卢战役后活捉拿破仑。因为蒋的政权没有被破坏，他的军事力量还原封未动，西安与南京已处于对立的地位。因此，对蒋的处置要十分慎重。

　　周恩来同意张学良的分析，根据国内外形势判断，蒋有被迫抗日的可能性；同时指出，西北的"三位一体"将是推动全国抗日民族统一战线的中坚。

　　周恩来接着谈了西安事变的两种截然不同的前途：一个是好，一个是坏。如果能说服蒋介石停止内战，一致抗日，就会使中国免于被日本灭亡，这样就会使中国的前途变好；如果宣布他的罪状，交付人民审判，最后把他杀掉，这样不仅不能停止内战，还会引起更大规模的内战，不仅不能抗日，而且还会给日本帝国主义灭亡中国提供条件，这样就会使中国的前途变得更坏。我们要共同努力争取好的前途，力争说服蒋介石，只要他答应停止内战，一致抗日的

条件，就释放他回去。还拥护他做全国抗日的领袖，这有利于发动
全面的抗日民族解放战争。

张学良认为，中共关于西安事变的分析、判断，以及处置这一重大
事件的构想，与他的观点、主张不谋而合；特别是对于共产党从全局利
益出发，捐弃前嫌，深明大义的胸怀与立场，感到由衷的钦佩；而周恩
来的高瞻远瞩，洞悉全局，过人识见，超凡气度，尤其令他极表敬服。
在此后的八天时间里，周恩来一直同他合作共事，精心筹划，巧于斡
旋，使他感到有了主心骨，有了帮手，大大地增强了信心。

此后便是长别，他们再也没有见面机会了。古人论交，有"十日平
原"的佳话，用以表明朋友间的暂时欢聚；周、张的几番密晤，也只是
"十日缘"——其实，满打满算，不过是八天加上两个夜晚——却建立
了历数十年不变的深厚友谊。

"我的眼泪是代表党的"

世人结交，多种多样。有总角相识，友谊深结，始终坚守不渝的故
旧之交；有相逢于危难之中，共济时艰，托契深重，甚至以性命相许的
患难之交或生死之交；有志同道合、情趣相投、声应气求的知己之交；
有向风慕义、精神上相互信赖、相互砥砺、事业上相互支持的道义之
交；当然也有趋炎附势，私利交接，彼此互为利用，势衰而交绝、利尽

而情疏的势利之交或市井之交。

　　周恩来与张学良兼具知己之交、患难之交与道义之交的共同特色。他们年岁相若，而出身、阅历、教养和成长的政治环境，则迥然不同，尤其是两人的个性、气质乃至处世方式差异很大，一为沉稳内敛，务实缜密，立身谨严，端庄肃穆，不苟言笑；一为狂放不拘，任情适性，诙谐幽默，无所顾忌，随意性很大，有时感情用事。但是，由于为人正直真诚，重义守信，顾全大局，富有政治远见等共同基点，使这两位时代的精英心心相印，一见如故，在国家、民族的公利之上，在相互尊重、相互信任的道义之上，泯除了出身、个性方面的差异，结为至交、挚友，情深义重，终始如一。

　　半个多世纪过去了，被周恩来誉为"民族英雄"、"千古功臣"的张学良将军，在接见祖国大陆《百年恩来》专题艺术片的摄制组时，盛情赞佩周恩来，说："他是我认识的共产党最伟大的人物……中国我只佩服几个人，周恩来是第一个。"

　　在回答"美国之音"记者问时，张学良说："我和周恩来能够相互理解。他反应很快，对情况的判断很准确，说话一针见血，不用对方多说话，就能准确地抓住要害，是个见识很广的人。我和周恩来虽然初次见面，却像老朋友一样，披肝沥胆，一见如故。"

　　显然，在他的心目中，周恩来属于圣人所说的直友、谅友、净友。刚一见面，周恩来就毫不客气地说："张将军既是集家仇国难于一身，也是集毁誉于一身的。您处心积虑，要雪国耻、报家仇，只是可惜，您把路走错了！""您要走抗日救国之路，就一定要走依靠人民群众的路线。"这番洞穿实质、直戳要害的谏言，对于彷徨无计、四面受蹙的张学良来说，不啻醍醐灌顶，当头棒喝。

　　而当得知张学良要亲自送蒋回宁时，周恩来立即赶往机场，想要劝阻这一莽撞行动；无奈，待他赶到时，飞机已经腾空而去。云天遥望，周恩来怅憾良久，慨然地说："汉卿就是看《连环套》那些旧戏中毒太深了，他不但要'摆队送天霸'，而且还要'负荆请罪'哩！看来，感情用事，总是要吃亏的。"后来，周恩来每当谈及此事，总是连声自责，痛悔自己"没有保护好汉卿先生"。

1946 年 1 月，在重庆召开的政治协商会议上，周恩来说："在刚才这几分钟的静默中，我想起了一个人，这个人是我的朋友，也是在座各位的朋友。今天我们在这里谈团结，这个人对团结的贡献最大，这个人就是促成停止内战、团结抗日的张汉卿先生。我们怀念他，诚恳地希望他能早日获得自由。"

同年 12 月，延安各界纪念西安事变十周年，周恩来在大会讲话中指出："现在，抗战已经胜利一年多了，然而张、杨两将军却被蒋介石幽禁了十年。这段公案，人民会起来给以正当的裁判。也只有人民，才会真正坚持释放张、杨。那些担保张、杨无事的大人先生和太太们，却早已忘恩负义，食言而肥。在纪念'双十二'十周年的今天，我们要求立即释放张、杨两将军，他们是有大功于抗战事业的。"

1961 年，在西安事变二十五周年纪念会上，周恩来在讲话中高度肯定了事变的重大意义，并对张、杨两将军表达了深挚的怀念之情。张学良的四弟、解放军海军参谋长张学思在给周恩来总理敬酒时，感情冲动，泣不成声。周总理也流下了热泪，他深情地对大家说："我的眼泪是代表党的，不是我个人的。二十五年了，杨先生牺牲了一家四口，张先生还囚禁在台湾，没有自由，想起他们，怎能不落泪呢？"

他不放弃任何机会，始终不遗余力地设法营救身陷囹圄的张学良，密切关注着他的安全与健康；不止一次地对来自台湾的朋友说："如果张将军的生命有个一差二错，我们就不好见面，不好说话了。"1958 年12 月，周总理听说西安事变中的担保人、已经定居美国的宋子文来到了香港，便托人代为传话，敦促宋子文为释放张学良做出努力。宋子文很不好意思，回话说，当时确有三条保证，停止内战、对日抗战这两条已经兑现了，至于确保张、杨两将军的安全这一条，"请转告周恩来先生，由于众所周知的原因，我实在无能为力，请予谅解"。

四十年间，周恩来无论是置身龙潭虎穴，谈判桌前折冲樽俎，还是戎马倥偬、辗转征途；抑或是执掌铨衡，日理万机；直至缠绵病榻，备受疾病熬煎，日夜与死神搏斗——不管处于何种境况之下，总是时刻记怀着这位相知相重的老朋友。每当谈到张学良将军时，他都是一改平素端庄整肃的常态，情绪非常激动，多次泪流满面。

不仅对张学良本人，连他在大陆的亲属，周总理也关怀备至。母亲死时，张学良年仅十二岁，胞姐首芳长他三岁，担负起照顾弟弟的责任。因此，姐弟二人感情甚笃。首芳后来嫁给了黑龙江督军的儿子，父亲张作霖死后，便被丈夫遗弃了，从此她情怀萧索，郁郁寡欢；西安事变之前，她一直跟随着张学良驰驱南北，颠沛流离；新中国成立后，张首芳定居北京，由于没有经济来源，生活出现困难。周总理得知后，特意为她调配了一处住房，并给她发放定期补助，保证其安度晚年。

长时期以来，周恩来总想给失去联系多年的张学良写一封信。只是，海峡两岸一水遥隔，要把信传递到受到严密控制的张学良手里，又不致给他带来危害，确是难乎其难。光是选择递信人，就大费周章。据张学良研究专家窦应泰考证，周总理写好了信之后，中央有关部门找到了定居香港的朱湄筠女士。她在台湾有许多亲友，本人又对祖国大陆情感深厚，特别是父亲朱启钤先生，晚年在京承蒙周总理和中央政府的厚待，心存感激。朱女士当即答应，要亲自出面转交密信。她于1962年4月到了台湾，一直等到10月10日才找到了机会。这天，张学良参加一项公开活动，她通过早年相识的一位朋友，把密封在糖果盒底层的信转交到张学良手里。老将军拆开这封天外奇函，看到信笺上赫然写着十六个字："为国珍重，善自养心；前途有望，后会可期。"从飞扬、凝重的笔迹和情真意切、文采斑斓的辞语上，辨识出这是出自周公之手。他为在北京的老朋友并没有忘记他，为这厚意深藏、一往情深的话语，为老朋友时刻以他的安全为重的周到细心、关怀备至而深深感动，顿时热血奔腾，潸然泪下。

政治引路人

"平时不下泪，于此泣无穷。"周恩来和张学良都是意志力极为坚强的人，是中外闻名的硬汉子。可是，为了张学良的被难，周恩来竟先后三次在大庭广众之中痛哭流涕；而羁身孤岛、沦为阶下囚的张学良，也以同样真情灼灼的泪水与之对接，从而汇成一股连接两岸、绵延不绝的情感涡流。

张学良把结识周恩来引为终生幸事。据毕万闻《周恩来与幽禁中的张学良》一文中记载，西安会面之后，张学良对周恩来一直感念不忘。1937年2月17日，东北军骑兵军军长何柱国受顾祝同的派遣，到溪口拜见张学良。张学良听了何柱国等人的汇报之后，公开地给杨虎城、于学忠各写了一封信，表示凡有利于国者，一切都无足顾惜，嘱告东北军将士和衷共济，"以期在抗日战场上，显我身手"；并要何柱国暗中转告部下："我为国家牺牲了一切，交了个朋友，希望各袍泽今后维持此一友谊。"这个朋友，指的就是中共及其领导下的红军，其代表人物就是周恩来。除了写给杨、于的两封信之外，张学良还背着看守，给周恩来写了一封亲笔信，要何柱国秘密转交。不久，周恩来就收到了此信。主要内容如下：

柱国兄来谈，悉兄一本初衷，以大无畏精神绥此危局，犹对东北同人十分维护，弟闻之甚感。红军同人种种举措，使人更加钦佩。弟目下（闲）居读书，一切甚得，请勿远念。凡有利于国者，弟一本初衷，决不顾及个人利害。如有密便，盼有教我。并请代为向诸同人致敬意。

信中"悉兄一本初衷，以大无畏精神绥此危局，犹对东北同人十分维护，弟闻之甚感。红军同人种种举措，使人更加钦佩"这番话，概括了周恩来在此一阶段卓绝艰苦、冒险犯难，对东北军所做的全部工作。周恩来后来曾说："在西安混乱的两个月中，说服东北军的工作，比张学良在西安时困难百倍。"这一切，张学良闻知之后，甚为感动，因而写了这封密信，对周恩来的"大无畏精神"深表敬意，对红军的"种种举措"表示感佩。

因为顾及张学良的人身安全，周恩来与何柱国从未对外披露过这封信。

1946 年 4 月 19 日，周恩来又收到监禁中的张学良从贵州桐梓县天门洞捎来的一封亲笔信：

别来十年，时为想念，（兄）当有同感。现日寇已经驱出，实最快心之事。尔来兄又奔走国事，再做红娘。愿天相早成佳果，此良所视想也。近日友人惨死数难，闻之为之一痛，只心吊而已。良一切尚好，勿念，余不尽言。

信前无称谓，后无落款，当是彼时险恶的处境使然。据有关学者考证，此信应为前往贵州探视的东北元老莫德惠带往重庆交给周恩来的。

张学良说过，他的一生，他的祖国，几乎被日本给毁了。他之所以发动西安事变，根本目的就是抗日。所以，信中说："现日寇已经驱出，实最快心之事"。鉴于周恩来抗战后在重庆重开国共和谈，因而有"奔走国事，再做红娘"之说。在张学良看来，"周恩来是极有才能、大胆的人"，对促成抗日民族统一战线和释放蒋介石起了重要作用。因此，抗战胜利后，他祝愿周恩来在国共和谈中"早成佳果"，使国家走上和平统一的富强之路。至于信中所谓"近日友人惨死数难"，有关学者分析，当是指"四八惨案"中王若飞、叶挺等所乘飞机在黑茶山遇难一事，以及发生在年初的重庆"沧白堂事件"、"校场口事件"。

出于同样考虑，此信也一直没有公开。

斗争经验极为丰富的周恩来深知，西安事变后，蒋介石对张、杨极为忌恨，杨虎城一家四口惨遭杀害，就是明证。在蒋介石败退台湾之后，周恩来担心大陆方面对张学良过于直白的关怀和赞誉，会刺激蒋介石脆弱而敏感的神经，致使张学良的处境更加险恶。因此，曾多次嘱告有关部门，所有涉及张学良的宣传、报道，都要严格掌握分寸，一定要顾及其人身安全。1974年，香港的一些朋友得悉蒋介石已经身染沉疴，想趁机发动舆论攻势，要求恢复张学良的自由。重病中的周总理得知后，在热情称赞这种伸张正义的行为的同时，耐心劝阻他们暂时不要这样做。周总理说：蒋介石还没有去世，但他对张学良的忌恨已经淡化了。你们这么一呼吁，戳痛了蒋介石的疮疤，可能会刺激他重演西太后的故伎，在自己临死前，对张学良先下毒手。

张学良愤慨于蒋介石背信弃义、践踏承诺，十年监禁使他吃尽了苦头；他自然渴望着尽早摆脱罗网，恢复自由，可说是朝思暮想，梦寐以求。这个机会终于出现了。1946年秋，蒋介石迫于各界人士呼吁释放张学良的强大舆论压力，派人前往贵州桐梓，同张学良"谈判"解禁条件。首要一条，就是公开承认：他联合杨虎城发动西安事变，是上了共产党的当，中了周恩来的圈套，现在，迷途知返，痛悔莫及。面对这场严峻的考验，张学良大义凛然，坚定认为，尽管获得自由具有极大的诱惑力，但决不能以说假话、出卖灵魂、亵渎感情为代价。他当即对前来做说服工作的人士说：

> 西安兵谏，事前我没有同共产党作过任何商量，我的部下也没有人事前向他们通风报信。兵谏后，我提出的条件，委员长不答应，南京方面企图搞混水，大兵压境，亲日派蠢蠢欲动，东北军内少壮派要杀蒋的情绪也已经点燃，一时剑拔弩张，西安形势极为危急，有违我发动兵谏的目的。在这样情势下，我彷徨束手，问策无人，才电请周恩来到西安来，参与对事变的解决，为的是实现联共促蒋抗日，拯救民族灭亡的危机。
>
> 又不是他们撺掇我捉的委员长，这怎么能说我是上了共产党的当呢？只能说在抗日的问题上，在不打内战的问题上，我与共产党取一致的立场，这也是中国人应持的爱国立场，这怎么能说我中了周恩来的圈套呢？我这个人可能什么都不好，但有一条，我不撒谎，不做对历史不负责任的事。如果为了换得自由，我就那么说，那我还是张学良么？

当然，张学良自己也承认，他之所以对周恩来终生感念，首先是他把周恩来作为"政治引路人"看待，认为周恩来是他长达半个世纪幽禁生涯中一盏闪亮在心中的希望之灯。1976 年 1 月，当他听到周恩来在京逝世的噩耗，累日伤怀痛悼，万分难过。他含着泪水对夫人赵一荻说："中国失去了一位传诵千古的伟人，我失去了一位终生难忘的故友。"后来，在与哥伦比亚大学教授唐德刚先生交谈中，他又提到："听人告诉我，周先生重病在身，得知我患眼疾有失明的危险，还让他身边的人查明情况，看能不能为我做点什么。这样知我重我者，天下能有几人？"邓颖超病逝时，已经身在美国的张学良，特意委托在香港的侄女前往北京，替他和夫人送上一个花圈，摆放在邓颖超的灵前。他极为珍视同周恩来夫妇长达半个多世纪的友谊，直到生命的结束。

这里有一个细节。美籍华裔学者、《张学良探微》一书作者张之宇，在整理《张学良日记》过程中，注意到这样一条记录：

1937 年 12 月 4 日

同刘、许等乘自行车赴安源，行约十五里抵矿区，遇该矿工程师张某，系营口人，比（利时）国留学生，导余等入矿洞参观。归来已黄昏。

张之宇曾提问：何以张先生对矿井探访有兴趣？答称：周恩来曾在深井做过矿工，故愿一探矿井工作情况。

说着，张学良长叹一声："我曾想在有生之年再见周先生一面，可是没有实现。这是我一生中最大的憾事……没能再见到周恩来先生的夫人，也是我的终身遗憾。"

"良"言"美"语

自从张学良与宋美龄这两位百岁老人在 20 世纪初相继病逝之后，世人都在艳说他们的世纪情缘。予不揣谫陋，写了一首调寄《浪淘沙》的词，以"瀛洲外史"笔名，刊载在海外一家华文报纸上：

> 百岁已堪奇，况此双兮！论交七十六年期。旖旎风流传韵事，烟景凄迷。　贵贱隔云泥，信守无欺。钟情直到夕阳西。一语千金承重诺，终始不移！

那种绵绵如缕，充满了罗曼蒂克、柏拉图式的浪漫、鲜活的情愫，无疑是纯真而动人的；但我觉得，较之"英雄美人"的风流韵事更为值得珍视的，还是建立在信任基础之上、根于良知的重情与守信。

为了展示张学良与宋美龄的持久友谊与信守承诺，现把他们的肺腑之言加以连缀，无以名之，就叫"良"言"美"语吧。

"如果当时没有太太，说不定还要猛追她呢！" (张学良说)

事情要追溯到 1925 年 6 月中旬。

张学良以当时中国最年轻的陆军中将兼东路军总司令的身份,莅临上海,以稳定局势,保卫上海居民不受外人欺凌为号召,对"五卅惨案"所引发的中外冲突加以调停。在一次鸡尾酒会上,结识了名震上海滩待字闺中的美女宋美龄。对于这位少帅,宋小姐于此前已有所关注。南京路大屠杀,上海全埠震动,中外为之震惊。赴沪前,张学良曾在天津《大公报》上发表了《致上海五卅爱国学生电》:

> 报载上海学生因援助失业工人,遭到英国巡捕的开枪射击,死伤多名。展读之余,曷胜悲悼。痛我莘莘学子,竟被摧残。莽莽神州,天道何在?积弱之国,现象如斯,凡我国人,宜知奋勉。兹本人类爱群之心,谨以廉俸所入,捐助二千元。即日由中国银行汇上,慰藉死伤。宵烛寒光,力难远济,聊以尽心而已。

在这泣血椎心、情见乎辞的电文后面,闪现着一位青年爱国将领的高大身影,这使早年留学美国、一直密切关注社会动向的宋美龄产生了良好印象。

一个俏男,一个靓女,出身、地位、年龄大体上相似,两人又都通晓英文,都有接受西方教育的文化背景。因此,他们一见倾心,都为彼此的高雅气质、出色才华所吸引。张称宋为"美若天仙";宋则称张为"莱茵河畔的骑士"。此后一些时日,绝代佳姝便与年轻而潇洒的将领,频繁出入于十里洋场,被目为两颗光华闪耀的明星。

从少年起,就接受过洋派熏陶、广见世面的张学良,十分谙熟交接礼仪,举止得体,风度翩翩,举凡打牌、跳舞、游泳、打高尔夫球,无不精通老到。这一切,都使这位沪上名姝感到欢欣快活。尤其使她为之倾倒的,是张学良反应迅速、辩才无碍的演讲才能。她万没有想到,张作霖这个"大老粗"的胡匪头子,竟然调教出这样一个"宁馨儿"。

身为少帅临时英语译员的宋小姐,这些天一直陪伴着他参加各种公开活动。据张学良研究专家窦应泰《影响张学良人生的六个女人》一书中记载：

这天，他接受了外国记者的采访。意大利记者提问："少帅对上海的罢工、罢学、罢市有何感想？"显然，这是一个刁钻而敏感的话题，如果答问中措辞不周严，则会造成与工人、学生、市民的对立；何况，作为一位爱国军人，岂有压制爱国运动之理！只见张学良淡然一笑，从容地回答：

我并不赞成国人自己牺牲过大。罢学会让学生荒弃了求学的光阴，而对手方面，正希望我们的学生无知无识；罢市，则华商日损三百万元，对手则不及十分之一。如果能即刻开市的话，不仅能够打败外国商人的垄断，而且能维持华人的生活，其效力如何伟大！罢工仅华商雇工，而对手雇用华工，则反而无一致举动。此乃等于我们自杀。而且我国正宜一致力赴，抵御经济侵略。今此现象，实非国家之福。因此，我本人并不赞成罢工和罢学。但是，我上海工人和学生的罢工和罢课，都是不可否认的爱国之举，我本人又颇感同情！……

说得理顺情通，颇为得体，使与会记者也都沉寂下来。宋小姐自然更为少帅的机智与辩才，打心眼里佩服。

在这段美妙的时光里，通过彼此的亲密交往，同样也使张学良对宋小姐产生了刻骨铭心的迷恋。转瞬间，六十多年过去了，他在"口述历史"中，追念前尘往事，还深情脉脉地说："当时我和还是小姑独处的宋美龄见面，惊为天人，极为倾倒……如果当时没有太太，说不定还要猛追她呢！"

后来的结果，大家都知道了，宋美龄于 1927 年 12 月在上海与蒋介石结婚。不久，蒋介石在北京第一次见到了张学良，恰好蒋夫人也在场。当他听到夫人亲热地招呼："Peter（张学良的英文名字），how are you?"诧异地问道："怎么，你们俩认识啊?"宋美龄笑着回答说："我认识他，比认识你还早呢。"

尔后，宋美龄也一直关注着少帅的行迹，当看到他稳治父丧，临危受命，毅然除掉杨、常两个亲日派元老，坚决维护统一，实施东北"易帜"，以及抓住战机而挥师入关、结束中原战事等种种作为，感到这位意气风发的青年将领确是一位了不起的政治家，从而平添了由衷的敬意。因此，当张学良抵达南京后，受到蒋介石与中央政府至为隆重的礼遇和接待时，她情不自禁地为之欢腾雀跃。当晚，她即在官邸设宴，以私人名义为张学良夫妇接风洗尘。几天下来，宋美龄与于凤至两人形影不离，结拜为干姊妹；蒋介石也主动和张学良换了金兰谱，结拜为异姓兄弟。

有资料记载，西安事变发生后，当张学良把惊魂未定的蒋介石安置到城内一间公馆后，蒋曾郑重交代："汉卿，在华清池的五间厅里，还遗落一个文件包，那是我随时随地带着的，是机密，万不可落入他人之手呀!"张学良立即赶到那里，文件包还在，打开一看，发现里面除了秘密的军事调防计划，还有张学良几年来给宋美龄写的书信，但似乎未被打开过。有的资料还谈到，1945年在陪都重庆，宋美龄曾经用笔名写了一篇近三万字的题为《往事如烟》的小说，字里行间好像在追述一段远逝的浪漫情怀。这些，也可能是"齐东野语"；但张宋二人的绵绵情愫，却是毋庸置疑、有目共睹的。

"我们对不起汉卿。"（宋美龄曾多次说）

张学良说："我认为蒋夫人是我的知己。蒋夫人对我这个人很了解，她说西安事变，他（张学良）不要金钱，也不要地盘，他要什么？他要的是牺牲。"

东北"易帜"之后，张学良跟定了蒋介石，可说是亦步亦趋，一切唯蒋之命是从，一切服从蒋的利益。这里有一个年表：

1929年，按照蒋介石的指令，他为中东路的纠纷，发起对苏联的军事进攻，结果遭到惨败。

1930年，各地军阀群起反蒋，他挥师入关，进行有力的军事调停，使得反蒋同盟土崩瓦解。

1931年，日军入侵东北，蒋介石告诉他"不要扩大事态，不要管东北"，他就不管，而后，自然就长期地背上了不抵抗的"黑锅"。

1933年，热河陷落，举国愤怒。蒋氏说，风浪太大了，船太小了，需要下去一个人，才能保住这条船。为了保蒋安全渡险，他主动下野出洋。

1934年，他欧游归来，蒋氏让他去武汉剿共，他就把东北军调过去剿共。

1935年，红军到了西北，蒋氏让他跟踪追击，他又把东北军折腾到了大西北。

张学良就是这样，一路听指挥，一路跟下去。但八年过去，他越来越觉得，跟着蒋介石干的结果，总是背时、丧气，连连受挫，越跟越倒霉，越跟越没有出路。尤其没有料到的是，听从蒋介石的调遣，千辛万苦奔赴陕北，蒋却又嫌他"剿匪"不力，蓄意要撤换他，实际上是在打"瓦解东北军"的主意。每念及此，他都感到"怀里揣冰棒——透心地凉"。而手下的东北军则怨声载道，疑窦重重——放着眼皮底下的日本鬼子不打，国恨家仇不报，却要跑到大西北，围剿抗日救国的共产党，真是岂有此理！

西安事变之前，他曾反复向蒋介石进谏，说，应该立即停止内战，一致抗日，否则，害民误国，终将成为千古罪人、民族败类。说到动情处，竟至声泪俱下。可是，蒋介石有他自己的小算盘，根本不管这一套，对张学良吼叫着："你现在就是拿枪把我打死了，我的剿共政策也不能改变！"看来，苦谏、哭谏一概行不通，最后只有兵谏一途。这样，就逼出了一桩"临潼捉蒋"的惊人壮举。

当南京方面了解到张、杨二将军和中共都无意加害蒋介石，而是真心希望和平解决这一事态后，宋子文、宋美龄相继前往西安参加谈判。在周恩来的斡旋下，双方最后达成一致抗日的协议。蒋介石在会见周恩来时，表示要以人格担保，回去后一定"停止剿共，联红抗日"。在这种情况下，才决定放还蒋介石，张学良并且要亲自送蒋回宁。后来他在"口述历史"中说："当时的考虑是，我亲自送他回去，也有讨债的意思，使他答应我们的事不能反悔。此外，也可以压一压南京亲日派的气焰，使他们不好讲什么乖话。"

其实，现在分析，张之决意要陪同前往，也同宋美龄的热诚劝驾、极力催促、全权担保有一定关系。因为从蒋介石角度看，张学良能够陪同他返回南京，这可以大大帮助他挣得身份，挽回面子。因此，当宋美龄看到张学良随她登上了飞机，一时竟感动得要哭出来，当即表示："汉卿，只要有我们在，你就自管放心去南京好了。"

应该说，宋美龄事先确实没有料到，蒋介石回到南京以后会变卦，会反扑。所以，当阎宝航去见她时，她还反复嘱托："请务必告诉东北军和西北军的头头们，张副司令用不了几天就会回去。大家一定要平静，凡事多想想，不要再生出事情。"见阎宝航有些迟疑，宋美龄又补充一句："我们去西安的时候，汉卿以礼相待，守了信用。现在，我们怎么会回过头来整汉卿呢？"此时的宋美龄，对保证张学良安全返回，还是信心十足的。而张学良的态度是："我是军人，自己做的事自己负责任，我没有别的想法。为了停止内战，我决心牺牲自己。"

回去之后，蒋介石就断然翻悔，根本不想践履"回到南京，一定要送汉卿回西安"的承诺，这使宋美龄倍感难堪，为自己失信于张学良，心里充斥着深深的愧疚。监禁中，张学良曾委托前去看望他的国民党要员张治中，向蒋介石转达他的两点要求：一是希望恢复自由，做一个普通的老百姓，什么事情也不做，哪里也不去，委员长在哪里，他就住在哪里；二是希望和看管人员一家分开来住，使自己有一定的自由和清静。张治中回到南京后，见到了蒋介石，还没等把话讲完，蒋介石的脸色便阴沉下来，只"啊、啊"地哼了几声，便转换了话题。张治中见状，只好告退。宋美龄听张治中说过情况后，长叹了一声，说："唉，文白兄，我们对不起汉卿哪！"

她曾多次向蒋介石痛切陈辞，要他珍视"领袖人格"，履行自己在西安的承诺。她说：张学良"和中国历史上任何为一己私利发动政变的人都不同，他是个不为官也不为钱的硬汉子。好在他重感情，所以大令才能化险为夷"。蒋介石只当作没有听见，在一旁默不作声。宋美龄接上又说：

> 这几天，子文同你吵了好几回了。他觉得没脸再见人了。在西安，我们是作过保证的。端纳先生也告诉我，他对这个结局很失望，打算辞去顾问，离开中国。
>
> 大令，我觉得你也应该好好想想，毕竟他们是为你出过力，冒过险的啊！

宋美龄一脸阴郁，眼圈微红，明显有哭过的痕迹。

> 冒险，冒险！在西安，有谁比我冒的险更大！华清池那天早上，弹雨横飞，乱枪四射，邵元冲、蒋孝先不就被他的部下打死了吗?！要是哪颗子弹偏一点点，打到了我蒋某人身上，你们现在还会为他求情吗？政治是要流血的，不是靠感情来支配的！

蒋介石余愤未消，气呼呼地说着，大口喘着粗气，手甚至有些发抖。他见场面有些不好收拾，又有意把气氛缓和一下，搭讪着说：

> 是他自己要来送我，又不是我蒋某人要他来的。可他来了以后，就由不得他了。再说，交军事法庭审一下，也不过走走过场。到时候我还可以特赦他嘛！

这一切，显然都是托词，都是假话。莫说特赦，即使监禁期限已满，蒋介石仍然不肯放他出来，死到临头还嘱咐儿子"不可放虎"，致使这个"好汉做事好汉当"的东北硬汉子，从大陆到台湾，遭到长达半个多世纪的监禁。

"宋美龄活着一天，我也能活一天。"（张学良说）

张学良说："夫人是我的保护神。"（西安事变后）"我没死，关键是蒋夫人帮我。蒋先生原本是要枪毙我的，这个情形，我原先也不知道，但我后来看到一份文件，是美国的驻华公使JOHNSON写的，他写道：宋（指宋美龄）对蒋先生说，'如果你对那个小家伙有不利的地方，我立刻离开台湾，还要把你的事情全都公布出去'。这句话很厉害。"

因为开罪于最高独裁者而遭到监禁、流放者，古今中外，屡见不鲜；但像张学良那样，一押就是五十四年，翻遍世界历史，也属于罕见奇闻。

对于张学良，蒋介石可说是恨入骨髓。恨他发动西安事变，打乱了他的"剿匪"部署，促使全国抗日统一战线形成，共产党在全民抗战的浩荡声威中得以壮大实力，终至战胜攻取，所向无敌；恨他让自己临潼受辱，在世人面前威风扫地，颜面无光。只是限于种种挂碍，所谓"投鼠忌器"，做不到将他寸磔、凌迟，"食其肉而寝其皮"；但起码也要像西太后所说的：谁让我一时不痛快，我让他一辈子不痛快！这样，就终身剥夺他的人身自由，长期关押，直至老死。否则，是无法解此心头之恨的。

当然，这只是一个方面。作为一个谋深虑远的政治家、阴谋家，蒋介石扣住张学良不放，除了感情因素，还有更深层的原因。他怕把这只桀骜不驯的"东北虎"放出来，会带来更大的祸害；怕三十万东北军在张学良统率下，重整旗鼓，再振军威，成为难以控制的异己的军事集团；怕已经解散了的"三位一体"重新组合起来，对他的"一统天下"再次造成巨大的威胁。

在蒋介石看来，最理想的抉择，当然是尽早把这一后患彻底铲除，免得"刺猬"捧在手里，终日提心吊胆。那些年，几乎是日寇的铁蹄每向前踏进一步，他都要向负责看押者亲自部署，将张学良转移到一个新的安全地方，以确保其不致趁乱脱逃，或者被劫走。最后，大陆已无安全之地可供押解，只好转送到孤悬海上的荒岛台湾。为了张学良，蒋介石可说是费尽了心机，熬光了头发。毫无疑问，一刀宰之，要比这样处心积虑，不知简单、容易多少倍；可是，他却舍此而不由，始终未敢对张学良狠下毒手。应该说，宋美龄在其间的制约、干预，是起着颇大作用的。虽然她"胳膊拧不过大腿"，不具备让蒋改弦更张的实力，但她总还有一定的威慑力与制衡力。于是，尽一己之所能，终于保住了张学良的性命，并在精神上、物质上予以必要的关照与安抚，尽可能地为张学良多做一点事情，以补偿自己的歉疚之情。

这里还有一个重要情节。据张学良的私人飞机驾驶员、美国人伦纳德 1943 年在回忆录中记载：

（送蒋回宁那天），少帅钻进机舱，坐在我旁边的副驾驶座位。稍后，我听到身后一个带着美国腔的女人的声音："准备好了吗?"我转过身去，原来是蒋夫人正坐在机舱左手前排。我回答说："准备好了。"夫人随声说，"好。离开这里，让我们快走吧!"起飞五分钟后，少帅面对我，示意要我向后看。我吃惊地发现总司令（蒋介石）的身影，他双目紧闭，脸色憔悴，躺在机舱唯一的长沙发上……我不时地回头打量一下机舱。蒋夫人看着窗外，脸上露出疲惫的微笑。

宋子文偶尔看一下文件，大部分时间都在休息。总司令还在继续睡觉。

我们到达洛阳时，天刚黑，当飞机降落在沙子铺设的飞机场时，学生和士兵朝我们涌来。当他们看见蒋夫人迈出舱门，便止步立正、敬礼，两名军官上前搀扶她。少帅跟着蒋夫人，刚刚站稳，四名士兵就拿枪对准他，一名士兵面向夫人带有请示口气："我们杀了他!"蒋夫人断然制止说："不许胡来! 让他独自走。"总司令被搀扶下了飞机，脚一落地，前来问候的人立即兴奋起来，他们把帽子抛向空中。有的人眼中闪着泪花，帮助总司令坐进汽车。少帅孤独地走向自己的汽车，爆竹在他腿边炸响，但没有人威胁他，蒋夫人命令给他贵宾待遇。

看得出来，实际上，离开西安后，少帅就已经进入"危难圈"了。也正是从此刻开始，宋美龄便担负起护卫他的责任。

"我向你保证：我没有忘记你。"（宋美龄给张学良的信中说）

事实证明，她并没有食言。

在羁身异域或者局处孤岛，面临着种种困境，加之身体一直不太好的情况下，宋美龄对于张学良仍然念念不忘，不时地致函、寄物，经常亲切地问候，表达关注之殷，感念之诚。这在张学良的日记中都作了翔实记载。

张学良身后留存四大箱信件，约有五百多封，多为数十年间同政界要人与亲朋至友的往来函札，其中以和宋美龄的私人通信为最多，计约百封以上，它们真实而明晰地记录了两人之间的诚挚友情。信函的书写，宋美龄多用英文，一直称呼张学良为"汉卿"；张学良则自称"良"，而称宋美龄为"夫人"。从往来书信中可以看出，宋美龄对于软禁中的张学良十分关切，尤其体现在生活上，可说是无微不至。她不仅经常送些珍贵礼物和日用品，还负责代为转递张学良在美亲人，特别是原配夫人于凤至托带的物品、信件。一向习惯于以英文写信的宋美龄，当得知张学良目力不佳后，便改用中文书写，甚是体贴周到。

张学良被押解到台湾的第二年，宋美龄也从美国来到这里。此后，他们便一直保持着通信联系，并先后有六次会面交谈。当时，台湾市场供应紧张，宋美龄不仅带给张学良许多食品、物品；还考虑到少帅对于在美妻儿的挂念，特意在写给张学良的信中，介绍了"凤姐姐"通过炒股赚取巨额收入，在美购置高级住宅；为追怀往昔，"凤姐姐"还按照当日夫妻二人在北平顺承王府居住时的格局，来设置加州的住所；并且通报了他们的次子患病的信息。"烽火连三月，家书抵万金。"何况是万里之外的结发妻子的信息！张学良铭感之余，当即展纸挥毫，给宋美龄复信：

夫人钧鉴：9月19日的手示敬悉。附所赐果物及凤至捎来的药品统统领到，夫人对良护念周至，使良感谢无极。

展读手札再三，并阅读剪报一则，闻知家乡事，心中情况难以笔述。夫人，大概您晓得海城是良的原籍，良祖父及上代的坟墓皆在该地，真不知今日是何景况。兹借东坡两句诗，可以代表良现下的心境："纵有锄犁与田亩，已无面目见丘园。"

夫人，请您不要这么挂念，良这里吃穿用度倒还算周备，假如

成功的失败者：张学良传

良必有所需，当再上烦钧听。

请释念，谨祝健康并请代叩介公钧安。

1950 年 4 月，张学良一连收到两封宋美龄的来信。在 4 月 11 日信中，宋美龄说：

> 自我返国，我就一直安排和你见面，所以未给你写信。但每次要去看你时，总是临时有事……但我向你保证，我没有忘记你……所以，下周末我将可以来看你。

张学良知道宋美龄身体一向不适，现在听说她要亲自到井上温泉来看他，便急忙复函，劝她"切请勿来，因路远而太坏，余可随时随地往见"。收到张学良的信之后，宋在回信中说："下周我应该可以和你见面，时间和地点我会通知你。"几天过去，张学良就接到通知，说蒋夫人安排约见。

张学良意念重重，辗转反侧，一夜未眠。早五点半出发，沿着崎岖的山路北行，六小时后到达大溪蒋家别墅，与宋美龄会面，备极亲热，畅叙了家常。这是他们到台湾后第一次相见。这一年，张学良五十岁，宋美龄长他三岁，两人都已过了知命之年。当年被宋美龄称为"年轻骑士"的少帅，头发已经谢顶，而宋美龄却风采依旧。两人见面，久久相对无言。一方心怀愧赧，却又做不了主，有心无力；一方心里憋着千般苦楚、万种委屈，但为了不致使对方难堪，也不好意思张口。吃过了饭，宋美龄问他可有什么要求，张学良提出，"想见见蒋先生"，又说他"需要一些钱"。

从窦应泰有关著作中得知，宋美龄于 1951 年 1 月 12 日，曾致信张学良：

自来台后，余忽对绘画兴趣浓烈，大有寄情山水，两眼皆空之感，而蒋先生也主张余以习画养性。余即延请黄君璧先生教山水，而郑曼青先生之花卉，乃是台湾首屈一指之翘楚，两位才华决不逊于张大千和徐悲鸿。如此一来，余反倒觉得每日过得充实起来，再没有刚来台湾时那种终日惶惶、神不守舍的情绪。

她把张学良奉为知己，通过信函倾吐自己的心曲。

1951年春节到了，在当时物品匮乏、米珠薪桂的境况下，宋美龄惦记着困处山中的张学良，派人从台北送过来许多年货，使张学良极为感动。他得悉宋美龄热心绘事，爱好书法，便从积年珍藏的文物中，挑选几样名家书画作为回赠。其中有一幅苏东坡的手卷《少年游》真迹，这是他早年以重金购入的，多年流离转徙，始终珍藏在身边，视同拱璧，轻易不肯示人。他觉得，唯有这件珍品，才足以表达他的浓情盛意。宋美龄在回信中说：

汉卿，得照片与手卷极美，多谢！早当致意，唯两年来苦于支气管炎，不便作书，目前始渐愈。

《生活》拟刊一文，附余画作照片，出刊后当寄奉一本。余习石涛、沈石田甚勤，以余师谓余笔法风格近此两家之故。然台岛难得真迹亲炙，尽力而已。

农历二月十二，宋美龄生日时，张学良寄去了贺寿函，听说她身体欠佳，特意问候。并从当地人手中购买了以原始方式织染的布料作为寿礼送去。不久，即收到宋美龄的回信："非常感谢你记得我的生日，你送给我当地（高山族）生产的布料，很可爱，我特别喜欢其亲和的颜色。"

1954年，备受神经性皮炎困扰的宋美龄再度赴美就医。返回台北后，立即写信给张学良：

> 我前两天刚回台北……在旧金山见到凤姐姐，她到医院来看我，次日我们一起吃晚饭。她能说英语，而且，她看来比我十年前见她时还要年轻十岁，我既惊讶，又高兴……她看起来很快乐，而且心神非常宁静，但她非常想念你。

宋美龄给张学良带来了收音机。当时台湾竹东山区物质条件很差，交通僻塞，尚不通电，与外界联系绝少。有时收到国外友人赠送的小型电器，张学良戏称之为"废物"。为此，宋美龄特意交代："我已装了电池，你打开就能收听。我希望它带给你乐趣。"

1957年7月14日，宋美龄又托人给张学良带来一盏台灯，信中说：

> 汉卿：近闻你患严重眼疾，寄美国台灯一盏，此灯不拘位置、角度，极为方便，余在美用之，甚感满意，另奉上旧金山糖果名产些许。另附汉卿家书数札。阅后，可将回信托信使带回，以便转达。

1958年5月17日，宋美龄突然来到西子湾张学良住所，使主人大感意外，措手不及。急忙偕赵四小姐与之相见，这是宋、赵两人第一次见面。寒暄过后，宋美龄巡视了各个房间，送了些糖果与鲜花。并告诉张学良，近日她将有美国之行，可抓紧写封家信，由她给带过去。

这年7月，张学良在日记中记道：21日上午，与宋美龄的秘书等商谈他在美的钱款事。25日上午9时，宋美龄派车将他接到阳明山士林官邸，两人作了一次长谈。分手前，宋美龄久久地注视着他，好一阵才说："你的问题，时间还要久哪！要有忍耐，这一切，都是上帝的安排……"

最让张学良感动的是，1959 年 12 月 24 日，宋美龄派人送来了一棵圣诞树，还有张学良家人的信札和照片。来人说，蒋夫人限时限刻，让给送过来，为的是让张先生能在圣诞节看到家人的来信，享受到节日的欢乐气氛。为了让这深厚的友情永远留存在记忆里，张学良在这令人难忘的时刻，坐在圣诞树前，让赵一荻为他拍了张照片。

1960 年 1 月 17 日，宋美龄借陪同越南共和国总统吴庭艳来高雄参观之机，到西子湾张学良家中探望，出于关切，同他商量了张在美国的存款如何管理，有关赵四小姐与于凤至问题等几件家事。

同年 4 月 5 日，张学良得知将要迁居台北，日记中特意注明："系蒋夫人的意思。"

迁到台北之后，相距很近了，宋美龄不时派秘书送来水果、杂志等各类物品。

从张的 5 月 30 日日记中得知，这天下午 4 点，宋美龄再次过访，事先并未通报，张"仓皇出迎"，"夫人再三询问寓所如何，并至卧室小坐"。主要事项，是要他到她的"私人礼拜堂去做礼拜"，Edith（赵一荻）不必随行，可到另一所礼拜堂去。

6 月 5 日，按照宋美龄的安排，张学良开始到士林礼拜堂去做礼拜。他悄悄地坐在最后一排，见众多国民党元老等上层人士早已坐定，一俟蒋、宋到后，牧师即开始布道。张在日记中写道："11 点 30 分许，礼拜毕，总统返出时，夫人特向余个人握手，使得众人注目。"蒋夫人的这一举动，实在出人意料；而消失在人们视线之外几十年的张学良的偶然露面，更是令人惊讶。"人生不相见"，"惊呼热中肠"；"焉知二十载，重上君子堂"！于是，张群、何应钦等党政要人也都上前问候；有的老朋友通报了名字，可是，张学良仔细端详，竟不认识，"再一细看，惊已改容，非言不识矣"。这是宋美龄精心策划、刻意安排的一个场面。她以握手问候方式，进行暗示，巧妙地让张学良在公众场合亮相。张在日记中写道："夫人深情"，"使我没齿难忘"。

成功的失败者：张学良传

又过了二十几天，宋美龄派秘书接张学良到阳明山官邸，告诉他：可以自选一块地方，自己建房。张学良有意在阳明山一带居住；宋的看法是，这里"太潮湿，宜夏不宜冬，应该另选他地"。这样，张学良便选定了北投复兴冈。

其间，宋美龄给予张学良影响最大的，是引导他信奉了基督教。1994年，张学良在《我信基督教的经过》一文中，就此做了回忆：

> 我年轻的时候，在奉天常到基督教青年会打球，在那里认识了不少的基督徒。有时候我到那里听演讲……无形中，我也对基督教有了好感。后来因为我进奉天讲武堂，毕业以后到军队里做事，就很少跟基督徒来往……到了台湾后，我感觉到需要有一个信仰，那时候情报局派到我们那里负责的人是佛教徒，他就跟我谈佛教，也为我安排去见在新竹的几位佛教法师。我同他们谈了几次，也买了许多佛教的书来研究，一直到我们搬到高雄要塞。有一天，蒋夫人来访，她问我看些甚么书，我告诉她我正在研究佛学。她就说："汉卿，你又走错了路。你也许认为我信基督教是很愚蠢。但是，世界各国许多有名望、伟大的人物都是基督徒，难道他们都是很愚蠢的人吗？"她说她希望我也研究基督教。

尔后，宋美龄便为张学良请了三位教师，给他讲授英文、讲解《圣经》。宋美龄希望他通过信教，"摇首出红尘"，取得心定神安，摆脱政治上的纠葛，排遣掉心中的愤懑不平。这样，他就成了一个虔诚的基督徒，赵四小姐也跟着他一起信奉了基督教，并最终促成了两人的正式结婚。

2001年10月，张学良在夏威夷仙逝。消息传到纽约，宋美龄忆起两人长达七十余载的深情厚谊，感到无限的悲痛。经过多时的静默，她特意委托辜振甫（曾做过蒋介石的日文翻译）及夫人严倬云专程赶赴夏威夷，代表她参加张学良的追思礼拜与公祭。追悼会上，辜氏夫妇将一束署有"蒋宋美龄"的十字架鲜花，置于张学良灵前。

"只要夫人活着，我就要把秘密守住。"（张学良说）

张学良坚持要到 2002 年以后，才向外公布"口述历史"及西安事变有关资料；还曾对日本 NHK 电视台记者说："不要采访西安事变，我不想谈，说了会伤害某个人。"

我们可以猜测：张学良唯恐伤害的"某个人"究竟是谁？既然与西安事变有关，那我们不妨用"排除法"一一进行过滤：西安事变主要当事人中，不过五六位。其中，蒋介石、宋子文早已故去，周恩来、杨虎城也都作古了，当时仍然在世的，只剩下他和宋美龄两个人。显然，这个人非宋美龄莫属。据张学良预测，他自己活不过 2002 年；宋美龄大他三岁，估计到 2002 年，恐怕也就不在了。那么，为什么他在这里偏要"卖关子"，只说"某个人"而不直接点出来？用意也许在于，直接挑明了，本身就是一种伤害。

唐德刚教授认为，张学良有意维护对他极好的宋美龄，怕有些话说出来，会使蒋夫人受窘为难。可是，如果按过去大家所知道的，似乎也没有什么内容可以谈到"伤害她"。由此我们推测，当年的"协议"中，大概还有未曾公开的内容。联系西安事变当时政治、军事的实际，人们猜测，可能包括两个方面：一是，当时蒋曾经许诺，回南京后，任命张学良为全国抗战副总司令；再就是，改组南京军政班底，比如，撤换亲日派何应钦等。这些，作为必要的条件，是由宋氏兄妹当场担保之后，才做出释放蒋介石的决定的。而且，为了给蒋介石壮声色、留颜面，也是由宋美龄出面动员张学良才亲自陪送的，并且做出庄重承诺，确保去了之后如期返回。

可是，蒋介石却翻脸不认人，不但所答应下来的条件一一翻悔，说了不算数；而且，一巴掌把张学良打入了"十八层地狱"，让他永世不得翻身。对此，宋美龄自然深感愧疚；而张学良将军却抱着感恩思想，讲道义，重然诺，设身处地，体谅宋美龄的难处，始终不愿翻出旧账，以免伤害了她。张学良曾经说过，在他的生命中，有两个女人对他恩重如山，一个是无怨无悔地陪伴他七十二载的赵四小姐，另一个就是力保他不死的蒋夫人宋美龄。即此，也足能看出张学良的守信重义，宽以待人。

在我们号称"礼义之邦"的泱泱华夏，自古就流传下来"挂剑空垅"、"一诺千金"的美谈。春秋时期，吴国的季札北行出使，路经徐国，拜见了徐君，徐君很喜欢季札所佩的宝剑，可是不好意思说出来。季札看出了徐君的心思，但是，衔命出使，代表国家，不能不佩带宝剑，因此未能即刻脱手相赠。等到他出使回来，再次途经徐国，马上想到要把宝剑赠与徐君。没料到，徐君已经去世了，感伤之余，季札便把宝剑挂在徐君墓前的树上，然后，才安心地离开。随从人员不解地问："徐君已经死了，为什么还要挂剑空垅呢?"季札说："话不能这么讲，当初我已经心里答应送给他了，不能因为他不在了，便违背了自己的本意。"至于"得黄金百金，不如季布一诺"的故实，则是发生在汉代的事情。总之，都是远哉遥遥的陈年旧话了。

及至近代，世道浇漓，人情薄如纸，早都把这些老古董抛到了九霄云外。莫说是心中的暗许，即便是"红口白牙"当面承诺的事，到头来，都一股脑儿丢在阴山背后。蒋介石此其尤者。当然，这也是古已有之的。什么"剖符作誓，铁券丹书"，什么"金匮石言，藏之宗庙"，到头来一概都不管用，照样是说关就关，说砍就砍，毫无信诺可言。正因为这样，今天记下那些"良"言"美"语，还是不无警示与借鉴意义的。

史里觅道

专修明史

许多政治家都喜欢历史，张学良将军也不例外。尤其对明代的历史，他情有独钟，且研习有得，别有会心。

多年的家塾教育，使他有机会读到《左传》《史记》《资治通鉴》等大量史书，从而培养了对国史的兴趣。进入 19 世纪 30 年代，他开始接触明代的历史典籍。当时正处于戎马倥偬之际，时读时辍；后来，受到刑事"拘管"，余闲时间增多，有条件集中研读明清史籍，而且写了大量批注和心得笔记。这样，一直持续到五十年代中后期，信奉基督教之后就渐渐中止了。二十余年间，无论是在南方数省，奔走道途，流离转徙，还是羁身台湾孤岛，闷对幽窗，读史成了他的一门常课。

他被押解到台湾之后不久，曾托人给在大陆居住的大姐首芳带去了一封信，说他"眼睛花了，小字书看不大清楚"，请她在北平或者西安"买一部大字本《明史》，打箱寄来，千万别叫它受湿、污损"。信中还特意嘱咐："注意是《明史》，可不是《明史纪事本末》或《明纪》《明鉴》等等"；"我很需要，等着看，并且要在书上面胡批胡写，所以，纸张不可要一碰就破的"。

一次，他致函友人，说："光阴如流水，转瞬已是十易寒暑。在这悠长的岁月中，我实在读了一些书，并且对于读书发生了浓厚的兴趣。

近来喜欢治史，尤其爱读变乱时期的历史。"这期间，有关明代的史实史观，成了他经常挂在嘴上的话题。在同一位老朋友私下交谈时，他发表了如下见解："现在就是明朝末年那个样子。大势已去，人心全失，政府官吏和带兵军官都是暮气沉沉的，积习太厉害了，我看已经无可挽回。老百姓实在太苦了。"其时，大陆这边内战烽火高燃，国民党正调兵遣将，外围内剿，其势汹汹，摆出一副不可一世的架势。

　　读明史，他往往侧重于人物的考究。对于抗击倭寇的戚继光和战胜荷兰殖民者、收复台湾的郑成功，他十分钦慕。心想，这两位民族英雄都是在三十几岁的青壮年时期，就为国家统一建立了丰功伟业；可是，自己……思来想去，常常恨愤交织，终夜无眠。而对于那些丧失民族气节、觍颜事敌的"贰臣"，则满怀着鄙夷之情。

　　明末文人钱谦益，官至礼部尚书，降清后，仍作礼部尚书，历来遭到史家的讥议。连他为之效力的清王朝的皇帝，也很是看不起他。乾隆帝就因为他"大节已亏，不齿于士林"，下令将其所著书及版刻全部禁毁，并作诗加以嘲讽：

> 平生谈节义，两姓事君王。
> 进退皆无据，文章那有光？
> 真堪覆酒瓮，屡见咏香囊。
> 末路逃禅去，原是孟八郎。

"覆酒瓮"，是说著作毫无价值，只能用来覆盖酒缸。"孟八郎"，禅林用语，用来形容那类不依道理行事、强横暴戾之粗汉。

　　张学良看后，觉得快然于心。

　　1947年，张学良被羁押到台湾新竹，旧日老朋友、东三省元老派人物莫德惠从南京赶来探望他。交谈中，张将军披露心迹，说自己很想成为一名历史学教授，在台湾大学讲授明史，也想在中央研究院历史研究所当一名研究员。他甚至曾经幻想，能有机会仿效宋、明两代的大学者朱熹和王阳明，设坛授徒，讲学明道。

台湾《传记文学》杂志社社长刘绍唐曾说："张学良久修明史，成绩卓著，如能成书，则将裨益史学界。"遗憾的是，张学良的研究成果，一直未能公开，也不知道他的那些学术笔记是否留存下来。

而他自己，对于专注明史研究的这段时光，却是十分留恋与怀念的。后来，他说：

> 我本来对历史感兴趣，因而热心于明史研究，收获不少。我写过很多关于明史的文章。可是后来彻底放弃了，至今还有些留恋。当然，历史上记载的事，未必都真实，我从最初学历史时开始，一直作笔记，明史上错处不少。中国史官作的史书却有很多虚假。我研究明史时，从朝鲜史的文献中发现了关于永乐帝的资料。历史研究中竟有这种事，我若全说出来了，往后研究历史的人便会失去了乐趣。
>
> ……
>
> 我读历史所得的启示，发觉世间最有权威的人，是学术最为渊博的人。没有学术，不足以治人。或者说，世间唯一可以治人者，唯学术而已矣！

在他八十九岁生日时，他再次同朋友谈到治史的体会：

> 我本来想写中国的动乱史，在溪口时蒋先生就送了我一本《明儒学案》，叫我看。我本想研究清史，但明清是一体，要知清史必先知明史，我就托人买了一大堆明史的书来看，还拿了个大盒子做卡片，后来觉得"尽信书不如无书"，许多史书不但看法不全面，还经后人的删节。比如说《明实录》，我看了觉得真差，比我这文

笔不好的人还不如，后来才知清朝人把它删了，怪不得文气不顺。

张家父子与李家父子

想不到，历史、特别是明史，竟有这么大的魅力，叫老将军一迷至此！

我们不妨从内因、外因两个方面来探讨这个问题。1982年台湾《联合报》记者于衡访问他时，他曾说，读史书是为了"增加治国、处世的本领"；"我研究明史的动机，是由于中国一直被外国欺凌，想从中找出原因。因此，计划先研究明史，接着研究清史，再及于民国史。"在他看来，有明一代，大半时期处于紧张、动荡的内忧外患之中，这一历史背景与他所亲身经历的现当代，相似之处颇多，把这一大段历史摆弄明白了，有助于分析研究政府内外政策的擘画与制定。

他感到，研读历史同他的社会环境、个人身世、亲历亲闻结合起来，更有切肤之痛。明朝的内忧外患，大多发生在东北、华北。早期蒙古领主蠢蠢欲动，企图卷土重来，集中在东北、华北；中后期日本两次进攻朝鲜、窥伺中国，同样在东北、华北；尤其是最后数十年，后金崛起于东北，随之大举侵明，同长达二十年之久的国内农民起义势力，形成了三足鼎立、错杂交葛的政治局面。大体上说，同当下的现实情况若合符契，而且，这种日益尖锐的民族矛盾和阶级矛盾的主战场，都在东北、华北。这两个历史阶段，前后相距三百年，社会性质、时代背景迥然不同，而其内外政治格局与军事斗争形势竟然如此暗合，使他深感诧异。那么，通过相互间的比较、查勘，以及经验教训的总结，其启迪、昭示作用，该是不容忽视的。

这里还有一个有趣的现象。张作霖、张学良父子，作为清末民初的旧军人、旧军阀，统治东北约三十年。无独有偶，明末也有一对父子——李成梁和李如松，也可以说是"老帅"与"少帅"，同张氏父子一样，他们是土生土长的"东北佬"，统治辽东大体上也在三十年上下。尽管他们的出身、地位、影响及个性等存在着一定的差异，但相似之处亦复不少。李成梁，《明史》本传中称他"边帅武功之盛，二百年来未有也"。这位明朝末期的东北"老帅"，反对分裂，维护国家的统一，对后金的反明活动弹压甚力。1902年，章太炎号召推翻清朝时，曾大声疾呼："愿吾辽人，毋忘李成梁"。而张作霖，是在日本帝国主义入侵下，第一个面对自身存亡绝续这一严峻课题的旧军阀。他对日本人，既有抵制也有妥协；既想倚重又不愿将东北沦为日本殖民地，最后被日本人炸死。其政治修为自然与李成梁无法相比；但李成梁到了后来，"位望益隆，子弟尽列崇阶，仆隶无不荣显。贵极而骄，奢侈无度……全辽商民之利尽笼入己。以是灌输权门，结纳朝士，中外要人无不饱其重赇，为之左右"。这类行径，和张作霖相较，又大体相同。而"少帅"李如松，作为李成梁的长子，有"大将才"，"骁勇敢战，少从父，谙兵机"，这与少帅张学良也颇为相似。李如松的矢志抗倭，不屈不挠，奋勇杀敌的精神，在张学良看来，亦有"足堪楷模"、"我之先师"之感。

张学良曾先后担任国民政府的东北、华北军政长官和全国剿共副总司令。其职位、宠遇以及最后的悲惨结局，同明朝最后数十年抗满、剿寇的一些经略、总督、总理、督师、巡抚大臣，如杨镐、熊廷弼、孙承宗、袁崇焕等人，也不无相似之处。特别是那个饱受攻讦的高第，更使他感慨万端。"九·一八"事变之后，他背上了"不抵抗将军"的恶名，一些不了解真相的人，曾在报刊上写文章，把他比作明朝末年的高第

——这位兵部尚书兼蓟辽经略，曾尽撤山海关外驻防之兵，使清军轻易占领了大片疆土。更有甚者，还有人骂他是"现代的吴三桂"。当时，他自然无法公开站出来加以剖白，但作为封疆大吏，终竟守土有责，对于自己的严重过失，也不能不深感愧疚。私下里曾想，确实有必要把明清之际这段历史搞清楚，用他自己的话说：叫作"挨骂也要挨个明白"。据沈醉等人后来的忆述，事后，张学良曾几次请求蒋介石，希望能找几位对明史有研究的历史学家交流切磋一番，但始终未获批准。

要破"心中贼"

诚然，研习明史，潜心读书，是蒋介石交代给他的；但读书有得，对上述种种加以探索、考究，却并非蒋氏的初衷。在蒋氏看来，读什么书，研讨哪些课题，都带有很强的目的性与针对性。哪里会让他去探讨什么清军入关抵抗不抵抗，明末李氏父子呀，还有什么《明实录》文气顺不顺呀！

1934 年，张学良被委任为剿匪副总司令，作为副统帅，他的职责就是奉命"剿共"。为此，蒋氏专程从南京赶到汉口，亲手送给他一部清初学者、诗人吴梅村写的记载镇压明末农民起义的史书《绥寇纪略》，让他了解明末"流贼"的猖獗和崇祯一朝的政事，以加深对蒋氏"剿匪"方略的理解，激发他"剿共"的决心，于开拓"铲共"战局有所裨益。可是，事情并不像设想的那样简单。张学良通过研读这部记述明朝覆灭前夕遗闻佚事和陕北多股义军起事的史书，别有会心地发现，目下政府"暮气沉沉"，"大势已去，人心尽失"，"跟明朝末年一个样子"。从明末陕北义军风起云涌的发展态势，他联想到了当今陕北工农红军驰骋疆场、所向无敌的现实场景。这么一"转向思考"不打紧，说不定已经为他两年后逼蒋"联红抗日"，凝铸成一缕强劲的心丝。这当然是蒋介石始未及料的。

按照西方史学的观点，一切历史都是当代史；对历史的解读，无法排除研究者主观的意向。从接受美学来说，读史也是一种自我发现，是在唤醒自己本已存在但还处于沉睡状态的思想意识。由于着眼点不同，同一部史书，蒋、张二人读来，竟有这么大的差异。这使人想起《史记》所载，面对秦始皇车驾出巡的豪华、恢宏的气派，刘邦脱口而出："大丈夫当如是也！"艳羡之情溢于言表；而项羽则滋长起觊觎的野心，大胆放言："彼可取而代也！"

在蒋介石心目中，张学良是一只烈性、任性且又充满野性的"东北虎"。早在西安事变之前，蒋介石就颇为这个血性磅礴的硬汉子不服管教，难于对付，深感头疼。尔后，张学良陪送他到了南京，无异于猛虎自动投笼，可谓天遂人愿，正中下怀。不过，蒋介石并没有为此感到轻松，甚至觉得左右为难——如何处置这个送上门来的"扎手货"呢？宰了他吧，不管以何种手段，都是轻而易举的，但限于内外多重因素的制约，不便动手，也不敢动手；留下来吧，又觉得总是一条祸根，一眼照管不到，早晚还会出事。

对于这种处境，张学良自己，当然也是一清二楚的。后来，他在同台湾著名企业家王永庆交谈时，曾经提到过，在蒋介石眼里，他"这个小家伙，是个刺猬，捧在手里，嫌扎得慌；放走了吧，又有顾虑，怕他出去闹事"。

那么，怎么办呢？蒋介石从四百年前的一位浙江乡贤那里得到了启发。明代哲学家、政治家王阳明，在围剿农民起义和少数民族"闹事"

的"百死千难"中切身体验到，对封建秩序造成巨大威胁的，除了有形的"暴民"，还有更危险、更棘手的东西，那就是潜伏在人们心中的看不见摸不着的反抗意识，所谓"破山中贼易，破心中贼难"。蒋介石把它看作至理名言，终身奉为圭臬。

实际情况正是这样。为了防备张学良逃逸和被人"劫狱"，蒋"委座"的办法多多，无论押送到哪里，都是如临大敌，布置三道防线，重重设障，严加看守，真个是：插翅难飞。可是，"锁身容易锁心难"。蒋介石还缺乏唐僧制伏孙猴子的"紧箍咒"。要想锁住这只"东北虎"的勃勃雄心，让它服服帖帖，彻底就范，单靠外面层层设防是无济于事的；还必须仿效王阳明的做法，亦即按照独裁者的意志去调教他、改造他，也就是"驯心"和"洗脑"。这就要靠读书了，读那些教人"明心见性"的古书。只要设法导引他钻进故纸堆中，沉潜于儒家的"四维八德"，纲常伦理，纵令不能立刻收到"脱胎换骨"的神效，起码也可以钝化其锋芒，消磨其意志，用蒋介石的话说：就是"研性理之学，收调教之功"。可是，蒋未料及，令张读史，却使他得以借机沉潜载籍，认识时代，以待世用，即所谓"十年读书，十年养气"是也。

"同是天涯沦落人"

经过一番斟酌、考究，蒋介石首先为"拘管"中的张学良选定了明末清初的大学问家黄宗羲编撰的《明儒学案》。

这是一部关于明代诸儒的学术思想史，其学问根底盖源于王阳明。全书六十二卷中，有二十六卷是有关"王学"及其流派的。里面有这样的论述："自姚江（王阳明为浙江余姚人——引者注）指点出良知人人现在，一返观而自得，便人人有个作圣之路。故无姚江，则古来之学脉绝矣。"关于"致良知"，王阳明指出："知这良知诀窍，随他多少邪思枉念，这里一觉，都自消融，真个是：灵丹一粒，点铁成金。"再一个要点，就是"格物"。王阳明说："格者，正也，正其不正以归于正之谓也。正其不正者，去恶之谓也。归于正者，为善之谓也。夫是之谓格。"王阳明把"物"定义为"意之所在"，因而，格物就是格心，也就是"正念头"。

蒋介石不枉推崇这位异代同乡一回，现在，终于派上了用场。他要让张学良通过研习王阳明的"心学"，使"多少邪思枉念，这里一觉，都自消融"，"正其不正以归于正"。期待着张学良也能像王阳明那样，来一个"龙场悟道"，深谙格物致知、为善去恶之旨。

三年后，不知是否出于蒋介石的有意安排，张学良果真被押解到了贵州的龙场驿，同贬谪到此地的王阳明一样，不多不少，在那里也居留了三年时间。不过，"改造"的效果并不符合预想。原来，张学良自幼便养成一种内在的反叛精神：你要我如何如何，我偏不听那一套，偏要随心所欲，另起炉灶。何况，在被拘管之前，他就已经形成了定见："儒家思想落伍。那是做官的哲学，我看不起。"现在所接触的，偏偏又是那一套满含教训意味的"老鸦声调"，所以，很自然地产生了一种排拒心理。

加之，对于王阳明一派的"心外无物，心外无事"的言说，他也很不以为然。《传习录》中有这样的记载：

（阳明）先生游南镇，一友指岩中花树问曰："天下无心外之物，如此花树，在深山中，自开自落，于我心亦何相关？"先生云：

"尔未看此花时，此花与尔心同归于寂。尔来看此花时，则此花颜色一时明白起来。便知此花，不在尔的心外。"

张学良从生活实际出发，认为这种说法毫无道理。他说：

因我心不动，可是风和幡仍在动。风动，幡动，如我心不动，则与我无关……我不看花，花仍在独立开放，可是我不来看，花与我何关？

不过，张学良也并没有"因言废人"。王阳明的学说，他不表赞同；但对其为人还是很欣赏的。《明史》中说，王阳明刚毅正直，"以直节著"。由于他仗义执言，不但忤犯了大太监刘瑾，还触怒了至高无上的正德皇帝，结果被贬谪为贵州龙场驿丞。"同是天涯沦落人"，他与王阳明有心志融合、情感互通之处。在龙场驿，他就住在阳明祠正殿旁的厢房里。每次出门都能看到祠门两侧的石刻对联：

三载栖迟洞古山深含至乐
一宵觉悟文经武纬是全才

对于这里的"至乐"和"全才"，他渐有体悟，心为所动。

王阳明遭贬之后，仓皇离京南下，刘瑾曾委派爪牙尾随在他的后面，准备暗中加以谋害。被他及时察觉，遂巧施脱身之计，把衣衫和鞋袜丢在钱塘江边，并附绝命诗一首，然后，迅即搭乘商船急驶舟山。谁知，这场人为的惊险刚刚躲过，便又遭遇到大自然的意外波折，海上突然刮起飓风，商船剧烈地颠簸，生命危在旦夕。他镇静自若，处变不惊，从容写就了一首题为《泛海》的七言绝句：

险夷原不滞胸中，何异浮云过太空？

夜静海涛三万里，月明飞锡下天风。

孤舟一叶，闯荡汪洋，险则险矣；他却视同浮云掠过太空，安危、祸福完全置之度外。想象自己如同一位天外游僧，月明之夜，手提禅杖，足踏罡风，乘着万里洪涛，飘摇自在，任意遨游。思通万里，胸开三界，诗中充满了禅机理趣。即使是面对谪戍荒边的苦难生涯，他也绝不心灰气馁，而是泰然处之，从容应对，终日不改其乐。

这对于同样处在患难境遇中的张学良，未始不是有力的现身说法。而王阳明"文经武纬"的"全才"，更为他所心仪。《明史》本传中记载："所将皆文吏及偏裨小校，平数十年巨寇，远近惊为神。"这也引起了张学良的兴趣。因为他在这个时期还满怀着热切的渴望，期待着有一天，能够施展他的宏伟抱负，驰骋抗日疆场，得偿杀敌报国的夙愿。

同是三十七岁

历史是现实的一面镜子。读史，面对的是古人，可是读着读着，却也常常能够照见自己的身影。在读明史过程中，张学良时常出现这种感觉。

这一天，他在书本上同杨升庵（即杨慎）打了照面。杨老先生比王阳明晚出生十六年，两人基本上属于同一时代，但其学术思想、政治观点却有很大的歧异。杨曾批评王的"心学"虚言无实,"使人领会于涉茫恍惚之间而不可着摸"。当然,二人也有相通之处,就是具有类似的刚直性格和惨痛遭遇。两人都因为刚正不阿,不畏权贵,而遭到贬谪、流放,又都在辽远的边陲,一为贵州,一为云南。不过,就苦难程度来说,杨升庵要大大超过王阳明,他活了七十二岁,竟有一半时间是在蛮荒谪戍中度过的。昔日的鲜花着锦、烈火烹油般的荣华富贵,瞬间化为乌有,由显宦的峰巅跌入刑徒的谷底。这种政治上的大起大落,对于他的打击,无疑是致命性的。张学良读书至此,顿起异代同怀之感。

读着读着,张学良又进一步发现:原来,王阳明与杨升庵遭贬之时,都是三十七岁。三十七岁!!!这回他可大为惊骇了:"我不也是三十七岁遭到拘禁的吗?"——真是"无巧不成书"!"关山难越,谁悲失路之人;萍水相逢,尽是他乡之客"。三个贬谪的刑徒,相隔了四百年,竟会有如此惊人的巧合!

不仅此也。他和杨升庵,都是出身官宦之家,都属豪门公子;都是少年得志,一为三军统帅,一为文场状元;遭贬之前,都曾大红大紫,名震神州;都是因为开罪于一个最高独裁者,而遭到残酷报复,终身监禁。

杨升庵的父亲杨廷和,官运亨通,历仕弘治、正德、嘉靖三朝,当了十八年宰辅。而杨升庵本人二十四岁中了状元,担任翰林院修撰和经筵讲官达十二年之久。早期仕途上,飞黄腾达,春风得意。后来,明武宗纵欲亡身,没有子嗣,遵照《皇明祖训》中"兄终弟及"之礼,由同辈中的一个庶兄弟继承了大统,是为世宗嘉靖皇帝。古礼:"为人后者为人子。"非嫡系之宗藩入继大统,即为前任君主之后嗣,不再作亲生父亲的儿子。而嘉靖皇帝为了提高其本宗地位,偏要否定这种礼制,追尊其生父为兴献皇帝。这样,就在朝廷内部掀起了一场"承认皇统"还是"尊奉家系"的所谓"议大礼"的激烈纷争。杨升庵心骄气盛,与其父亲一道,直接站在皇帝的对立面,坚持要皇帝以武宗之父孝宗为父考，而称其生父兴献王为叔父；并集众请愿，慷慨陈词："国家养士百五十年，仗节死义，正在今日！"嗣复联结群臣，撞撼宫门，大哭大闹，声彻殿廷。因而重重地激怒了嘉靖皇帝。十天内，两施杖刑，死而复苏之后，又把他流放到云南永昌卫，永远充军，发誓有他在位，"杨升庵永不叙用"；而嘉靖皇帝在位长达四十五年，这样，杨升庵一直到死也未能回朝任职，直到新的皇帝登极，大赦获罪诸臣，他才得以复官，无奈已经做鬼七年之久了。

这使人联想到张学良。蒋介石弥留之际，还叮嘱儿子："不能放虎。"结果，直到蒋经国也撒手西去了，张学良仍然没有活动自由。

同张学良一样，杨升庵的情感世界也是很丰富的，在苦难的生涯中，他们都有幸拥有十分惬意的爱情。杨升庵的妻子黄娥，也像于凤至一样，贤惠、多情、才华横溢。于凤至琴棋书画样样精通；黄娥则擅长吟诗作赋，是明代一位出色的女诗人。她们早年都曾同丈夫鹣鲽相亲，欢同鱼水，后来同样经历了惨痛的生离死别。于夫人与张将军长别半个世纪，最后形单影只，葬身异域；黄夫人与杨状元长别三十个春秋，独自埋骨乡关。

杨升庵获罪谪戍永昌，黄娥远隔千里，无缘得见，相思情笃，发而为诗，题为《寄外》：

> 雁飞曾不度衡阳，锦字何由寄永昌。
> 三春花柳妾薄命，六诏风烟君断肠。
> 日归日归愁岁暮，其雨其雨怨朝阳。
> 相闻空有刀环约，何日金鸡下夜郎。

在数十载的监禁中，张学良一直有红颜知己赵四小姐相依相伴；杨升庵也有两位如夫人围绕在身旁，茹苦含辛，相濡以沫。她们都是与丈夫休戚与共，生死不渝，以似水柔情纾解羁人的千般苦难，慰藉着惨淡人生，以爱的甘露滋润着他们的生命之树，从而分别寿登期颐和得享古稀上寿。

泰山与鸿毛

有趣的是，张学良年轻时曾经有过酣歌醉舞的轻狂岁月，过着纨绔子弟的放浪生活；而后半生则至端至正，同当年判若两人。与此恰成鲜明的对照，杨升庵作为世家子弟，从小困缚在封建礼教轭下，一切中规中矩，那真是"两眼下视黄泉，看天就是傲慢；满脸装出死相，说笑就是放肆"；可是，流放到了边荒徼外，就开始"脱略礼度，放浪形骸"了。据明人王世贞《艺苑卮言》记述：升庵贬谪滇中，当地一些部落的首领，为了得到他的诗文翰墨，常常遣使一些歌妓身裹白绫，当筵侑酒，就便乞书，杨即欣然命笔，醉墨淋漓裙袖。升庵在泸州，醉中以胡粉扑面，作双丫髻插花，由门生抬着，诸妓捧觞侍侧，游行城中，了无愧怍之感。

这当然可以看作是一种个性的解放。那种佯狂作态，放诞不羁，在一定程度上反映了杨升庵愤世嫉俗、玩世不恭的逆反心理，是对其终身罪废边荒的过苛处罚的消极反抗。其实，也是他全身远祸、养晦韬光的一种策略，一种方式。《明史》本传记载，嘉靖皇帝对他一直耿耿于怀，切齿痛恨，"每问慎作何状，阁臣以老病对，乃稍解。慎闻之，益纵酒自放"。从这一点看，升庵自知不为当道所容，"故自贬损，以污其迹"，实在也有其迫不得已的苦衷。正如他的挚友、重庆知府刘绘在《与升庵杨太史书》中所剖析的：

> 夫人情有所寄则有所忘，有所讥则有所弃。寄之不纵则忘之不远，讥之不深则弃之不笃。忘之远则我无所贪，弃之笃则人无所忌。无所忌而后能安，无所贪而后能适。足下之所为，将求夫安与适也。

看来，张学良羁身台岛时，养花莳草，信教读经，固有其消遣余生，颐养天年的考虑，但是，其间未必没有韬晦的深心。就这一点来说，四百年前的杨升庵，确也为他提供了一些立身处世的经验。不过，与杨升庵的佯狂作态不同，在张学良身上，始终有一种磅礴、喷涌的豪气在。他的精神世界总是在放纵着，冲决着，超越着。任侠好义，敢做敢当，轻死生，重然诺，这饶有古风的价值观，支配了他整个一生。

至于说到张学良与杨升庵两人"获罪"的根由，其间就更是存在着天壤之别。论其分量，可以毫不夸张地说，一者重于泰山，一者轻如鸿毛。张学良激于民族大义，同杨虎城将军一起，毅然发动了西安事变，逼迫蒋介石停止剿共，一致抗击日本侵略者，以失去一己的人身自由为代价，换来国内和平和全民族奋起抗日救国的新局面，结束了十年内战，甚至如国外评论家所言，"影响了一个大国的整个历史走向"。而杨升庵为之拼死相争的又是什么呢？无非是"皇父"还是"皇叔"，"继统"还是"继嗣"一类毫无价值的皇家礼仪，实在是堪笑亦堪怜的。

半个世纪之后，张学良接受中外记者采访时，有人问他"如何看待过去那段历史"，张学良镇定而平静地回答："如果再走一遍人生路，还会做西安事变之事。"我们不妨设想：如果杨升庵同样遇上这种场合，那么，他该如何作答呢？

超然心境

　　其实，张学良在长达一个世纪的人生历程中，政治生涯很短，到三十六岁就中止了，若再扣除童年和青少年就学阶段，不过十数年时间。可以说，在惨遭拘禁之前，张学良就已经铺设好了整个成功之路，矗立起一座"千古功臣、民族英雄"的耀眼丰碑；而杨升庵，无论是科第夺魁，翰林富贵，还是拼死哭谏，"以励名臣风节"，都还谈不上什么"名山事业"。若要说起他的生命价值以及功业、文名的实现，倒是亏得那段边荒谪戍的赋闲生涯。这又是张、杨二人的迥异之处。

　　杨升庵流放到云南之后，当地的贪官污吏忌恨他的刚直、廉正，企图进一步加害于他。面对极度艰难的困境，他"壮心不堪牢落"，"投荒多暇，书无所不览"，"好学穷理，老而弥笃"。在朝夕苦读的同时，著书四百余种，写作诗词近三千首，被史家称作"古来著书最富第一人"。他不仅经史、诗文造诣深邃，而且，在天文、地理、语言、戏曲、书画、医学、金石、博物等方面，均有建树。特别是在哲学、文学、史学方面，"拔戟自成一队"，取得了突出成就。从一定意义上说，他的失败促进了他的成功。"蚌病成珠"，仕途上的惨重蹉跌，为他学术、创作的巨大丰收提供了必要条件；而在物质生活上的损耗，恰恰增益了他在精神世界中的获取。他以摒弃后半生的荣华富贵为代价，博取了传之久远的学术地位。而且，在久居边徼的流人中，就其化育多士、敷扬文教、学术交流的善行来说，有明一代，亦当首推杨升庵。他的足迹遍布川、滇两省，当地士人无论识与不识，都载酒从游。一时，就学问道者塞满山麓，肩摩踵接。

尽管如此，在杨升庵的内心深处，总还存有一块难以愈合的创伤。这又和那段不堪回首的痛苦挫折紧相联系着。不要说后世的论者，就说他自己，数十年后，当以淡泊的心境回思往事时，恐怕也能够悟解，那场闹翻了天的所谓"悠悠万事，惟此为大"的"大礼议"，不过是"相争两蜗角，所得一牛毛"，实在犯不上为它而撼门痛哭，直至受杖殆毙，横遭几十年的流放，断送后半生的前程。这里交织着痛彻骨髓的悔恨心丝，同时，体现着一番彻悟，一份迟到的清醒。正所谓："人生过后方知悔，世事翻来渐悟迷。"

杨升庵晚年写过一部《历代史略十段锦词话》，上起鸿蒙初辟之时，下至元代，共分十部分，以弹词形式演绎中国古代几千年的历史。其中第三段《说秦汉》的开场词，是一首《临江仙》。清初，评点《三国演义》的毛氏父子，将它移入这部名著的卷首。结果，许多人误以为它出自早于杨升庵一百五十多年的罗贯中之手，弄出了大笑话。其实，大多传世之作都源于作者血泪交进的生命体验。除了杨升庵，又有谁能够具备这样深刻的人生感悟呢？原词是：

> 滚滚长江东逝水，浪花淘尽英雄，是非成败转头空。青山依旧在，几度夕阳红。　　白发渔樵江渚上，惯看秋月春风。一壶浊酒喜相逢，古今多少事，都付笑谈中。

"白发渔樵"是指名利场外之人，当然也可以看作诗人的自喻。他在这里获得一个俯瞰千古兴亡、冷对是非成败、闲看秋月春风的特殊视角。如果说，上阕的"诗眼"是"空"；那么，下阕的"诗眼"则是"笑"。由"空"而"笑"，是一番清醒、透辟的彻悟。任凭世事纷纭，千般变幻，诗人却兀自在一旁衔杯把酒，酌古量今，笑谈那些帝王将相、英雄豪杰拼死拼活、咬住不放的种种可悲可悯、堪叹堪怜之事。一副超然物外、从容潇洒的风姿，跃然纸上。酒浊神清，意浓词淡。愤火燃烧到白炽化的程度，也就没有了焰色。过分复杂、痛苦的事物，反而会转化为极度的简单、意外的宁静。

杨升庵还曾填写过一首调寄《南乡子》的词，寓意大体相同：

> 携酒上吟亭，满目江山列画屏。赚得英雄头似雪，功名。虎啸龙吟几战争。　一枕梦魂惊，落叶西风别换声。谁弱谁强多罢手，伤情。打入渔樵话里听。

这类词作，大抵上，既是诗人惨淡心境的真实写照，也是他赖以求得自我解脱，从一个方面放弃自己，又从另一方面获得自己的一种价值取向，有助于他平衡自己的心态，勉强挨过那段漫长而凄苦的谪戍生涯。

这种红尘了悟、浮云富贵、看破世事人生的超然心境，无疑会对张学良产生深刻的影响；但是，杨升庵的幡然彻悟、愧憾终生的意念，对于同样置身困境中的张学良来说，却是十分隔膜的。无论从他的大量诗词，还是“口述历史”以及与人交谈中，都找不到类似的心迹。英雄无悔，正是张学良的过人之处。

三点一线

　　说来，道理也很简单。我们考察一个历史人物的成败得失，无疑需要观照其整体，把握住全局，这是一条总纲；同时，还应特别关注几个要点，即命运的转捩点，生命的闪光点，人生的关节点，所谓"三点一线"。在命运的转捩点上，无论从主观抑或客观上说，杨升庵都是彻底的失败者；至于生命的闪光点，整个前半生了无可言；直到荒边放逐，才不得其宜地略现机缘，尽管置身逆境之中，但总算露了"晚晴"，通过自身才智的充分张扬，终于在人生关节点上，插上胜利的旗帜。但就个人来说，回首前尘，毕竟是伤痛累累，遗憾重重，因而，更多地还是怅惘，是悔悟。

　　而张学良则与此截然相反。他的命运转捩点与生命闪光点两相重合，这样，就使得他的后半生显得十分充实，且极富光彩。既谈不上愧疚，也无须更多的期待，完全处于一种怡然自得、快然自足的状态。当然，由于他的生命途程过于绵长，而且，处于社会剧烈变动时期，不可避免地要面对许多严峻的考验——这也就成了他的人生关节点。如果他一念有差，顿悔前尘，晚节不终，那就必将饱尝自毁丰碑的恶果。而他，整个做得十分完美，自然就会享誉于生前，且将流芳于后世了。

　　说到张学良的修为，令人想起苏联儿童文学作家盖达尔的一篇童话。

一个名叫伊凡的小男孩，发现了一块发烫的石头。上面刻着两行字："谁把这块石头搬到山上打碎，谁就能返老还童，从头活起。"小伊凡想到，应该把它送给看果园的残废老人，因为他受苦一辈子，孤单单的，瘸着腿，豁着牙，头发过早地白了，一道很深的伤疤弯过颊际，直到嘴唇，就算是笑也现出哭的样子。谁知，当小伊凡说明来意之后，老人竟然一口回绝。他说，你以为我老了，残废了，很不幸；其实，我是天底下最幸福的人。我这条腿是在推翻沙皇，举行起义时折断的；我的牙齿被打落了，因为在监狱里唱革命歌曲；我的脸是在与敌人作战时被马刀砍伤的。我活得光明正大，充满着理想追求，觉得精神很充实，很自豪。既然这样，为什么还要另一个生命，另一个青春时代呢？

看来，自得自足的心态，原是根植于无怨无悔的人生。

将军本色是诗人

"汉卿很会吟诗"

1929年1月27日，《新民晚报》刊载前清遗老、进士出身的金梁赠答张学良的一首诗，其中有这样两句："偃武修文新一统，将军本色是书生。"金梁曾受聘为张学良的塾师，娴熟经史，学富五车，对时人少所许可。应该说，这两句诗的分量是很重的。

202

说到张学良将军主政东北期间，在整军经武的同时，修文重教，兴办东北大学、同泽中学、新民小学，重视教育事业，筹建博物馆、图书馆，悉心保护并筹划重印《四库全书》，热心文化建设，这一桩桩或为筚路蓝缕，或为踵事增华的煌煌业绩，世人早经传颂，可说是没有任何疑问的；但若以书生本色、诗人根性许之，有人也许会瞠目结舌，起码是了解情况不多，不愿遽加认可。

其实，多种传记都作了详细记载，张学良在青少年时代曾受过系统的传统文化教育。他的父亲张作霖，对自己出身草莽之中，没有机会读书进学，缺乏文化教养，引为终生憾事，因此，发狠心要把他的长子培养成文武全才，以光大门庭，丕振基业。从七岁起，张学良就入塾读书，先后受业于六位硕学鸿儒，打下了坚实的国学基础。从军、问政之后，他仍然喜欢读史书、听京剧、赏书画、论诗文，纵谈今古逸闻轶事，交结一些饱学之士。几十年的拘禁生涯，更使他获得大量闲暇时间，除了读书治学，没有更多的事情可做。

这里摘录一段他的老朋友张治中的回忆文字：

> 我到台湾新竹的深山里去看望他，他的屋里摆了一些线装书，记得还有一部《鲁迅全集》，这部书大概他全部阅览过。他对我说，鲁迅笔锋锐利，骂人很厉害。还说他看过不少中国史书，对明史很有研究，还学会了作新旧体诗，那次他就作了一首给我，是一首七言绝句：
>
> 总府远来意气深，山居何敢动佳宾。
>
> 不堪酒贱酬知己，唯有清茗对此心。

时为 1947 年 10 月 30 日。明清时期称巡抚、总督为"总府"，张治中当时担任西北行辕主任，为一方之统领，故以"总府"称之。

203

1938 年 1 月，根据蒋介石的命令，拘禁中的张学良，由江西萍乡移驻湖南郴州，下榻在因西汉的苏耽在此修行成仙而得名的苏仙庙里。尽管监禁生涯已经一年过去，但锁得住身子锁不住心，这只活蹦乱跳的猛虎，还不时地狂咆怒哮。屋里待不住，他就爬上山巅，仰天长啸。还向身旁的于凤至念上几首古人的和自己的诗词。其中有一首是他新近写于拘禁途中的七绝：

> 剡溪别去又郴州，四省驰车不久留。
>
> 大好河山难住脚，孰堪砥柱在中流！

前两句交代拘禁的行程，由浙江（剡溪）到安徽、江西，又来到湖南（郴州），"四省驰车"，流离颠沛。用意在于引领出下面两句，这是重点所在。里面用了《晋书》祖逖"中流击楫"，发誓收复中原和《晏子春秋》中"以入砥柱之中流"两个典故。表达河山似锦而尽归敌手，又有谁能够锐身自任，砥柱中流的大局意识与热切期望。语语沉痛，感慨生哀，充分地彰显出他的"中原横溃，持何以救"的悲慨与忧怀。

凤至夫人对于诗文一道也很精通，听了之后，大加赞赏，说："汉卿，你真是很会吟诗作赋的嘛！"

"是呀"，少帅得意地说，"要不是老帅有意让我继承大业，投身军旅，说不定中国会多一个大诗人哩！"

一次，他站在山头上，望着天际的滚滚浮云和山下滔滔东去的郴江，蓦地想起八百四十年前，北宋词人秦观也是削官遭贬，远徙郴州，万般愁苦中，写下了那首凄绝千古的《踏莎行》词，下阕云："驿寄梅花，鱼传尺素，砌成此恨无重数。郴江幸自绕郴山，为谁流下潇湘去？"

问得好啊——郴江本来是环绕着郴山流的，为什么要灌注到潇、湘二水中去呢？原来，它耐不住山城的寂寞，便悻悻然流走了。可是，词人自己却没有这份自由，只好抱着重重苦恨待在这里。一种沟通今古、穿越时空的心灵感应，引发了将军的无边浩叹，"人生忧患，千古同此啊！"说着，两行清泪已经夺眶而出。

两个月后，张学良又被转移到湘西沅陵的凤凰山。这天，他与于凤至一起登上望江楼，眺望着会合于城西的沅水与酉水，眼底春波荡漾，帆影重重，风景依稀似旧，而人事不堪回首，顿觉"于我心有戚戚焉"，遂口占《自我遗憾》七绝一首：

> 万里碧空孤影远，故人行程路漫漫。
> 少年鬓发渐渐老，惟有春风今又还。

抚今追昔，感慨万千，苦涩的诗心、苍凉的意绪，昭然可见。看后令人感慨重重，历久难忘。

长于咏史

张学良饱览群书，博闻强记，脑子里储存许多古代的诗词名篇。他经常以诗词形式抒发那郁结难舒的情愫。抗战期间，张学良壮怀激烈，经常因为报国无门，仰天长吁，悲不自抑。他有时间就和身边的人谈论、诵读岳飞的《满江红》，文天祥的《过零丁洋》，秋瑾的《宝刀歌》。他说：

（这些诗歌）读起来多么激动人心呀！我常常这样想，如果有一点压力就卑躬屈膝，别说气节，就连做人的最起码的尊严也都丧失殆尽，这是最没有出息的，即使活着，又有什么意义？所以，我看还是文天祥说得好："人生自古谁无死？留取丹心照汗青！"

在他监禁息烽期间，根据有关人士提议，成立了由宋子文领衔的"张学良财产清理委员会"，全权负责处理张家的财产。知道这一信息之后，他立即给居住在西安的胞姐首芳写了一封家书。内容是：

……财产多少，在何处，我是弄不十分清楚的。除了爸爸给留下来的，我自己买的房子地，或者股票等等，不是为了好玩，就是为了帮朋友忙。我从来不十分注意它们的。我向来抱着"楚弓楚得"的原则，我希望您也是这样。咱们不会饿死的，就是饿死亦是应该了，"暴民暴物"，也不晓得做过多少罪孽事。"披发冠缨"为义，吾愿为之。如果因为钱财事，和人争长争短，那我是不肯做的。儿孙自有儿孙福，莫为儿孙做马牛。我现在想起了张江陵的一首诗，录于您，您看多么大气："千里捎书为一墙，让他几尺又何妨，长城万里今犹在，不见当年秦始皇。"我们亦当如此。

信中情理兼备，富有文采，里面含有多处典故。"楚弓楚得"，出于《公孙龙子》："楚人遗（失）弓，楚人得之，又何求乎？"意思是虽有所失而利未外溢，"肉烂在锅里"。"暴民暴物"，意为损害民众与财物；亦可分开解释，"暴民"谓凶暴作乱的人，语出《礼记》："暴民不作。""暴物"谓残害万物，语出《淮南子》："逆天暴物。""披发冠缨"亦作"披发缨冠"，语出《孟子》，意谓急于救援，来不及整理冠戴，披散着头发就去了。"为义"是从事义举。"儿孙自有儿孙福"一联，引自古时歌谚，强调让子孙自立自强，不要当"啃老一族"。张江陵，即明朝著名宰辅张居正，籍贯为湖北荆州，古称江陵。"千里捎书"一诗，流传甚广，一说为清代宰辅张英所作。信中不仅反映出汉公的博大胸怀，也显示了他的洋溢的诗才与深厚的学养。

1979 年中秋节，蒋经国邀约张学良、赵一荻夫妇到阳明山赏月。面对中天皓月，他触景伤情，当场挥毫题写了李商隐"来是空言去绝踪"这首《无题》诗。当写到"刘郎已恨蓬山远，更隔蓬山几万重"时，悲怀难抑，搁笔长吁，感喟身世、思乡怀远之情痛彻心腑。后来，他还把书写这首诗的手迹赠送给台湾《自立晚报》的主笔。

一次，他与前来造访的美籍华人张之宇女士谈心，引述清人吴梅村《怀古兼吊侯朝宗》中的诗句来感慨世风，针砭时事：

多见摄衣称上客，几人刎颈送王孙。

原诗为一首七律，这是其中的两句。诗中慨叹，战国时的魏公子信陵君养客很多，但真正能够像义士侯嬴那样，关键时刻以死相报，为了朋友置生命于不顾的却少而又少。"摄衣称上客"，指信陵君以至尊的上客礼遇侯嬴。"刎颈"，信陵君发兵救赵，侯嬴因年老不能从军，于信陵君（王孙）出发时，刎颈自杀，报答公子的知遇之恩。张将军引述这含蕴颇深的诗句，背后肯定是有所指斥的，但形格势禁，未便挑明，连张女士都没有弄清楚"示喻于笔者的又是什么"。

还有一回，他与张之宇谈起当时台湾国民党的政坛，感慨重重地引用了唐人刘禹锡的诗句：

> 玄都观里桃千树，尽是刘郎去后栽。

吟罢，久久地怆然无语。

当然，更多的情况下，还是自己撰写诗词联语，即兴咏怀，直摅胸臆。他的这些心血凝成的文字，都是时代的反映，心灵的外现，生命的体验。大别之可以分为咏史怀古、抒怀述志和友朋赠答三类，其中以咏史诗的成就为最高。

1928 年 3 月底，奉军沿京汉线南下，兵次邯郸，戎马倥偬中，张学良游览了赵故城。《军次游赵故城邯郸宫》两首七绝，就是这时候写下的：

> 沽酒邯郸大道旁，村人都说武灵王。
> 英雄应有笙歌地，不比吴宫响履廊。

> 光武艰难定洛中，滹沱一饭困英雄。
> 当年天下归心日，都在邯郸古赵宫。

前一首咏战国时的赵武灵王，后一首咏汉光武帝刘秀。通过咏怀与邯郸古赵宫有紧密联系的两位古代英雄君主，抒写作者追踵前贤，誓为中华民族建功立业的雄心伟志。

刘秀参加推翻王莽政权的农民起义，以恢复汉祚为号召，积极扩充军事实力，历尽艰辛，终于建立了东汉王朝，定都洛阳。他到邯郸来，是为了追杀在此间称帝的王郎。"滹沱一饭困英雄"，里面含有一个典故：王郎原本是个算卦先生，冒充汉成帝的儿子刘子舆，在邯郸自立称帝，靠着这块"正统"的招牌，迅速扩展了地盘，壮大了队伍。正在河北一带安抚郡县的刘秀，看到王郎以十万户的赏格悬赏捉拿他的通告，考虑到其时自身力量还比较薄弱，无力对付迎面之敌，便带上一拨人向饶阳遁去。到了驿馆，他们假冒王郎的使者，吩咐赶快备饭。由于长时间枵腹奔波，一个个饿得眼花迷乱，见着饭菜就你抢我夺，以致引起驿馆人员的怀疑，当即鸣鼓报警，刘秀等人只好仓皇撤离。可是，逃到滹沱河边，却无船摆渡，正在望洋兴叹中，突然发现河水神话一般迅速结冰，这样，才幸得安然脱险。后来，他又重整旗鼓，挥师北上，攻取邯郸，追杀王郎，住进了邯郸宫。检点往来文书，发现大都是奉承王郎、丑诋刘秀的，刘秀当众全部烧毁。有人埋怨，没把反对者的名字记下来。刘秀说，既往不咎，应该让那些忐忑不安的人安心睡觉。

张学良的诗作不仅立意甚高，而且，能够看出，颇谙写作咏史诗的使事用典之妙，采撷古史，熔铸新词，一一驱遣于笔端，仅用七个字就把上面那一大堆史实包举出来，韵味悠然，寄怀深远。

战国时期的赵武灵王，也是一位颇有作为的英主。他在位期间，积极运筹富国强兵之策，致力于军事改革，提倡胡服骑射，变车战为骑战，终于灭掉了中山，打败了林胡、楼烦等国，使赵国一度成为各诸侯国中的强国。他在万机之暇，常常以歌舞自娱，在邯郸修筑一座巍峨壮观的丛台，一以阅兵耀武，一以歌舞承欢。所谓"笙歌地"，即指邯郸宫和丛台。"响屧廊"是春秋时期吴国馆娃宫中的一条游廊。吴王夫差为了取悦西施，在游廊下放置一排陶瓮，上面铺上弹性好的木板，西施等美女走在上面铿然作响，清脆悦耳。诗的后两句体现着一种人情味，说明不应一概反对英雄合理有度的娱乐与消闲，只是绝不能像吴王夫差那样沉湎于酒色，以致破国亡身。

诗主性情，所谓"诗情"，其实也就蕴涵着"人间情味"。兵驻邯郸期间，少帅还曾去过丛台遗址，写了七言绝句《丛台怀古》：

> 武灵按剑却强胡，朝罢诸侯且自娱。
> 当日将才皆颇牧，君王歌舞有工夫。

廉颇、李牧，都是赵国的名将，时间稍后于武灵王。这里借用他们，来说明当时人才荟萃，猛将如林，所以，君王尽可以好整以暇，从容举事。这首七绝在叙述策略、表现手法上也十分讲究：首句说的是英雄业绩、壮士修为，用以区别那些无道昏君的沉湎酒色，这是诗章立意的大前提，属于必不可少的交代；次句暗中转折，进一步讲清楚是"朝罢"之后的"自娱"；一切铺陈完毕，导出全诗的意旨所在——赞颂人才，呼唤人才。感时伤世，吊古凭今，有着深沉的寄托。

咏史诗的写作特点，是使形象思维与逻辑思维完美地结合起来，既不是空泛地议论，也不能单纯地罗列史实而没有蕴含；而且，忌讳直白浅露，往往是用笔婉转，别有寄寓，言在此而意在彼，取材于历史，着眼于现实。张学良喜欢历史，熟悉古今掌故，因而常常选择"咏史"方式，借古人酒杯浇自己的块垒。1958年2月，他在台南参谒过孔庙和延平郡王祠，题写了两首七绝，其一曰：

> 孽子孤臣一稚儒，填膺大义抗强胡。
> 丰功岂在尊明朔，确保台湾入版图。

咏赞的是爱国名将、民族英雄郑成功收复被荷兰殖民者盘踞近四十年的台湾的英雄业绩，实际上正是作者的自况与自诩。诗的着眼点在于使台湾纳入中华版图，这也正是张将军"一统江山"的爱国主义思想的集中展现。将军此诗思潮飞卷，寓意深邃，既寄托仰念之怀，又抒写壮阔的胸襟。"孽子孤臣"，取自《孟子·尽心章》："人之有德、慧、术、知者，恒存乎疢疾。独孤臣孽子，其操心也危，其虑患也深。故达。"意思是，人之所以有道德、聪明、本领、才能，经常是由于他经历了灾患困苦。只有那孤立之臣和低贱的庶孽之子才能通达事理，因为他们时常警惕自己，虑远谋深。"强胡"一语，在郑成功那里，是指荷兰，当然也包括满清；而在张学良这里，便是指代日本。

郑成功的"丰功"，并不在于尊奉朱明王朝的正统，而在于收复台湾，使之归入中华版图；同样，张学良此举的"丰功"，也不在于尊奉民国的所谓正统，而是谋求东三省不致沦陷于外敌手中。

另一首七绝是：

> 上告素王去儒巾，国难家仇萃一身。
>
> 若是苍天多假寿，管教历史另翻新。

首句，"素王"，意为"空王"，指具有帝王之德业而未居帝王之位者，这里特指孔子。唐代诗人刘沧《经曲阜城》诗，有句云："三千弟子标青史，万代先生号素王。"张学良此诗属于有感而发，由于国难家仇萃集于一身，因而时刻想着摘去"儒巾"，上阵杀敌——老杜不是说"儒冠多误身"吗！第三句，是说如果天假以年。"假寿"，意为给予、借与寿命。通篇表明一种期望，一种寄托，展示杀敌报国、翻新历史的宏图伟志。

在此之前，他曾经在日记中写道：

假如阳明先生、总理（孙中山）能多享寿数十年，他们给人类的贡献，一定比现在大得多了。所以，我们为了个人的享寿，多活几年，少活几年，那是没有多大关系。如果以生民立命、继往开来之诚志，那么，对于养生延年，亦不可忽视。

即兴寓情

张将军的抒怀述志诗，多为即兴之作，有感而发，往往也都有深远的寄寓。

1930 年元旦，当时兼任东北大学校长的张学良将军，邀请大学全体师生和同泽中学的学生代表到北陵别墅，举行迎新联欢大会。他即席赋诗一首，作为节日的赠辞：

> 大好河山夕照中，国人肩负一重重。
> 男儿正要闻鸡起，一寸光阴莫放松！

"闻鸡起舞"，典出《晋书·祖逖传》。听到鸡鸣就起来舞剑，常被用来比喻有志报国的人及时奋起。

1935 年秋，张学良将军游览以"奇拔峻秀"名冠天下的西岳华山，怅望关河，风物与故土不殊，而自有存亡、得失之异。通过吟诗，把他系念东北，厌憎内战，渴望还乡抗日的心情展现出来。

　　　　极目长城东眺望，江山依旧主人非。
　　　　深仇积愤当须雪，披甲还乡奏凯归。

　　一年后的 10 月 23 日，他陪同蒋介石再度游览华山，又即兴吟咏一首七言绝句：

　　　　偶来此地竟忘归，风景依稀梦欲飞。
　　　　回首故乡心已碎，山河无恙主人非。

　　当时的情况是这样的：蒋介石听到许多关于张学良与陕北红军私相联络的信息，一时放心不下，特意到西北战场"剿共"前线来视察，以弄清真相。但他又不想露出惊慌失措、剑拔弩张的姿态，于是，到了临潼，便乘坐火车来到华山脚下的华阴。张学良、杨虎城早已等候在那里。他们刚开始爬山，蒋介石便指着"远而望之若花状"的华山，语意双关地说："西岳之胜在于险。偶一失足，便会掉到万丈深渊里。"

　　张、杨二将军听了，都晓得此时此地蒋介石说这番话的真正用意。而聪明绝顶的张学良将军，则借题发挥，申张他不忘国耻，矢志抗日的夙愿。意在说明，风景再好，如果不抵抗日本帝国主义的侵略，用不了多久，也会像我的故乡东北那样，被侵略者所占领，导致"山河无恙"而"主人已非"。这种爱国情怀，正是他一个多月之后，不顾个人安危，毅然发动西安事变的思想基础。

　　张学良被羁押到台湾后，东北政界元老莫德惠前来看望，他即席口占一绝：

　　　　十载无多病，故人亦未疏。

> 余生烽火后，惟一愿读书。

张诗长于用典。前两句，借唐代诗人孟浩然"多病故人疏"之句，反其意而用之，表达对故交不忘的感慰之情。"十载"写其已被羁押的岁月。后两句，反话正说，隐含着牢骚、愤懑之情。抗战期间，张学良曾致信蒋介石，要求出去抗日，蒋却叫他"好好读书"。这里的"惟一愿读书"，既属实情，也带有反讽意味——而今，抗日战争已经结束，"烽火"之后的"余生"，除却读书还能做什么呢？这使人记起了南宋爱国诗人陆游的名句："志士凄凉闲处老，名花零落雨中看。"报国无门，英雄没有用武之地，千载遥隔，同声浩叹。

转眼间，十年又将过去。1956 年，适逢蒋介石七十寿诞，张将军以一只珍贵手表为赠，含有岁时蹉跎，提醒蒋氏应该早予释放之意。蒋介石却还赠一只手杖，意在劝他安下心来颐养天年，不要抱任何幻想。张学良痛感失望之余，写下一首《夏日井上温泉即事》，以自嘲形式描述其懊恼的心境，具有很强的艺术表现力。

> 落日西沉盼晚晴，黑云片起月难明。
>
> 枕中不寐寻诗句，误把溪声当雨声。

1989 年 4 月，他应《张学良在台湾》一书作者郭冠英的请求，题写了一首七绝：

> 玉炉烟尽嫩寒侵，南雁声声思不禁。
>
> 好梦未圆愁夜短，虚名终究误人深！

题罢，他连声说："第一句不好，不好。"接下来开个玩笑，"不过，第三句倒可以送给女朋友。"

1994 年 1 月 5 日，夏威夷的一些京剧爱好者举行新春联欢会，并设宴招待前来这里的张将军。席间，这位九十四高龄的老人兴致勃勃地同大家一起讲故事、说笑话，写字、吟诗。这时有人拿来文房四宝，请他题字留念。他欣然命笔，题写一幅现成的联语：

　　　　惟大英雄能本色
　　　　是真名士自风流

友朋酬答之类，在张学良诗作中数量不算太多，有的精心结撰，有的信手拈来，尽皆切合身份，清丽可读。

　　东北"易帜"之后，张学良加强了与南京政府的往来，1929 年 2 月，国民政府行政院长谭延闿五十寿辰，张曾寄诗四首。其中第一首是：

　　　　一代谭公子，翩翩浊世中。
　　　　乾坤入胞与，时势起英雄。
　　　　子弟三湘北，旌旗五岭东。
　　　　玄黄今息战，应为首群龙。

诗格典雅端丽，对仗工稳，用语考究，极合赠答体例。首联以《史记·平原君传赞》中"平原君，翩翩浊世之佳公子也"的典故领起。接上，在颔联、颈联中，以主要篇幅颂扬对方的行迹。"胞与"一词，为成语"民胞物与"的缩写，语出宋·张载《西铭》："民吾同胞，物吾与也。"意谓世人皆为我之同胞，万物都是我的属类。这里的"胞与"，也可以作"胞泽"理解。尾联以"群龙之首"相期，极尽称扬之能事。"玄黄"指战乱，典出《易经》："龙战于野，其血玄黄。"

　　此类文字往往存有溢美痕迹，当属应酬诗作的通弊。但统观张氏的赠答之什，有一些还是造语贴切，浸透着真情实感的。且看这年 3 月张学良为悼念秘书长郑谦所撰写的联语：

往事话南陂忽省姓名伤鬼录
修词问东里忍将文字概生平

二十四字挽联，以高度凝炼的笔墨概括了逝者的修为与行迹。上联说他生前的治绩。郑谦在任江苏省省长期间，曾带头集资，整治严重淤塞、泛滥成灾的南京玄武湖，清除淤泥，扩大湖面，修筑堤岸，并在湖边立碑，要求世世代代保护好玄武湖，被人称为善举。"陂"为湖泊，也有堤防的含义。"鬼录"意为亡故，典出曹丕《与吴质书》："观其姓名，已为鬼录，追思昔游，犹在心目。"下联说逝者的文才。郑谦文思敏捷，有"下笔千言，倚马可待"之誉。任秘书长期间，举凡往来文书，均由他加工润色。"东里"也是个典故。春秋时，郑国贤人子产居东里。《论语·宪问》："东里子产润色之。"意思是，由子产对政令进行文辞加工。借此来称誉郑谦的文才。联语既紧扣本人的身份，又蕴含着深沉的思念之情；遣词造句，工丽古雅，情文并茂，堪称佳撰。

新诗寄趣

前面引述张治中先生的回忆，说张学良新旧体诗都会写，这并非虚誉。早在1946年，《新民报·晚刊》上就登载过张学良写于贵州铜梓囚禁地的两首新诗，后来，《新华日报》《解放日报》《东北日报》副刊都曾予以转载。一首题为《发芽》：

> 盼发芽早/
> 愿根叶/长的茂/
> 深耕种/勤除草/
> 一早起/直到/
> 太阳晒的/似火烧/
> 呀/
> 芽毕竟发了

另一首题为《顶好》：

> 到处打主意/
> 抢粪/偷尿/
> 活像强盗/
> 在人前夸口/
> 为的那样菜/
> 是我的/顶好/
> 呱呱叫

论者认为，前一首以"发芽"比喻抗战胜利，里面透出由衷的喜悦；后一首通过"抢粪"这一意象来讥刺蒋介石抢占胜利果实，饱含着辛辣的嘲讽。

张学良于1946年10月15日由桐梓经重庆小停半月，于11月3日到达台湾新竹市，初始投宿于市招待所。这是一座十分华美的日式建筑，与当地居民的陋室相比，差别很大。他在日记中写道：

早晨我起床甚早，巡视室内外及庭园，几乎使我泪下……仓促
中，我以铅笔写下了一首新诗：

台湾！台湾！
我信，我确信，
你会自为的长成，
成为这中国大家庭中的
一个好弟兄，
也许是一个很得力的弟兄！

台湾！台湾！
我盼望你，
我深切盼望你快快的长成。
你好比一些台湾的女性，
来台湾的人们，
有些败类，
只贪图你的色和肉，
看不见你的心灵。

台湾！台湾！
你值得留恋，
你的遭遇相当的可怜，
当中国被异族统制的时候，
把你抛弃。
这不是你的过错，

你有过可歌可泣的表现，

英勇的反抗。

作为一位伟大的爱国者，张学良在诗中寄寓了深切关怀台湾命运与台湾同胞的高尚情怀。

他还有一首广为传诵的《九十述怀》诗：

不怕死，不爱钱，丈夫决不受人怜。

顶天立地男儿汉，磊落光明度余年。

民族英雄岳飞曾有"文臣不爱钱，武臣不惜死，天下太平矣"的名言。张学良借用来表明自己的情志，掷地作金石声，读了令人感发兴起。

"久在樊笼里，复得返自然。"张学良晚年诗作，依旧是他的主体情怀、胸襟个性的写照，但诗风已有明显的转变，愤世嫉俗、金刚怒目式的慷慨悲歌有所收敛，形式往往是脱口而出，不事雕琢，更加朴素、自然。在通俗平易中，透出一种追求个性自由的情趣，表现出世纪老人丰富而复杂的个性，以及他对人生、人性独特的理解。

中国古代文学，诗词歌赋并提，以其作为文体有相通之处。张学良除了长于诗词、歌吟，还有赋体之作，传诵颇广的是作于上世纪 60 年代的《医巫闾山赋》：

医巫闾山为阴山山脉之分支，松岭越大凌河而来者，绵亘二百余里。高极四五千尺，迤东低落为大小黑山等，高不过百尺。虞舜封十二州，以此为幽州之镇；隋以医巫闾为北镇。其山拥抱六重，亦名六山。上有仙人岩，镌有吕仙像、补天石，明张学颜书刻。仙女洗头盆，清高宗有刻诗。可怜松，在一片光石上，生一孤松，高宗亦有题诗。产美石，《尔雅》称之为珣、玗、琪（此间珣、间玗等名之由来也）；有大庙，俗称北镇庙，祀舜妃、尧女瑛、娥（此间瑛、间娥命名之由）。建有行宫，为清高宗避暑处也。此山生于塞外，殊少骚士文人为之诗赋。名山有幸，如蒙大千描绘，不独可传之于世，亦可传于千古也。余为余乡谊之山庆。

原来，张大千先生定居台湾后，与张学良结为至交，常相过从。杯酌之余，汉公以作《医巫闾山图》为请。大千居士未曾亲临塞外，与医巫闾山缘悭一面，眼前又没有照片可供参考，汉公遂以文字为闾山写照。很快，大千居士即据此赋，画了一幅《医巫闾山图》，烟云氤氲，气象万千，自可传于千古也。汉公生前珍爱异常，现今，此画挂在女儿张闾瑛旧金山家中的客厅里。

不过真生日

1928年6月4日10时许，中南海西侧紧临春藕斋的万字廊——张学良将军的驻节地，正在举行着气氛热烈的小型宴会。杨宇霆、孙传芳和军团部高级人员以及少数亲友，齐聚一堂，为少帅祝贺生日。

这些天，同僚们的心情都很压抑。奉军节节失利，面临着十分严峻的形势，又兼日本人出面要挟，提出中日合资修筑铁路的无理要求，张作霖与日本驻华公使发生了面对面的激烈冲突，他声色俱厉地骂道："他妈拉个巴子的，岂有此理！我这臭皮囊不要了，也不能做叫子子孙孙抬不起头来的事情。"他见大势已去，决定接受张学良、杨宇霆的建议，下达总退却的命令和出关通告。

3日夜间，在前门火车站送走了老帅一行之后，杨宇霆、孙传芳就商定，明天要搞一个小型的聚会。因为少帅的生日到了，大家要借此机会庆祝一番，放松放松紧张的神经，老少爷们在一起，乐和乐和，也消消多日的晦气。

可是，世事茫茫，殊难逆料。任谁也没有想到，聚会刚刚开始，少帅就接到了发自沈阳帅府的特急密电：

雨帅皇姑屯遇难，速回奉料理善后。

这十四个字映入眼帘,不啻五雷轰顶,万箭穿心。可是,少帅立刻就清醒地意识到,此时必须冷静。于是,丝毫未现慌乱之态,镇定地告诉大家,返奉途中,大帅受伤,伤势不重,正在治疗之中。因为决策层要紧急议事,与会者也就在扫兴中悄悄散去了。

这是张学良在军中第一次、也是最后一次过生日。他感到非常沮丧。

"万事重经始,生民皆有初"。庆生辰,原乃人之情亦理之常也。人是最可宝贵的。这一天,不仅见证了一个家庭新的生命的肇端,也像树木的年轮、崖岸的潮痕,记录下岁月流逝的重重轨迹。因此,无分肤色,无分畛域,无分族群,也不论男女老少,都对年年此日,怀有一份特殊的情感,为祝为颂,饶有兴趣。

可是,对于青年时代的张学良来说,却是少有的例外,他对于过生日,一向持消极甚至抵触的态度。这和他的人生经历有着直接关联。同身旁其他人出生在灯光耀眼、净洁舒适的产院里或者温暖的家中,"哇哇"娇啼在火热的炕头上不一样,他落草在一辆飞驰着的马车上。他睁开眼睛环顾世界,最先入目的是大野的苍茫和天地的空旷。

当时,辽原大地,兵荒马乱,民不聊生。他的母亲赵氏怀着身孕,乘坐一辆农村的马车仓皇逃难,飞奔在乡间坎坷不平的土道上,结果提前把他生了下来。由于颠簸得厉害,他的小脑袋被撞伤出血,直到晚年疤痕还在。母亲抱着他躲进附近一个族侄家里,一住就是几年。到了五六岁,他才被接到新民府。他的父亲张作霖,原本绿林出身,接受招安之后,当了短期的月无定薪、夜无定所的"保险队"头目,处境也十分艰难。就是说,少帅的童年是在颠沛流离中度过的,家里根本没有条件办酒宴,让宝宝"抓周",吹蜡烛,他也没有吃过爹妈亲手擀的面条、煮的红皮鸡蛋。自幼,压根儿就没有形成"庆生辰"这个概念。

而且，人们常说："孩生日，娘苦日。"每逢自己的生辰，都会记起母亲临产、分娩的痛苦，所谓"哀哀父母，生我劬劳"。下至平头百姓，上自帝子王孙，任谁都没有例外。为此，古代的梁元帝、隋文帝都曾下令，在自己生日那一天，要为母亲吃素，以报答其苦难与艰辛。而张学良说到自己的母亲，更有一种迥异寻常的隐痛。由于产前惊恐、劳累，产后失于调养，经受风寒，生下他来以后，他的母亲就羸弱不堪，饱受疾病的困扰。日俄战争爆发后，外国军人在这里杀烧抢掠，村屯男女奔逃一空。母亲擦着泪眼，把几块银元绑在他的腰上，催他赶快逃生，嘱咐说："遇见面善的老头儿，跪下去给他磕头，捧上现洋，请大爷送你到城里，去找你爸爸！"他惊恐地问："那！妈，你呢？"妈妈哭了："你不要管我！乱离人不如太平犬，活着又有什么意思！"过后不久，母亲就病死了，时年三十八岁。

"我的母亲没有享过一天福！"张学良后来悲愤地说："如今虽然极荣鼎盛，光耀世间，可是对于母亲来说，又有何用？"不难设想，在这种心态下，他对于庆贺自己的生辰，还会有什么兴趣呢！

父亲的惨死，更给他带来了无涯之戚。他告诉采访的记者：

> 我父亲死的那天，正是我的生日。我现在的生日（6月3日，提前一天——引者注）是假的，不是我真正的生日。真正生日我不要了，我不能过真生日，一过生日，我就想起父亲。

作为一个孝子，他每逢生日这天，或者当人们提到他的生日，什么喜悦，什么兴致，都会被那种漫天塞地的失母之戚、丧父之痛冲刷得无影无踪。

尔后，情况就更为复杂了。无论是掌政东北，独当一面，还是戎马征程，南北驰驱，烽烟遍地，尘满征衣，都使他腾不出时间，也没有闲情余兴，去庆贺什么生辰。且不说，那让他久负骂名的"九·一八"事变，那长达半个多世纪的囹圄生涯，既没有条件，更没有心情，过问庆生辰这码事。

九十之年的寿庆

相对于二十八岁那年的倒霉生日，张学良的九十寿辰，倒是过得隆重而热烈，风光无限，体面十足。

不是说他对于庆生辰一向不感兴趣吗？那么，九十之年怎么竟像模像样、大出意外地过了起来？原来，这里有个说大不大、说小也不小的"情节"。

早在 1989 年初，东北大学在美校友会就商定，组织代表团前往台北，筹备 6 月 3 日为张学良举行八十九寿辰庆典。会长张捷迁教授致函张氏夫妇，邀请他们届时赴会。张学良览信后，断然予以回绝：

捷迁弟大鉴：

来函奉悉。余何德何能，诸公对余深厚友爱关怀。良何人斯，敢以言寿！此间亲友，已酝酿为我作寿，我已严词拒绝。你们诸位，如此一来，等于推波助澜，岂不是对我内外夹攻！避寿不敢言，我只好"逃之夭夭"，离开台北。良对诸位郑重恳求，千万千万，不要万里奔波，虚此一行。我再郑重谈一句，诸位若是来，也绝对见不着我们俩。良绝非是不通人情的人，诸公对我如此深厚友爱，我十分了解，我也十分感愧。诸位也能了解我的心情和处境，我已惯于静默安居，逍遥自在……诸位既然这样爱护我，自然也会体谅、原宥我。天假以年，后会有期，愿上帝祝福！

张学良手启

看得出，他对于庆生辰的拒绝，是真心真意、实实在在的，体现了他一贯的思想。就外因来说，显然是怕这类活动被赋予政治色彩，招致不应有的麻烦；而从他的心理分析，对此他根本没有兴致。同青少年时代追逐热闹、喜欢聚堆儿的心境截然不同，几十年来，早已习惯于那种无声无臭、静水闲云般的恬淡生活，偶有聚会，至多也不超过"两个牌桌"（八人），人一多，他就感到云遮雾罩，"脑袋发大"。他的一句口头语是："已经成了隔世之人了！"

1990年的这次贺寿，不同于过往任何一次，它是在特殊情况下、具有非同寻常意义的一场聚会。从年初开始，张学良事实上已经解禁了。为此，在台的一些朋侪故旧，想要通过这样一种举动表示庆祝、纪念，同时也是一种安慰，一种昭示。

对如此良苦用心，老将军自是感动与理解。人非草木，孰能无情？拘禁五十四年，一直幽居独处，许多故交都不通闻问，今天，那些旧雨新知，厚爱有加，竟然主动安排为他隆重庆贺九秩生辰，岂能不衷心铭感？但他细加揣摩，又有些犹疑：不管怎么看，也不论解禁与否，他终究是一个十分敏感的政治人物，他的一举一动必然会带来一定的政治影响。而参加这次活动，出头露脸的，又大多是军政要人与社会各界闻人，他不愿意同这些"热场中人"公开地搅和在一起，他尤其不想就此终止往昔的宁静生活，陷入红尘十丈之中。因此，当国民党元老张群资政提出要为他办九十寿庆时，他连声地说："不妥，不妥。"张群则坐在轮椅上，挥一挥手，斩钉截铁地说："我不与你争辩！"老将军与张群的友谊十分深厚，在他失去自由的监禁岁月中，张群是看望他次数最多的一个。而且，论辈分，在台湾，以张群与宋美龄为最高。张学良知道，作为大他十几岁的长者，岳公说了的事是无法推辞，必须照办的。

这样一来，果然不出所料，连日里，位于复兴岗的张宅，门庭若市，车盖如云，客厅里摆满了花篮与寿礼，而宋美龄赠送的庆寿花篮则放在了最显眼的位置；发自本岛、大陆与世界各地的贺信、贺电，雪片飞来。6月1日这天，设在台北圆山大饭店十二楼昆仑厅的庆典大厅，更是装饰一新，珠光宝气，喜气洋洋。大厅正面墙上，悬挂着一张放大了的请柬：写着"为张汉卿先生九秩大庆洁治壶觞共申祝嘏之忱　尚祈高轩莅临以介眉寿"两行大字，下面缀有由张群领衔，包括郝伯村、孙运璇、梁肃戎、宋长志、马安澜、马英九、秦孝仪等九十名党政军要员及社会贤达的署名。另一面墙上，则悬挂着已故周恩来总理夫人邓颖超发来的贺电，内云：

忆昔五十四年前，先生一本爱国赤子之忱，关心民族命运和国家前途，在外侮日亟，国势危殆之秋，毅然促成国共合作，实现全面抗战；去台之后，虽遭长期不公正之待遇，然淡于荣利，为国筹思，赢得人们景仰。恩来在时，每念及先生，则必云：先生乃千古功臣。先生对近代中国所作的特殊贡献，人民是永远不会忘怀的。

正午十二时，当张学良夫妇推着乘坐轮椅的张群进入寿庆大厅时，百余名来自中国台湾、香港、日本和美国的记者蜂拥而上，闪光灯接连不断地闪亮，场面极为壮观。人们看到，寿星老戴着一副茶色眼镜，穿的是一袭黑色西装，系着枣红色领带，精神焕发，神采奕奕；而夫人赵一获则身着红色套装旗袍，显得雍容华贵，雅致端庄。

张群老人宣布寿典开始，首先致辞，说他与汉卿先生在东北、华北、华中，一直到抗日初期，同生死，共患难，是六十多年的老朋友了。为恭贺汉卿先生九十华诞，特意写了一篇《寿序》。然后，就高声诵读起来：

> 古之良史，不以魁杰英伟之士盛年意气，一失虑失据，而遂非之议之；其必以能悔祸盖愆，卒之守死善道，而伟之重之。如我张汉卿先生者，不当以此论之耶？

祝寿文中，还赞誉张学良"以国家统一为重，力排众议"，东北"易帜"；协调中原战事，"分崩离析之局复告统一，此又先生有造于国家至大者"；至于治军、理政、发展教育、提倡科学、培育人才等多方面的功绩，更是昭昭在人耳目。

读至最后，张群声调转高，口气加重：

> 先生得天独厚，阅世方新，今岁六月之吉，寿跻九秩，同人等或谊属桑梓，或性殷袍泽，或为著籍之门生，或为缟纻之故旧，永怀雅谊，愿晋一觞。谚有之曰"英雄回首即神仙"，其先生之谓欤！至于南山北山台莱之什，不足为先生诵也。

《寿序》出自国民党党史会主任秦孝仪之手，以简古、典雅的文言写成，用典处颇多，"南山北山台莱之什"，指《诗经·小雅·南山有台》一章"南山有台，北山有莱"，为传统的颂德祝寿之语。当然，文中有的地方，如"失虑失据"、"悔祸盖愆"等语，也带有明显的官方色彩。

接着，孙运璇应邀发言。他说，我是以学生的身份、感恩的心情来拜寿的。张学良先生创办的东北大学造就了许多人才。自己过去六十年来能为国家贡献一分力量，成为有用的人，全依赖当年先生的眷顾。最后，他趋前举杯敬谢，诚恳地说："没有您，就没有我的今天。"

在热烈的掌声中，张学良起身，即席敬致答词：

承张岳公还有孙资政这样地奖誉我，使我实在不敢当。人家古人说"虚度"，我真是虚度九十，对国家、社会、人民毫无建树。正如《圣经》上保罗所说的话："我是一个罪人。"……我自己从来没想到我还能活到九十岁，这真是上帝的恩典！

我现在虽然老了，可是我还没崩溃；耳朵虽然听不大好，但还没至于全聋；虽然是眼力减退了，但是，还没至于瞎……现在，我虽然是年迈了，假如上帝有什么意旨，我为国家为人民还能效力的，我必尽我的力量。我所能做得到的，我还是照着我年轻时一样的情怀去做，只是我已经老了。

他的腰板挺直，话音与笑声朗朗，显得十分劲健，丝毫未现衰惫之态。不了解他的人，决不会相信他已是耄耋高龄。话语中，倾吐着壮心，撒播着热望。但伏枥"老骥"终有自知之明，最后，曲终奏雅，惨淡地缀上一句"只是我已经老了"，听来令人感伤。

平时，当有人向一获夫人问到老将军的有关情况时，她总是说，关于丈夫的事，我从不参与；或者微笑着看丈夫一眼，说："有他在，我是不该应答的。"这次却是少有的例外。在老将军九十寿庆时，她觉得有必要在这个场合把憋了几十年的该说的话说出来。于是，撰写了一篇文章：《张学良是怎样的一个人》，刊载在台北《中央日报》上。主要内容是：

张学良是一个非常爱他的国家和他的同胞的人。他诚实而认真，从不欺骗人，而且对他自己所做的事负责，绝不推诿。他原来是希望学医救人，但是事与愿违，十九岁就入了讲武堂，毕业之后就入伍从军。他之参加内战，不是为名，不是为利，也不是争地盘。他开始时是为了遵行父亲的意愿，后来是服从中央的命令，实在是不得已而为之。

　　日本帝国主义对东北不断的压迫和无理的要求，暴露了侵略中国的野心，亦更加激起他抗日的情绪。他不愿看见自己的国家灭亡，人民被奴役，但是单靠东北自己的力量，是不能抵抗日本侵略的，所以在皇姑屯，他的父亲被日本人谋杀之后，他就放弃他的地位和权力，毅然易帜与中央合作，使国家能够统一，希望全国能够团结起来，一致抗日。

　　九·一八事变之后，日本占领了东北，他就不忍再看到自己的同胞互相残杀，削减国家抗日的力量，所以他就主张停止内战，团结抗日。他并不爱哪一党，亦不爱哪一派，他所爱的就是他的国家和他的同胞，因为任何对国家有益的，他都甘心情愿的牺牲自己去做。

　　整个生日庆典，包括每个人的发言，尤其是这篇文章，再鲜明不过地揭示了，人们是把这一次庆生辰看作一种政治行为。张学良的几十年因功被囚，是该世纪最大的冤案之一。此次祝寿，作为历史聚焦的一个政治切入点，已经远远地超出了一般的生命纪年意义。回避也好，掩饰也好，扭扭捏捏、羞羞答答也好，那些与会的国民党军政要员，任何人都得承认它的实际上的平反意味。

　　就"寿星"本人来说，这也是一个转捩点。五十四载监禁宣告结束，从此，重新步入自在自由的生活。不过，随着接触渐广，沟通日增，他也难过地发现，这种欢乐的开场，很快便会收场的。夕阳纵好，已届黄昏。昔年故旧已经强半凋零，身旁的熟人越来越少了，真的是"白发故人稀"呀！先是冯庸弃世，接着又传来莫德惠、周鲸文、张大千相继病逝的讯息，王新衡也紧步其后尘，而最令他伤恸不已的，是祝寿刚刚过去半年，一百零四岁高龄的张群也溘然长逝。昔日围桌聚饮、谈笑风生的"三张一王"，现如今只剩下他独自一人，"茕茕孑立，形影相吊"，不免有"三春去后诸芳尽，各自须回各自门"，曲终人散，四顾苍凉之感。忆起前尘往事，他曾很伤感地引用了清代诗人袁枚"既伤逝者，行自念也"的七绝：

一度秋风一逝波，故人零落渐无多。

苍天留我忙何事？日日桓伊唱挽歌。

桓伊是东晋时的著名音乐家，也是唱挽歌的高手。

人生多故，聚散无常。也许就是在这种黯然神伤的情态下，他渐渐地滋生了出国探亲以至定居域外的想望。

家庭生日宴会

老将军到了夏威夷之后，每年五六月之交，亲友们都要为他举办生日庆典。当然，规模、性质、参加人员与九十寿庆大不一样。如果说，那一次带有浓郁的政治色彩的话，那么，这里举办的则纯是民间的、亲情的、小型的聚会，亲亲热热，随随便便，欢然道故，促膝谈心，充满了天伦乐趣。老将军对此倒是乐而忘倦，没有产生丝毫的疑虑、感到些微的烦苦。

1994 年 6 月 1 日，在希尔顿大酒店彩虹厅里，张学良的儿孙们为他举办了一个小型的家庭生日宴会。早在半个月前，张学良与赵一荻所生的儿子张闾琳，便偕同夫人与长子、长媳，分别从洛杉矶和纽约等地飞到了檀香山。外来的客人只有三位，他们都是老将军六十年前的故旧或其子女。席间，儿孙们纷纷向他祝酒、问安，关心地问他："您有没有什么不习惯的感觉？"他说："这里的气候，我很适应。现在虽然热了点，但是不像台北那样多雨潮湿。白天太热时，我就打开空调机；傍晚天凉的时候，我还可以到海边看看海潮，眺望海面。这里实在是养老、养病的好去处。"无拘无束，亲切自然，当日庭闱欢聚的情景，仿佛又重现在眼前。

对这次庆生辰，他一直留有温馨的、良好的印象。事后，他告诉孙子居仰："现在我的心情特别好。想想半个月前那次生日宴，觉得很开心。虽然人少，但是天伦之乐浓烈。"不久，他便委托闾琳，以"夫妇年老体弱，没有依靠，投奔儿子"为由，向美国移民局申办长期居留的绿卡。

老将军的九十六岁寿辰，是在悠扬悦耳的欢快的京剧唱腔中度过的。上年九月，五弟学森病逝于北京，至今思之，犹有余痛。所以，亲友们商定，这次庆生辰，一定要办得红红火火，热热闹闹，让他最开心、最高兴。这样，就想到了唱京剧。应邀的首选人物是于魁智，一是他的技艺高超，被誉为"最具票房魅力的文武须生"；二是他与老将军是忘年交，早在台湾时就曾被邀到家中做客，而且极力称赞他"唱得好"；三是于魁智是辽宁的小老乡，乡情似酒，久而益醇，老将军一直在想念他。

寿宴上，于魁智首先代表中国京剧院赠送了贺礼——用京剧脸谱精心绘制的"寿"字图；接着，就唱了传统剧目《上天台》的选段，最后一句原本是"又听得殿座下大放悲声"，他机敏地改为"准备下皇封宴庆贺功臣"，以切合祝寿气氛。老将军一直在神情贯注，闭目击节；听到这一句，会心地笑了。

专程赶来祝寿的著名京剧表演艺术家马连良之女、刀马旦马小曼，演唱了《凤还巢》。张学良脸上绽放着灿烂的笑容，道了声："今儿个高兴，我也唱几口，过过戏瘾。"在满厅的欢声和掌声中，即兴唱了马连良的拿手好戏《空城计》。一段下来，兴犹未尽，他又唱了《武家坡》和《借东风》。夫人赵一荻也和大家一道，欢快地鼓掌、腾笑。小曼逗趣地说："汉公，您唱的还是老词儿，我教您新词儿怎么样？"汉公倒认真起来："好，好，你马上就教。"说着，这一老一少，就一对一地唱、念起来。祝寿活动进行了五个多小时，老将军仍觉兴致未尽。他说，这是民国二十六年他被监禁以来，过得最快活、最有意义的一个生日。

2000 年 5 月底，来自世界各地的大批人士齐集夏威夷，他们并非前来观光游览，而是要近距离地为世纪老人张学良恭祝百岁诞辰。他们清楚地知道，由于老寿星毕竟已年迈体衰，即使置身于这座美丽的海岛城市，也未必就能幸得一见，只要能够靠近他的身边，总是慰情聊胜于无。

去年"九九"生日庆典，是在教堂举行的，里里外外，人山人海，不少人争着一睹老人风采，抢着与他合影，竟致挤翻了老寿星的轮椅。今年老人提出，要以家宴形式，在公寓附设餐厅举行。连日以来，他一直处于兴奋状态，为自己能够活过一整个世纪而感到自豪，逢人便说："我快一百岁啦。"

寿宴由他的七十岁的儿子闾琳主持。全家老少和一些至交好友，团团围坐在老人四周，气氛十分融洽。老寿星身着崭新的藏青色西装，头戴瓜皮帽，颈佩花环，面色红润，精神清爽，笑着向与会亲友招手，喜气洋洋地说："我能活到一百岁，是福气，我很开心，谢谢大家对我的关心！"他还笑嘻嘻地告诉身旁的孙辈："我有新洋装穿了。"这些年轻人不解"新洋装"为何意，他们的父母便代为解释，"新洋装"就是新西服，这是上个世纪之初的旧词儿。

情注梨园

早年的堂会

　　20 世纪 30 年代之前，我的家乡地方戏曲比较丰富，演出活动也颇为频繁。听老人说，逢年过节，集镇上都有一些"草台班"上演京戏段子，若是赶上豪门巨贾请戏班子唱堂会，那就更是热闹非凡了。至于"地蹦子"、莲花落、三弦、大鼓、子弟书，平时也都走村串镇，隔三差五就能看到。但到了我记事之后，日寇蹂躏下的乡村，民生凋敝，满目疮痍，这一切文化活动便都消逝得杳无踪迹，只能残存记忆了。长辈们晚饭后聚在一块儿，像是"白头宫女"闲说"天宝遗事"那样，津津有味地追述着那些赏心悦目的"艺术享受"。而最具吸引力的是"魔怔叔"绘声绘色地对张作霖五十寿庆唱堂会的追忆。

　　原来，堂会戏创始于清末民初的北京。当时，那里住着许多王公贵族、高官显宦、豪商巨贾。这些人大都喜欢京戏，他们有钱、有闲，又有文化，不满足于戏园里听戏、捧角儿，每逢婚寿喜庆，便都要把戏班儿召到自家府邸，或租用会馆，称作"唱堂会"，用来彰显自己的地位与身份。由于堂会的"戏份儿"（劳务费）要高出戏园子营业戏许多倍，所以，名角儿也乐于接受邀请。

　　张作霖对于京戏有特殊的爱好，每逢年节，特别是他的寿诞之日，都要请戏班子唱大戏，在大帅府里热闹几天。民国十三年春，赶上了他的五十（虚龄）整寿，那时郭松龄"倒戈事件"还没有发生，他的威望与事业如日中天，正在向着北京政府元首的目标挺进着，他的心也特别盛。

"魔怔叔"是个戏迷，据他自己说，年轻时曾跟着戏班子跑过一小段码头。张作霖五十寿庆时，他正在东北军里混差事，有幸躬逢其盛。他讲，到了农历二月初九这天，东北三省的戏班，都是不请自来，尽数赶至奉天，京、津名伶也都倾城而出，与会的各个行当的名角多达四百号人，真正称得上盛况空前。当时在大帅府和督军署两处搭建了戏台，每天两场，连唱三天；还是答对不过来各方宾客，又在会仙大舞台上演。

被奉为"花部首席"、"青衣独步"的陈德霖，加上王瑶卿、荣蝶仙，这久负盛誉的"老三旦"，全部登场，自不必说；"新三旦"梅兰芳、程砚秋、尚小云也都在奉天亮了相。铜锤花脸裘桂仙，架子花侯喜瑞、郝寿臣，文丑萧长华，武丑王长林，一个不少。而最叫座、最出彩的还是有"旷代三绝"之誉的老生、武生、青衣的"三大贤"余叔岩、杨小楼、梅兰芳合演的《摘缨会》，还有梅、杨主演的《霸王别姬》，都代表了京剧艺术的最高水平。听说，余叔岩的《战太平》《空城计》，杨小楼的《连环套》，都是由少帅张学良特意单点的。

"魔怔叔"一提到少帅，便立刻引起了我的极大兴趣。——须知，在我们那些少年人心目中，少帅可是一尊偶像啊！

"那次堂会上，你看到少帅了吗？"

"魔怔叔"说："当时他是一盏灯（用现在的话就是一个明星）嘛，怎么会看不到！缺了他，整个帅府就亮不起来了。"

我又问："什么装扮？"

"魔怔叔"说，他平时总是穿军服，堂会那几天，他除了看戏，整天忙着和那些名伶周旋，进进出出，都是一袭浅色的西装，结着深色的领带，十分潇洒英俊。

"他懂戏吗？"

"魔怔叔"听了我的问话，噗嗤一笑，"阖府上下，要说懂得戏文，还找不到能超过他的。他不光懂得，还会唱哩！他可是见过大世面的，他所结识的都是一流的名角，个个名扬四海，声贯九州"。

从此，在我的心版上，便又增印了少帅的一项新本事。过去，我只知道他是个英风豪迈、带兵打仗的武将军。

京津名票

张学良对京剧的喜爱，源于他的家庭影响。张作霖没有读过多少书，却是一个"京剧迷"，戎马倥偬之余，不分春夏秋冬，总要找戏班子来唱戏，作为消遣的营生。日久天长，熏陶渐染，张学良便也喜欢上了这种传统艺术。后来，到了北京副司令行营，就更是如鱼在水。那里是京剧的大本营。作为清朝的帝都，北京本来就是人文荟萃之地，加之，受到慈禧这个"天字第一号"的京剧爱好者的倡导，皇室贵族一股风地卷入了赏戏、捧角、玩票的热潮，使京剧成了中国戏曲的首席代表，在"民族艺术"之外，又添了"流行艺术"的彩儿，变成了京城文化消费的一种时尚。上自王公府第，下至商业剧场，到处都有伶人展才献艺的身影。许多名伶受到特别垂爱，直到"王侯结交，公卿论友"的地步。"五四"前后，尽管有些文化精英予以激烈抨击，鼓吹要以纯粹的新戏来取代戏曲，但其影响有限，因为普通观众并不理会那些文化论争，名角照旧追捧，戏园照进不误；而批评的结果，反而导致了戏曲面貌的更新，从而进一步激活了它的生命力。

这里就要说到"民国四公子"的第二个版本了。少帅和其他三位，个个都酷爱京剧，成了京剧界的闻人。张伯驹不仅是京剧的"名票"，而且是著名的京剧艺术研究专家；"红豆馆主"溥侗是溥仪的族弟，京剧生、旦、净、丑全能，样样精妙；袁世凯的次子袁克文，年轻时便粉墨登场，擅演文丑。作为一名出色的票友，袁克文和"名票四王"，都是在天津成长起来的。早在道光年间，天津就出现了"票房"和"票友"，像"同光十三绝"中的名丑刘赶三，还有孙菊仙、汪笑侬以及后来的童芷苓等，都是在这里"下海"成为著名演员的。当时，天津京剧空前繁盛，各派名伶竞相前来献艺，他们都把"过天津关"作为衡量自己的水平和是否得到演艺界认可的标志。这里捧红了一大批颇有才华的名角，因而戏剧界流行着"北京学艺，天津唱红，上海赚钱"的说法。少帅恰好熏陶在北京、天津这样的文化艺术氛围之中，不能不说是天时、地利、人和共同促成的。

那个时节，只要稍得消闲，他就走进戏院；遇有党政要员到京津地区视察，招待项目总离不开欣赏京戏。他最喜欢看老生戏，而老生戏中又最推崇"余派"老生的创始人余叔岩，两人年龄相差十一岁，却来往密切，结为忘年知友。余叔岩的拿手戏《打棍出箱》，张学良能够一字不差地哼唱出来；《三岔口》《连环套》《群英会》《将相和》《追韩信》等唱段全都谙熟于心，唱词唱腔脱口而出。他到戏园里观剧，说是看，其实经常是坐在那里闭上眼睛听，既能辨别角色，也能听出是哪个演员出场，一腔一板，都能准确无误地判别其优劣、高下。有记者问他这"底子功"是怎么练出来的，他总是笑着回答："这得益于老家，得益于北京嘛！"

而到了晚年，这种爱好更是有增无减。身在孤岛台湾，又兼行动受到限制，没有条件看戏班演戏，便独自在家里听唱片。据家人介绍，汉公经常在晚上听，以致养成了习惯，听上一段京戏，方可酣然进入梦乡。有一年，他的一位戏友回东北老家省亲，带回了一把乡亲赠给汉公的京胡：细筒、紫竹立杆、黄杨木轴，系由天津高手制作，音质、音量俱佳。汉公视同拱璧，爱不释手，经常边拉边唱，把皮黄戏二百年的沧桑，中华大地的世纪风云，自己的百年凄怆而壮丽的人生，连同对祖国、对家乡、对人民的深情眷恋，一股脑儿地融汇到里边去。

1978 年，国画大师张大千回台定居以后，他们发起了"三张一王转转会"，以年龄为序，张群、张大千、张学良、王新衡，每月聚集一次，轮流做东。除了写诗、作画、研习书法，还有一项必不能少的内容，就是听戏、唱戏。有些京剧段子早年在大陆流传，到了台湾以后听不到了，就由汉公把它一段段地演唱出来，使大家一饱耳福。

张学良曾说过：

> 我对于京剧的发展史，可说是略知二三，先后听过许许多多京剧名家的戏，第二代"老生三杰"谭鑫培、汪桂芬、孙菊仙和第三代"老生三杰"余叔岩、马连良、高庆奎的戏，我都看过。谭派老生第一代创始人，1917 年过世，音容声貌，随风飘逝，如今仅有留声机拷贝的录音了。

他说：

> 青衣，我不大喜欢，青衣也听，那要真好。小生，我喜欢叶盛兰，那唱得真是好，那唱绝了！还有裘盛戎，我这最喜欢，都是辽宁人（原文如此——引者注）……陈彦衡拉胡琴，那可以说是中国第一把交椅，他拉得可真好！他是我的一个朋友。我一直想学唱，请陈彦衡教我。他说，有人讲，京剧是"无声不歌，无动不舞"的。你可绝对不能唱。你要想唱戏，只能唱小丑，你五音不全，不能唱，你也不会舞。

张学良还说，北京前门外有个"中和剧院"，这"中和"两个字很有讲究。京剧之外，北京还流行秦腔与昆曲。这两个剧种，他在西安的易俗社和上海的戏院里都曾接触过。总觉得秦腔激昂慷慨，个性鲜明，听了令人血气喷张，但是，过于激越、高亢；而昆曲绵远悠徐，能够移情动性，却又显得过于柔靡、松软；而后起的京剧，兼备二者之长，更好地体现了中国传统的"致中和"的审美理想。

他说，中国的人生奥秘，许多都隐含在戏剧里，在欣赏京戏过程中，也就了解了人生奥蕴、生活哲理。只是，唱起来也并不容易，它不像流行歌曲那样，怎么唱、谁来唱都是一个调门儿，京戏讲究的是韵味，是味道；每句戏文后面都隐含着深意，演员文化底蕴缺乏，吃不透个中三昧，那种味道就出不来。

在十四个兄弟姐妹中，张学良同五弟学森来往最多，关系也最密切。学森起先住在台北，后来定居夏威夷。自身也非常喜爱京剧。为了满足大哥的爱好，他一次次往返于两岸之间，请大陆京剧名家到台北演出；有一段时间，每周他都邀请台北名琴师马庆琳到家中操琴、吊嗓子，到时候张学良也都到场练习。人们戏称张氏兄弟是一对"戏胞"。

情注梨园

难忘的 1993

1993 年，对于张学良这位顶尖级的戏迷来说，确是不平凡的一年。

暌违已久的大陆京剧界朋友，陆续来到台湾，一伙接着一伙，一场连着一场，使他过足了戏瘾，也结识了大量的梨园新朋友。

这和当时海峡两岸的政治气候有关。这一年，两岸文化交流开始解冻，在四五月份，北京京剧院和中国京剧院应台湾中华文化基金会邀请，相继组团赴宝岛演出，阵容之齐整，剧目之精纯，在海外戏迷中产生了巨大的轰动。怀着对"国剧"的深深渴望，已经九三高龄的张学良，更是欣喜若狂，一改平日深居简出、与世隔绝的状态，在这段时间里，经常身临剧场观看演出，并设宴款待张学津、叶少兰、裘少戎等名门之后。张学良激动地握着他们的手说，我一见到你们，立刻记起了你们的父亲——张君秋、叶盛兰、裘盛戎先生。他们的演出，虽然有的我没有看过，但那鼎鼎大名还是早有闻知的。

他亲切地与裘少戎交谈，说：

> 你的扮相、嗓子，都酷肖你的父亲。当年我看过你父亲不少戏。说到你的祖父裘桂仙老先生，我更熟悉，民国十三年老帅五十寿辰，阴历三月十一，在奉天大帅府，我看过他和时慧宝合演的《上天台》，那个铜锤花脸真是让他演绝了，以后在北京也不止一次看过，后来就中断了，足足几十年。这次连着看了你们九场戏，算是补上了欠账。

在同袁世海、杜近芳、刘长瑜等京剧界名流会面时，张学良说道："你们知道吗？我看戏的标准很高，我看过谭鑫培谭老板的戏，看过杨小楼的戏，最有趣的是钱金福，有一次在余叔岩先生家中，他学唱梆子名旦侯俊山，非常有意思，简直把我笑坏了！"会面结束时，他又郑重其事地说了一句："不看国剧，就不算中国人！"这句话，他又对专程前来拜望的刘长瑜重复说了一次："不喜欢、不了解京剧，就算不上一个纯粹的中国人。"刘长瑜是张学良旧友周大文的女儿。谈话中，张学良追忆了当年旧事："那时候，我常和你父亲一起，去余叔岩先生家里练嗓子。"

是年7月，京剧名旦李维康同丈夫耿其昌一道赴台演出，也曾与张学良有过较多的交往。她回忆说：

汉公留给我印象最深的，一是他的乡音不改，仍然是一口纯粹的东北话；再就是他对京剧的酷爱。我们夫妇在台北演了六场戏，老先生看了五场。此外，我们还在张学森的寓所与汉公欢聚八次，每次相互都要唱上几段。先是我们夫妇二人给汉公唱，他闭着眼睛听，手拍着椅子背，拍得有板有眼，听得有滋有味；然后是老先生自己唱，他的记性很好，只要稍微提醒一句，就能往下唱一大段，词儿都不带忘的。他唱的都是老生戏，有《斩马谡》《乌龙院》《乌盆记》《捉放曹》等，都带着二三十年代老腔老调的味，有点像余叔岩等老前辈……

汉公还告诉我们："当年有位知名票友劝告过我，京戏嘛，你哼哼玩玩可以，别正经唱，因为你五音不全。可是我板不住，一有机会，照唱不误。"

说着，她随手翻出珍藏的笔记本，上面有张学良用钢笔题写的赠言："爱人如己"。她深情地说："这四个字总在我脑海中翻腾，要付出多少爱，才能做到这样啊。"

10月间，童芷苓应台北剧校邀请，义演《四郎探母》，她扮的是后公主。以当时的心情，她特别想见上张学良一面，因为从小就仰慕他，认为他是顶天立地的大英雄；但一转念，觉得这场戏她的戏不多，就没好意思惊动老先生。不料，张学森早已为她拟订了会见的日子。那天，张学良早早就等候在那里。谈话中，童芷苓主动提出给老先生唱上一段《红娘》，张学良连声说好，热情鼓掌。当她唱到"你看小姐终日愁眉

情注梨园

黛"时，她注意到张学良的脸上掠过了一缕神伤。紧接上，老先生的戏瘾就发作了，当场唱了一大段《失空斩》，很有余叔岩的味道，尔后又唱了《卖马》《乌龙院》《凤还巢》《坐宫》等选段。当被问到"您怎么会那么多戏"时，他笑着答说："你不知道我是戏篓子吗?"童芷苓见张学良如此兴致勃勃，便请他"随便题几个字"，张学良笑着点了点头，提起圆珠笔，就写下了"歌声绕梁"四个字。

江苏省著名京剧表演艺术家沈小梅的回忆，定格在 1993 年 12 月 28 日。她说：

> 那是在夏威夷，汉公赴美探亲，刚刚来到这里。这天，当地华人组织了盛大的欢迎会，欢迎他们夫妇，我也在应邀之列。到了一个生疏的地方，汉公原本不愿抛头露面，又兼旅途劳顿，本应休息；可是，当他听说有大陆京剧界的名角到场，便爽快地答应按时赴约。当场我唱了《宇宙锋》选段，还跟北京京剧团的女花脸齐啸云合唱了一段《别姬》，之后就看见汉公站了起来，向琴师的方向走去。

> 我早就听说老先生酷爱京剧，却从没想过能亲耳听见他唱。只见他端坐到琴师前面，一张嘴就唱起了《空城计》，虽然他的嗓音有些沙哑，但从那字正腔圆、韵味绵长中可以感受到，他是很有京剧素养的戏迷。那天，他的兴致特别高，连续唱了好几段京剧，令在场的几百名华侨兴奋不已。凭借着京剧这根红线，使我在夏威夷的日子里，与汉公有了更多的交流机会。尔后，1994 年、1995 年和 1997 年，我先后三次应夏威夷大学之邀前往教学，每次都去拜访张老先生。我曾向他问起"有没有考虑过回家乡看看"，他沉吟了好久，说，虽然很想家乡，但身体已经不允许自己回去了。彼此为之黯然。

大陆青年京剧演员、正宗余派老生于魁智，首次赴台演出即一炮打响，被誉为"最具票房魅力的文武须生"。当张学良邀请中国京剧院主要演员到家中作客时，听人介绍，《打金砖》中的刘秀和《文昭关》中的伍员都是由于魁智扮演的，他连声称赞："真是唱得好，唱得好！"特别是听说于魁智出生于辽宁省辽中县，算是小同乡；而且生肖也是属牛，比他整整小了六十岁，更是竖起大拇指，夸赞他："年轻有为，后生可畏"。

几年过后，在夏威夷，张学良又于九六诞辰庆典上见到了于魁智，自是亲热异常，连续几天观看他们的演出。于魁智对同伴说："我很小的时候，就知道张学良将军，但从没想过能见到他，这真是超越时空的晤面。而真正能维系、促进海峡两岸人民感情交流的，还是京剧，还是中华民族共有的文化，这才是真正的根基。"于魁智一行回国后，老将军还多次提到他们的演出，特别是忆起这次活动原本是由胞弟学森在北京安排的，岂料一切停当之后，"搭桥人"却撒手尘寰了，不禁悲从中来，当即拖着沙哑的唱腔，唱出了老生刘备的一段戏文：

> 庆功宴上把酒饮，
> 想起了桃园结拜情。
> 弟兄们创业多艰困，
> 又谁知中途两离分！

听着这凄婉苍凉、如泣如诉的悲歌，一荻夫人赶紧劝止，说："莫唱了，汉卿，千万别再唱了！"

终生的戏迷

张学良多才多艺，一辈子兴趣极广，癖好繁多。然而，由于性格与环境使然，多数都半途而废，未能坚持始终。他酷爱书画，书法颇见功力，年轻时不惜重金多方罗致名人法书和绘画；后来，随着兴趣的转移，那些收藏渐渐地都流失了。他说：

> 明代的书法、扇面，明朝有名的那些人，我差不多几乎没有没收到的。明四大家，明朝那些所谓画工精美的，我就成套地收。现在，这个明朝的书法，那些古董，画啊，我几乎都没了，我都换饭吃了，都卖了……我有一幅字，当时是花三万块钱买的，二十九个字，一字千金呐。现在，这个东西在日本横滨博物馆里头，王献之的。

他有很长一段时间，专心研究明史，搜罗史籍，记录卡片，思考很多课题。有一段，曾想去台湾大学教授明史，或者到史学所去做研究员，尔后却又中断了。就信仰而言，他曾对佛教产生过浓烈的兴趣，读了许多佛经，还曾向佛学专家虚心求教，探索佛禅真谛；后来，听了宋美龄的劝诫，皈依了基督教。以他那样流离颠沛、错综复杂、命途多舛的经历，加之生命途程又是那样的绵长，情随事迁，兴与境偕，原是不难理解的；"百年如一日"，对谁来说，恐怕都难于坚持。

当然也有例外。唯一信守不渝，"之死靡他"的，就是对于京剧的酷爱。即使在长达数十年的拘禁期间，已经没有接触戏班的可能，何况又置身于文化、风习都有一定差异的孤岛，但他还是通过听取留声机唱片，通过挖掘从前的记忆储备，通过宋美龄赠送的高级收音机来欣赏京剧。其实，号称"戏篓子"的汉公，数以百计的京戏段子早已谙熟于心，宛如一部完整的"京剧大观"，已经足够他玩味于无穷了。

一有空闲，他就陶醉在戏文里，沉浸其间，自得其乐。真像京剧传统剧目《戏迷传》中那个伍音似的，由酷爱而入迷，以至日常生活，一言一行，皆仿效京剧的表演。戏中伍妻有四句念白：

> 奴家生来命儿低，
> 嫁了个丈夫是戏迷，
> 清晨起来唱到晚，
> 不是二黄就是西皮。

如果一荻夫人也会登场作戏，这几句词儿倒是很现成的。

张学良这个戏迷，还不止于爱好，他还称得上是研究专家。从早年开始，他就凭借其优越的地位与特有的条件，在京、津、沪上与几代名伶——那些名闻四海、演艺超绝的各种流派、各类角色的顶尖级人物，还有众多的戏曲研究专家，结为戏友，相与探索、交流有关的学问；他也观赏过无数场具有代表性的京剧节目，所谓"识千剑而后知器"，有幸亲自见证了中国京剧的发展历史。这种情况在梨园史上也是不多见的。

由于有良好的文化素养，又具备超常的悟性，张学良在结识名家、观赏戏曲的同时，很好地接受了传统文化知识，熟悉了大量历史掌故，直至掌握了丰富的经世智慧、人生体验，使戏曲内涵融会到整个人生旅程之中。可以说，那些剧目、那些戏文在一定程度上已经成为他的生命存在方式，起码是影响了他的价值取向、思维方式以及处世准则，甚至支配着他的人生道路。

西安事变和平解决之际，他要亲自陪送蒋介石返回南京，周恩来听说后，立即赶往机场劝阻，无奈迟到一步，飞机已经起飞。周恩来慨然地说：

> 汉卿就是看《连环套》那些旧戏中毒太深了，他不但要"摆队送天霸"，而且，还要"负荆请罪"哩！看来，感情用事，总是要吃亏的。

有大功大德于国家、民族，却失去了自由，惨遭监禁，成为阶下囚，应该说，这是最令人伤恸的事情了。可是，当老朋友、前陕西省主席邵力子去看望他，张学良却风趣地说：

> 我这次冒着生命危险，亲自送委员长回京，原想扮演一出从来没有演过的好戏。如果委员长也能以大政治家的风度，放我回西安，这一送一放，岂不成了千古美谈！真可惜，一出好戏竟演坏了。

这既表明他是性情中人，思想通脱、纯正，处事简单、轻率，确实不是老蒋的对手；同时也能看出，戏曲对于他该有多么深重的影响。由于他胸中积蓄很多现成的段子，戏文与情节已经烂熟于心，因此，用戏曲中的典故、情节来谈人说事、表述世情，便成了他固定的思维习惯。在日常生活中，他能够像应用诗文、成语那样，随时随地引出一段戏文，用以表达思想、意见、观点、情感，脱口而出，而且恰中肯綮。因此说，戏文成了他的一种话语方式。一荻夫人就这样说过他：

他一说就是唱戏的事。他说事，总愿意找个戏的话题。京剧《赵氏孤儿》中的老程婴，一开唱就说"千头万绪涌上心头"；汉卿也是这样说："我今天给你们说话，我要讲历史，也是千头万绪涌上心头"。

作为本文的煞尾，我从张学良看过的京剧中选出几十个剧目，以"子弟书"的形式编成一个"集锦"小段，聊助谈资，借博一笑。

《春秋笔》胡诌闲扯寄逸情，
编一段"戏名集锦"奉君听。
《翠屏山》上下翻飞《六月雪》，
《牧羊圈》高高挂起《宝莲灯》。
《马前泼水》浇跑了《十三妹》，
《吕布与貂蝉》《金殿装疯》。
《四进士》《法门寺》前《哭祖庙》，
《八大锤》《武家坡》上《打严嵩》。
《贵妃醉酒》昏迷在《甘露寺》，
《黛玉葬花》哭倒了《牡丹亭》。
《打棍出箱》逃到《三岔口》，
《上天台》为了《借东风》。
《风流棒》打散了《群英会》，
《四郎探母》遭遇了《抗金兵》。
《打渔杀家》结下《生死恨》，
《追韩信》引出《徐策跑城》。
《伐东吴》夺走了《红鬃烈马》，
《铡美案》名头失误错斩了《陈宫》！

《赵氏孤儿》洒血《赤桑镇》，

《杨门女将》同心《战太平》。

《珠帘寨》不行就进《穆柯寨》，

《战宛城》失利再去《战樊城》。

《打龙袍》只因他《游龙戏凤》，

《辕门斩子》为的是《失街亭》。

《双李逵》《御碑亭》前《盗御马》，

勇《秦琼》《定军山》上《探皇陵》。

《钓金龟》《渭水河》边垂竿坐等，

《秦香莲》《桑园寄子》大放悲声。

《捉放曹》每番看过《三击掌》，

《连环套》错送天霸换来了《审潘洪》。

《戏迷传》梨园几辈传佳话，

百岁缘国粹弘扬说汉卿。

夕阳山外山

他之所爱在纽约

相传波斯帝国一位国王即位时，要史官为他编写一部完整的世界史。几年过后，史书编成了，多达六千卷。年纪已经不轻的皇帝，日夜操劳国事，一直抽不出时间看，没办法，只好让史官加以缩写。经过几年刻苦劳作，缩编的史书完成了，而皇帝已经老迈不堪，连阅读缩写本的精力也没有了，便要史官进一步压缩。可是，没等编成，他就已经生命垂危了。史官赶到御榻前，对波斯王说，过去我们把世界史看得太复杂了，其实，说来十分简单，不过是一句话："他们生了，受了苦，死了。"

我这里所要讲述的张学良将军与蒋四小姐的一场情缘，比起世界史来，当然更是简单得很。无非是：公子、佳人偶然相遇，互相产生了爱慕之情，后来由于阴错阳差，姻缘未就，直到垂暮之年，异域重逢，欢然道故，尔后就又分手了。

有意味的倒是，这样一个简单且又落入俗套的故事，却令我想起了那位"剑胆箫心"的近代诗人龚自珍的一首"己亥杂诗"，就好像在一个半世纪之前，定公（龚自珍字定庵）就已经预先为他们写好了：

未济终焉心飘渺，百事翻从缺陷好。

吟到夕阳山外山，古今难免余情绕。

寥寥四句，其间蕴涵着一种生命的密码，渗透着深邃的哲学意蕴。"未济"，为古老的《周易》最后一卦，象征事功未成。诗人以之说明，这是一场没有结果、未能如愿的"断尾"情缘。而世间事物总是失去的更宝贵，没有到手的才是最好的。也就是为此，尽管已届暮景衰年，却还搁置不下这份未了情、相思债。

既然是"夕阳山外山"，那就从后往前说吧。

1991年3月10日，我们的主人公汉卿先生，身着灰色西装，头戴法兰西便帽，鼻梁上架着一副金边墨镜，在夫人赵一荻女士陪伴下，仪态从容、步履稳健地步入了台北桃园中正机场。他们要从这里乘坐华航飞机，前往美国探亲。这是张学良第三次出国了。第一次，东渡日本观操，那年他刚满二十岁，自是少年得志，意气扬扬；第二次是1933年，抗战失利，引咎辞职，怀着痛苦、沉重的心情前往欧洲考察；那么，这次的心情又怎样呢？刚一照面，记者就提出了这个问题。他笑嘻嘻地回答："我觉得很好。我好吃好喝，就是不知道是什么心情。"接着，又开起了玩笑："别人都说我成了电视明星，你们采访我，我可要向你们收钱了。"

说"不知道是什么心情"，自然是调侃；但他此刻的心境，确也不是三言两语能够表达清楚的。说是悲欣交集，百感杂陈，也不为过。欢快呀，激动呀，自不必说；"久在樊笼里，复得返自然"，轻松感、自由感可能要占主导成分；再就是，怀念、牵挂与期盼。

此行何为？他向台湾当局讲的唯一理由，就是去看望子女。不过，汉公私下里曾对几位友人说过，要去纽约会朋友，会的是女朋友。这番话，宛如一块大石头投入水中，立刻激起了轩然大波。汉公在美国还有女朋友？简直是天方夜谭！莫不是又在开玩笑吧？但细一琢磨，又觉得不像笑话，因为笑话里的"包袱"，冷不防地一抖，才能抓人儿；哪能说了再说、重复多遍呢！

于是，人们进行猜测：显然不是已经解除婚约的于凤至，这位老人已于一年前去世了；那么，该是蒋夫人宋美龄吧？她可是汉公几十年的良朋挚友啊！而且又长住纽约。不过，据知情人讲，这段时间蒋夫人恰恰不在美国……不管是谁，反正是有所爱就有怀念，有怀念、有牵挂就有期盼吧！

张学良夫妇所乘飞机在旧金山着陆以后，就被女儿、女婿接到家去了，自有一番诉不完的离绪别肠，说不尽的天伦之乐。四天过后，老两口又去了洛杉矶，数日勾留中，除了同子女欢聚，还拜扫了于凤至墓。然后，夫人留下来，张学良由孙儿、孙媳陪同前往纽约，下榻于曼哈顿花园街贝夫人的豪宅，一住就是三个月。这样，"女朋友"之谜也就揭开了。

关于这位贝夫人，国人知之甚少；幸承张学良研究专家窦应泰先生在其《张学良在美国》一书和《张学良与江南名媛蒋士云》等文中，作了翔实的记载，为我们研究这位女界名流，提供了至为方便的条件。

原来，贝夫人名叫蒋士云，1910 年出生于江南古城苏州，由于上有一兄两姊，故称为"四小姐"。她聪明早慧，才貌双全，开始时，在国内学习英语，后随外交官的父亲远走欧陆，留学于法国巴黎；1927 年随父回到北京，与少帅相识于外交总长顾维钧的宴席上，互相都留下了美好印象。尔后，他们又在上海重逢，赴宴、伴舞、出游，总是以英语互通情愫，谈得十分惬意。沪上名媛丰姿绰约，关东少帅倜傥风流，两人心底里深深地埋下了爱恋的种子。

少帅诚邀四小姐到奉天的东北大学就读；而她碍于巴黎的法文学业尚未结束，不想半途而废，请求假以时日，少帅表示理解与支持。但阅世颇深的他，也隐约感到，这个窈窕少女如此力攻法文，心向欧陆，其发展方向必定不在国内，这与现实处境不无牴牾；之后，从四小姐寄自巴黎的信中，也知道她心中存在着矛盾。他在回信中写道：

我现在所见到的你，是让我赞叹的全新女性，德才融于一身，以自立为己任，以不依赖别人为前提。然后再求得生存与进步，这是值得男人们欣赏的。士云妹，我对你从心里更加敬重了！

　　1930 年末，结束巴黎学业，蒋士云即匆匆返回上海。她实在难以割舍对少帅的一片恋情，新年一过，就兴冲冲地登车北上。然而，出乎意料的是，当他们在北京相见时，却发现少帅身旁，夫人于凤至之外，还有一个女秘书，并且从少帅口中了解到这位捷足先登的赵四小姐的曲折来历。这样，尽管两人欢聚如常，却共认"鸳盟"缘份已尽，最后，唯有洒泪而别。

　　几个月后，蒋士云即乘意大利邮轮远赴欧洲，开始自己新的生活，下决心要通过发愤读书来化解失恋的苦楚。一次，在罗马城与旧日相识——中央银行总裁贝祖贻不期而遇。谈话中，知道他因发妻新丧，来到国外度假，解闷消愁。尔后，他们又多次接谈，互倾情愫，一方是悼亡之殇，一方是失恋之痛，同是天涯沦落人，相逢况又曾相识，两颗受伤的心灵，很快便碰撞在一起，敲击出来爱情的火花，蒋士云爽快地应允了贝祖贻的求婚。

　　翌年春初，已经背上"不抵抗将军"的恶名、处于焦头烂额之际的少帅，听到蒋、贝沪上成亲的消息，派员专程送去贺礼，极表祝福之忱。婚后，他们长期寓居国外，鹣鲽相亲，恩爱夫妻长达半个世纪，直到 1982 年贝祖贻病逝于纽约。贝夫人说，贝先生和少帅有相同处：口才好，会讲话，有风趣，爱说笑话，爱热闹。

　　西安事变前，贝夫人从欧洲回到上海。当她听说少帅送蒋回宁，被关押起来，万分挂念，立即投入营救活动，与于凤至一起在国民党上层人士中奔走呼号。后来，她从秘密渠道获悉少帅被囚禁于奉化雪窦山，经与军统局联络，获准前往探视。后来，少帅被押解到台湾，知情重义的她，又专程从美国飞赴台北，在一家餐馆里宴请、慰问，并到家中看望。红颜知己的"惊鸿一瞥"，对于已成"涸辙之鲋"的少帅来说，直如清泉灌注，润泽心胸。走后多日，他还感到挚友的知心话语仍在耳边萦绕。而挂在贝夫人嘴上的，则是：

> 少帅是一个了不起的人，为人豪爽，重承诺，讲信义……我认为，张将军是那种可以终身引为朋友的人！我很佩服他这个人！

一般认为，爱缘于情，似乎与理智、逻辑不相干。实际上，只要是认真而实在的爱恋，总都具有严格的选择性，就是说，排除不了理性的参与。当然，爱的根性在于情感，情感常常依凭于直觉。有人对世界文学作品中所描绘的无数种爱恋形式进行分析研究，得出一个大致相同的结论：在这里，直觉表现为一种潜在的、十分敏捷的逻辑，亦即对所爱者的直觉评判，往往是惊人的透彻与准确。从而，一经认同，便历久不变。蒋四小姐同少帅长达数十年的真情爱恋，可作为研究这一课题的典型实例。

柏拉图式的绝版情缘

"天意怜幽草，人间重晚晴"。已是耄耋之年的两位老人，有幸在万里之遥的异域重逢，重拾旧日情怀于生命的黄昏，给这场"柏拉图"式的绝版情爱，画上一个虽不满足却也满意的句号，也算是"失之东隅，收之桑榆"吧？

贝夫人觉得，当日风云叱咤、活虎生龙般的少帅，在五十四载的软禁中，度过了难以想象的苦涩岁月，姑无论如山如阜的冤枉、委屈、失意、颠折，单就人的"正常活法"来说，也实在是太亏欠、太熬苦了！如果不能在有生之年做一次有效的补偿，这昂藏的七尺之躯，岂不是空在阳世间走一遭！"所以，这次"，贝夫人说，"我一定让半生历尽苦难的汉公，真正感知到人生的乐趣"；要他见见老朋友，广泛地接触各界，也体验一下国外的社会生活，"看看我们在美国怎样过日子"。

好在张学良虽已年届高龄，但身体尚称硬朗，尤其是来到了纽约之后，就像吞服了什么灵丹妙药，容光焕发，声音洪亮，精神头十足，兴致异常高涨。为此，贝夫人便精心策划，周密安排各项活动，整个日程都排得满满的。张学良也予以主动的配合、高度的信任。对于一切求见者，他都是一句话："贝太太就是我的秘书。你任何事情都通过她，由她替我安排好啦！"

而一些媒体记者，早已闻风而至。他们"狮子大开口"，从郭军反奉、杨常事件、东北"易帜"、"九·一八"事变，到兵谏捉蒋、铁窗岁月、两岸关系、何时还乡，以及帅府春秋、名人印象、宗教信仰、养生之道，还有同蒋夫人、贝夫人的关系，全都要刨根问底。尽管有些敏感的政治问题，他不愿深谈；但从解析历史角度谈论一些往事，他还是蛮有兴趣的。在与哥伦比亚大学中文系汉语班学生对话时，他说：

> 我年轻的时候，最不喜欢听年纪大的人讲话。他们一说话就是教训。我设身处地替年轻人想，大概你们也不愿意听我说话。不过，我可以这样说，如果同学中有人对中国清末民初的历史有兴趣，只要是以东北地区为主的，我知道的可能比任何人都多。我耳朵听到的，眼睛看到的，亲身所经历的，老实说，不能不着重北方

这一段。可以说，我是唯一的"宝"。

作为虔诚的基督教徒，张学良还经常由贝夫人陪着去华人教堂，或做礼拜，或听牧师布道。有资料记载，1991年4月7日上午10时，当牧师宣布张学良先生到来时，教堂内二百多名会众起身鼓掌，张学良面带微笑，向大家颔首致谢，然后就坐下来聆听牧师布道。结束之后，他刚刚起身，就见一位白发苍苍、拄着拐杖的老者，眼含热泪，对他诉说：

> 少帅呀少帅，我们盼了你多少年，等了你多少年啊！当年在奉天，我远远地望着你骑着高头大马，从北大营出来。少年英雄，让人好钦佩、好羡慕啊！后来听说你西安举事，被关了，被囚了，我心里多少年不是滋味。现在，没想到我还能活着见到你……

张学良激动地握着老人的手，颤声说道："学良无德无能，还让身处异乡的故人这么牵挂，真是惭愧得很。"

西方有"足岁祝寿"的习俗，是年恰值张学良九十整寿。寿诞之日还没到，在美的大批亲友，特别是寓居纽约的东北军耆旧和东北同乡会友，便接连不断地前来为他祝寿，先后达八九次。

《世纪情怀——张学良全传》记载，纽约华美协进会为了将寿庆活动办得盛大、热烈，有人曾建议凡交一百美元者，都可赴会为张学良祝寿。东北同乡表示反对，认为这样容易良莠参差，有失对老将军的尊重。台湾"经营之神"王永庆闻讯后，立即打来电话，主动出资承办。

5月31日晚，曼哈顿万寿宫灯盏齐明，人声鼎沸，大厅中央摆着十几座一人高的大蛋糕，洋溢着吉祥、欢乐的气氛。四百多名中美人士欢聚一堂，为张学良摆下"九秩"寿宴。其中包括蒋介石的孙子，宋子文、孔祥熙的女儿。晚七时许，张学良由贝夫人陪同，兴致勃勃地步入堂内，顿时欢声四起，闪光灯耀同白昼。

向前没有走上几步，张学良突然发现，前方有两列老人，齐刷刷地分立左右。随着"校长，你好!"一阵欢呼，全列老人一齐行九十度鞠躬礼，待到抬起头来，尽皆泪花满眼。肃立于队首的是东北大学在美校友会会长张捷迁，这一列的老人全是当年东北大学的学子。张学良刚要开口答话，只听右列为首的老人、当年他的机要秘书田雨时一声口令："副司令到，敬礼!"站在右列的昔日东北军军官们挺直腰板，行军礼致敬。

瞬间，张学良仿佛又回到了奉天，正在主持东北大学的开学典礼和在北大营检阅着二十万家乡子弟兵，从而，重温了早岁的桑梓浓情，并在一定程度上找回了他在世人心目中的英雄地位。他深情地凝望着这些白发苍颜、垂垂老矣的文武两班部下，将激动得有些颤抖的右手举向额际，向众人郑重还礼。

目睹这一举世罕见、感人至深的场面，纽约时报资深记者索尔兹伯里对座旁美国前驻华大使洛德的夫人包柏漪说："这种荣耀，只有张学良担当得起!"而包柏漪夫人在致辞中则说，

> 1936年发生在中国的西安事变，是中国历史上的划时代大事。而这一事件的主角张学良将军，是最伟大的历史英雄之一。张学良的所作所为，是为了实现他生平的三个梦想：祖国的富强，民族的独立，人民的幸福。而他要实现这些愿望，几乎是不可能的。因为他不可能自由自在地做自己想做的事，因为他住在城堡中，这限制了他的自由。尽管他无尽地宽恕、忍怨含痛的美德是举世罕见的，但一个普通的人、一个没有自由的人，是改变不了历史的。

这期间，张学良有机会同当年的老部下、曾任全国政协副主席的吕正操开怀畅叙。他说，"我看，台湾和大陆的统一是必然的，两岸不能这样长期下去"。并表示，"有生之年愿为祖国和平统一尽点力量"；"我愿保持我这个身份，到那一天会用得上的"。

贝夫人还帮他联系哥伦比亚大学做"口述历史"，会见一些学界名流。她知道张学良喜欢吃，好玩、好赌，便特意陪他到固定的饭馆进餐，主要是吃饺子；还多次欣赏京剧演出，到华盛顿看跑马，看球赛，看划船；除了经常在家里搓麻将，又去了两次大西洋城赌场，玩了"二十一点"。真是不知老之已至，玩得不亦乐乎。

一位心理学家说过，要想知道一个人爱不爱你，就看他和你在一起时，有没有活力，快活不快活，开不开心。汉公不止一次地说，在纽约的三个月，是他一生中最快活的时光；也是他自 1937 年 1 月被幽禁以来，最感自由的九十天。这大概指的是，不仅身边再没有国民党便衣特务跟梢、侦查；而且，也摆脱了夫人赵一荻出于关心爱护的约束与限制，从而真正做到了率性而为，无拘无束。

在这里，他仿佛重返了青春，回归当日自由自在的本我；透过社会交往这短暂而温馨的"旧时月色"，朦胧地体验到"烈士暮年，壮心不已"的虚幻价值。特别是，幸获机缘，同"一生中最喜欢的女人"畅怀适意、无所顾虑地欢聚一段时光；且因长期隔绝，距离增益了美感。

关于张学良"一生中最喜欢的女人"、"他的最爱在纽约"之类说法，蒋士云本人也并不否认。据窦应泰《影响张学良人生的六个女人》一书中记载，记者曾直白地问过她："少帅曾多次表示，他最喜欢的人在纽约，就是您吧？"贝夫人腼腆地答道："随他怎么说，随他怎么说。"

曲未终人已散

　　古人云："有白头如新，倾盖如故。何则？知与不知也。"对于张学良的天性，聪明绝顶的蒋四小姐，可说是深知深解，尽管彼此相聚无多。她知道，张学良喜欢热闹，愿意与外界接触；喜放纵，厌拘束，不愿难为自己，委屈自己；逆反心理强，你越限制他，他越要乱闯。所以，正确的做法，是任其自然，顺情适意，让他回归本性，还其本来面目。这也是一种补偿，因为他的大半生过得实在是太苦了，应该抓紧时光，好好地享受一把。

　　这是赵四小姐所无力提供、也不想提供的。应该肯定，出于真爱与痴情，赵四小姐为张学良已经付出了一切。黑格尔老人说过，爱是一种忘我境界。乌赫托姆斯基认为，"爱情不单单是情感，而且是一种奉献"，也就是"把自己的整个身心都转到另一个人身上"。赵四小姐做到了这一点。

　　但是，在尊崇个性、顺其自然方面，她缺乏应有的气魄与胆识。起码，她担心如此放手，会累垮所爱，适得其反。而蒋四小姐却认为，老年人只要体力允许，这种"信马由缰"式地解放身心，极为有益。

　　两个同样竭诚尽力的"保健医生"，所持方略截然不同。实践或许能够证明，后者是正确的。反正在这九十天中，蒋四小姐是胜券在握，赢得了一个满贯。

当然，要说最后的胜利者，还是赵四小姐。与蒋四小姐只有义务、只有感情不同，她的手中握有两宗制胜的法宝：一是道德，黑格尔老人说过，道德是弱者用来制约强者的工具；二是权利，她有予取予夺、支配一切的权利，关键时刻，她可以叫停，刹车。九十天中，她正是祭起这两样法宝，多次电话催驾，要丈夫早些回去。张学良尽管不情愿，但又不忍过拂盛意，只好来个"华丽的转身"。结果，盛筵不再，空留下一腔因情而痛、刻骨铭心的憾恨。

对此，人们也许觉得赵四小姐未免做得过分，有的还以胸襟褊窄、心存嫉妒讥之。应该说，在情感面前，往往"现实的即是合理的"，各有各的理由，很难以非此即彼的思维方式判断孰是孰非。作为赵四来说，投入的那么多，七十几年啊，所得怕失去，情感怕分割，自是常规至理。

说到汉公的天性，其实还有一个重要方面，就是多情、好色。不是有人目之为"中国的唐璜"吗？对于这一点，他自己也并不讳言，自述诗云："平生无憾事，唯一好女人"；"我虽并非英雄汉，惟有好色似英雄"。很难设想，一个美食家，一辈子只盯住一道菜，哪怕它是旷世难求的珍馐美味。至于能与赵四小姐厮守终身、百年偕老，那是"拜"独裁者蒋介石之"赐"，风流唐璜失去了"骑马倚斜桥，满楼红袖招"的条件。作为耳鬓厮磨、相濡以沫数十年的知心伴侣，赵四小姐对此是心知肚明的。

同样，她也十分了解眼前这位极具竞争力的另一位"四小姐"：饱经欧风美雨的熏沐，谙熟多国语言，思想开放，广见博识，学养深厚，且又活力四射，富有魅力；而她自己，尽管早年为了爱其所爱，也曾千里奔驰，勇决封建罗网，但就家庭影响、个人所处环境而言，终究属于传统型女人。此刻，以一己的衰病之躯，与这位老而弥健、风韵犹存的美妇相对，未免有"自愧弗如"之感，防范当然就成为至关紧要的了。

一场凄婉动人的悲喜剧，随着男主角的黯然退场而落下了帷幕。落窦的女主角，除了无可奈何的追忆，便只握有苦诉与陈情的专利。她说，令我最感困惑的是，自从汉公被赵一荻接回去，直到一年后他们长期定居夏威夷，本来是离得很近的，却再也没有见面的机会，而且断了联系，连通个电话都成为不可能。纽约分手，原以为后会有期，万没想到，竟是永生的诀别！

事过八年之后，在回答祖国大陆访谈者的提问中，贝夫人还说到：

和汉公分手以后，我打过两次电话，打不进去。我知道有人阻拦。他不便跟外界接触，大概是觉得不方便，也许不自由。他们的生活很奇怪，没有他的自由。有很多外国人要去看他，他不能见。到底为什么，莫名其妙。我想，他一定觉得很苦。都到这个年纪了，还要怕什么？就是他内人管，这也是多余的。反正这么大年纪了，让他自由好了。自由是最要紧的。

于凤至器量大，这个人很了不起。她将少帅让给赵一荻，自己难过自己克服，少帅觉得怎么好就怎么做。赵一荻器量小、专制，她一向不喜欢少帅和朋友来往，不要他和别人接触，要控制少帅。她不了解，像少帅这种人，怎么可以不见朋友呢！不过，她陪着少帅，幽居了几十年，实在不容易。

汉公第一次到美国来时，那么开心。我很多朋友请他吃饭。他定居夏威夷后，思维依旧清晰，会想这里的朋友，但他能有什么办法呢？我就不懂赵一荻，在台湾跟他见面，赵一荻拦住他，希望最好不要见我。这大概是女人和女人之间总有看不开的地方。在纽约的时候，少帅身体特别好，手杖都不用，脑筋又清楚，说话谈笑风生，特别幽默。我劝他不能坐轮椅，坐惯了轮椅腿就没用了。搬到夏威夷以后，精神就慢慢不行了。现在，大概要整天坐着了，真没意思。

"世间好物不坚牢，彩云易散琉璃脆"。到头来，曲终人散，空留下一番凄美的追忆。此日重寻旧迹，只能在每个礼拜天，看到身着体面服装的贝夫人闪现于华人教堂中的身影，而身旁的汉公已经不见了。

　　伴随着高耸的穹顶下一阵阵流转的管风琴浑厚的声音，她手抚《圣经》，低头祈祷，内心里漾起一种难以名状的感动。定居美国数十年，她一直没有任何信仰。但是，自从每周陪同汉公到教堂来做礼拜和听牧师讲经布道，受到了深深的熏染与陶冶，从此，她便也信奉了基督教。她把所爱的人的信仰作为自己暮年的唯一追求，以此寄托无尽的怀念与追思。

鹤有还巢梦

日暮乡关何处是

> 游子殢天涯，惨淡年华。可怜春过不回家。老鹤还巢犹有梦，雨暴风斜。 耆旧暗嗟讶，不见归槎。青楼寥寂噪昏鸦；无主空陵开又闭，谢了林花！
>
> ——题记·调寄浪淘沙

今古文人都喜欢用"飘零"两个字来状写自己的游走生涯。老杜的"飘飘何所似？天地一沙鸥"，算是最形象不过的了；而东坡居士的"人生到处知何似，应似飞鸿踏雪泥。泥上偶然留指爪，鸿飞那复计东西"，则道尽了萍踪浪迹的漂泊人生的衷曲。

泊乎现代，最有资格谈论这一话题的，也就是说，对于飘零况味真正有切身体验的，我以为，大概非张学良将军莫属了。他常说，自己是"走星照命"。不是吗？他只能说出祖籍是辽宁海城，而出生地却找不到确切的地点，因为他"落草"在一辆奔跑着的大马车上。尔后，便南北东西，萍浮梗泛，从关外到关内，从北方到南方，从大陆到台湾，从中国到外国，颠沛流离了整整一个世纪。

"年年难过年年过，处处无家处处家"。以致定居在檀香山之后，关于家，他还在困惑着。一次聚会中，他的五弟张学森看他坐了很长时间，担心过于劳累，便说："大哥，咱们回家吧！"他听了，愣怔了片刻，突然问道："家在哪疙瘩？咱们还有家吗？"这种凄怆的反问，从另一个层面上，印证了老人是无时无刻不在思念着家园，思念着故乡的。

也是在国外，一次，《美国之音》资深节目主持人问他："自从发生西安事变以后，您的住所一直漂泊不定，这些年来您一直住在台湾，现在来到美国看望家人。您觉得您现在的家究竟在哪儿？"

日暮乡关何处是？这个问题着实让老将军犯了一番核计——

如果说，家是指长期居住的处所，那么，他在台湾倒是羁留了几十年。只不过，那并非宴处安居、和乐且闲饱享天伦之乐的庭园，而是被监禁着、看管着的场所。难道能说监禁场所就是家吗？

如果说，家就是故土，是乡园，是族群血缘繁衍之地，亲人生息之所，香火缭绕之乡，父祖埋骨之地，那么，他的家应该是在辽河之滨，医巫闾山东麓。可是，他离开那里已经六十多年了，那风翻林啸的山光峦影，那日夜喧响的辽河涛声，那循环往复、生生不息的"青青河畔草、郁郁园中柳"，还认得他这个天涯游子，还能接纳他这个有去无回的耄耋衰翁吗？

如果说，家指的是现时的居住地——户口簿上的地址，那么，他可能会说，我的身躯确实在此，可是，醒里梦里，冬寒夏暖，心魂时刻都在回归故乡。在灵与肉判然分割的情况下，你该如何定这个案呢？

老将军经过一番斟酌，最后，繁话简说，采取写实的方法回答了记者：

> 我年轻时，当然家是在东北。长大了，我飘荡不定，随遇而安。我还想我自个的大陆故土，我还是怀念故土。可是，自"九·一八"后，我就没有回过东北老家。

说来，人的情感真也特别有意思，往往是空间距离越大，思念便会越深；故乡离得越远，情感会拉得越近；睡梦里，眼睛闭着，却看得分外清楚，异常鲜明；而年代越是久长，就是说，特别是到了老年，思乡、怀旧的情感便愈益炽烈，越发难剪难理；而且，异乡结梦，几乎梦梦皆真。

有人问了：世界上，有没有一样东西，在你失去了七十年之后，仍然属于自己的呢？回答是：说不清楚。如果硬是要给出一个答案，那么我说，恐怕就是故乡了。不是吗？这个隐藏在心底的故乡，哪怕是一砖一石、一草一木，通过大半生的想象与向往，经过浩荡乡愁的刻意雕饰，它就像存贮多年的陈酿那样，已经整个地醇化了，诗性化了。听听老将军在异国他乡对于家园的"旧时月色"的甜美回忆吧：

晚上，有月亮，我就听士兵们在吵。我就说：吵什么？闹什么？他们说看见河里有个鱼，挺冷的天呐，八九月间了，他们下去就去抓，把这个鱼活着给抓上来了，一条白鱼。第二天早上，我们在船上，搁白水煮煮，那好吃极了，新鲜白鱼那太好吃了。我本来不大吃腥的玩艺，那个真是美极了。可惜我没有苏东坡做首诗的天分。

……

对人参，我父亲是内行，他对参茸最内行了。他们采人参的人讲，说那大雪，那都下得多厚啊，奉天的冬天，你没到过奉天吧？那冬天什么都看不见，那都是雪啊。采人参的时候，一看那雪有个洞，底下一定就有。他们说，挖人参不是用铁东西挖的，是拿竹子和木头来挖，冬天那很冻很冻的冰啊，不过在雪底下比较软一点，就一定要当时把人参挖出来，要是不挖出来，说它就会跑了。我想那是迷信。

看得出，他对故园的一切，都怀有深厚的感情。

1980 年，老将军有金门之行，"故园西望路漫漫"，这在他的铁窗生涯中，是唯一的一次。站在海岛的高地上，他通过高倍望远镜，贪看着海峡对岸的锦绣风光，不禁百感丛生，兴起了浓烈的故园之思。过后，他在一封写给亲友的信中，专门谈了当时的心境，并引用了于右任先生晚年的诗作：

> 葬我于高山之上兮，
>
> 望我大陆；
>
> 大陆不可见兮，
>
> 只有痛哭！
>
> 葬我于高山之上兮，
>
> 望我故乡；
>
> 故乡不可见兮，
>
> 永不能忘！

"等是有家归未得，杜鹃休向耳边啼！"人同此心，心同此理。像于右任先生一样，张学良感同身受，甚或过之。

"故乡不可见兮，永不能忘"，那么，如何来补偿这一缺憾、了断这份情肠呢？于是，便"锦绣家山纸上看"了，寄情于、留意于反映祖国风貌的各种图书、音像、文物。他的眼睛看东西已经十分吃力了，但当来自辽宁的乡亲把大帅府和张氏家族三处墓园以及他出生后寄居亲属家的后园枣树的照片带给他时，他竟连连看上半个时辰，辨认着哪个是大青楼，哪个是小青楼，哪个是老虎厅，他的父亲是在哪个房间谢世的；还给身旁的人讲了父亲死后他在铁背山选定墓地的经过。讲了一阵，便又拿起放大镜，再次把"元帅林"的照片从头看起。

解禁之后，祖国大陆常常有人前去探访，只要是来自故乡辽宁的，他便会细致地追问："哪疙瘩儿的？那里都有哪些新的变化？"什么什么地方现在怎么样，什么什么人的后代如何，接着，便又是一番深情的追忆。

　　1992年12月，媒体传出了《大陆文物珍宝展》即将赴台的消息。耄耋之年的老将军，兴奋得手舞足蹈，像儿时盼望过年那样，掐着指头一天天地算计着。这一天终于来到了，他早早地赶到现场，看得动情时，竟然离开轮椅，站起来欣赏着一件件珍贵的展品。马王堆出土于荆楚大地，这里是他当年驻节的场所，他详细地询问那里离武汉有多远，是走水路还是走旱路，让人觉得不久他就会踏上这一征程的；围绕着兵马俑，他前前后后转了多少圈，硬是舍不得离开。当他听说出土地点就在始皇陵附近时，他说：“那里是我的旧游之地，临潼离西安不过三十公里。”又看了金缕玉衣，他仿佛又回到了冀北山区，耳畔回响起昂扬激越的燕赵悲歌。他询问整个玉衣用了多少玉片、多少金丝，还问墓主刘胜是不是刘备的祖上。次年8月，在观看《敦煌古代科技展》时，他同前来观展的蒋纬国就“木牛流马”究为何物，展开了一场激烈的争辩，俨然一个十分内行的古代名物专家。

乡梦不曾休

　　“鹤有还巢梦”，这是铁定无疑的了。至于近期有没有“还巢”的打算，什么时候成行，当时还是未知数。

　　1991年3月，张学良首次离开台湾，前往美国探亲，也开始公开露面。当台湾《联合报》记者问到他："听说中共大使馆很注意您的行程，您有可能转回东北老家看一看吗？"

他的回答是："我不知道注意我的事，我也从未和大陆亲属联络。我不排除到东北的可能性。大陆是我的国家，我当然愿意回去。"

记者又进一步追问："有没有考虑回东北定居？"

他说："考虑什么？我从来就没有'考虑'这一回事。我要什么时候去，就什么时候回去，考虑什么？"

而当回答《美国之音》节目主持人"您有没有打算就便回东北看看您的故土"的提问时，他说："当然我是很愿意回到大陆，但时机尚未成熟。"

问："在什么样的状况下，您会回去？"

答："假若两方敌对的问题完全没有了，我就可以回去了。"

看来，在老将军那里，基调已经定下了，这是一句十分关键的话语。只是当时，尚未引起人们的足够注意。

而在大陆政府和家乡人民方面，对于老将军的一切都是深切关怀、高度重视的。诚如台湾记者所说，当他们夫妇从台北桃园机场踏上赴美探亲之旅的消息传到北京时，中共中央确是格外重视。当时，中央作了四项安排：一是当年6月在北京为张学良举办九十一岁寿庆活动；二是郑重纪念"九·一八"事变六十周年；三是修葺大帅府和元帅陵，为张学良归来迁葬其父张作霖的遗柩，做好前期准备工作；四是派出一位党内高级干部，赴美转达中共中央对于张学良还乡的欢迎之意，并具体负责安排有关事宜。经过中央书记处讨论，最后选定了原全国政协副主席吕正操将军——他和张学良是同乡，属于东北军旧部，又是西安事变的直接参加者，他们有着至为深厚的感情。

其间，全国政协主席邓颖超还以私人名义，写了一封亲笔信，诚邀张学良回访大陆。信的原文如下：

鹤有还巢梦

汉卿先生如晤:

　　岁月不居，时节如流。数十年海天遥隔，想望之情，历久弥浓。恩来生前每念及先生，辄慨叹怆然。今先生身体安泰，诸事顺遂，而有兴作万里之游，故人闻之，深以为慰。先生阔别家乡多年，亲朋故旧均翘首以盼，难尽其言。所幸近年来两岸藩篱渐撤，往来日增。又值冬去春来，天气和暖，正宜作故国之游。今颖超受邓小平先生委托，愿以至诚，邀请先生伉俪在方便之时回访大陆。看看家乡故土，或扫墓、或省亲、或观光、或叙旧、或定居。兹特介绍本党专使×××同志趋前拜候，面陈一切事宜。望先生以尊意示之，以便妥为安排。

　　即颂

春祺

邓颖超

1991 年 5 月 20 日

　　关于吕正操与张学良的晤谈经过，少帅研究专家窦应泰曾有专文叙述。略谓：5 月 29 日，在纽约贝祖贻夫人的住所，吕正操首次会见了阔别半个多世纪的老上司，进行礼节性的晤谈和赠送寿礼。第二天上午，他们又避开所有外人，在曼哈顿一家瑞士银行的经理办公室，交谈了一个小时。吕正操首先转交了邓颖超的亲笔信。老将军看后，感慨万端，动情地说："周恩来我熟悉，这个人很好。请替我问候邓女士。"接着，吕正操又转达了邓小平、江泽民对他的问候，以及欢迎他趁赴美之便返回祖国大陆探亲访友的良好意愿。老将军颇受感动，说："我很想回去，但现在时候不到，我一动就会牵动大陆、台湾两个方面。我不愿意为我个人的事，弄得政治上很复杂。"

　　6 月 4 日，老将军又主动提出与吕正操再次会面，地点安排在中国常驻联合国代表团的官邸。谈话进行三个小时，范围十分广泛。听了吕正操介绍中共中央关于一国两制、和平统一祖国的大政方针，他极表赞同，并表达了在自己的有生之年能为祖国的和平统一尽一份绵薄之力的愿望。

他还请托吕正操转交他亲笔写给邓颖超主席的回函：

周夫人

颖超大姐惠鉴：

　　×××来美交下尊札，无限欣快，又转述中枢诸公对良之深厚关怀，实深感戴。

　　良寄居台湾，遐首云天，无日不有怀乡之感。一有机缘，定当踏上故土。

　　中枢诸公对良之盛意，敬请代向致敬。

　　另转请×××转陈愚见。

　　肃此

　　敬颂　夏安

张学良顿首再拜
6月2日

鹤有还巢梦

267

几乎与此同时，老将军在大陆的七位当年的部下，以耄耋之年万里驰函，向老上司陈情："深盼能不放过我公一生惟一之九秩寿诞，为公面祝南山不老之寿，借叙离情；我公亦可假此机会，探视扫墓，移葬先人。"

此刻，大陆方面已经做好了一切接待的准备：沈阳的大帅府整修一新，清新的花丛、碧草，伴着明窗净几，在默默地等待着迟归的主人；空置了六十年的铁背山元帅林，四柱三楼的汉白玉石坊巍然高耸，三层宝顶闪着青光，闲阶净扫，陵门洞开，前后新栽了几行青松翠柏，静候着老将军主持安灵仪式；西安金家巷张公馆的卧室，按照当日的场景作了重新布置，便于旧主人缅怀飞逝的岁月……乡亲、故旧在翘首迎候，东北、西北在同声呼唤。

而远在大洋彼岸的老将军，像是作有意的呼应，在经由夏威夷飞回台湾途中，接受了记者的采访。他说：

> 我要完全以一个老兵的心情，在适当时候回到东北老家去探亲、访友、叙旧，决不涉及传达两岸任何讯息的事，也不做长期定居大陆的打算。返回东北老家后的第一个心愿，是前往父母的坟前拜祭，以了却几十年来未能亲自扫墓的愧疚。在大陆访问的探亲行程，将由东北亲友代为安排。

他一再申明，回大陆纯为私人活动，与政治无关，希望两岸媒体不要打扰他。"我本人早已退出政治，早已脱离政治。我希望人们不要把我回去探亲、扫墓的事同政治连在一起，不要这样，我不喜欢这样"。

话虽这么说，但港台记者都注意到了："何时返回大陆去看看，他一直未定。看来这件事还得等他回到台北见到李登辉，请示、商量以后，才能定夺。"

一直等到第二年秋天，始终他也未能成行。不过，有关张氏伉俪返回大陆的信息，倒是与日俱增，渐渐多了起来。当时，老将军因患感冒住进了台北荣民总医院。《联合报》记者闻讯赶到，直截了当地问道："出院后，是否就要安排返回大陆的行程？"老人机敏地避开，说："很抱歉，我没有戴助听器，听不清你提出的问题。"夫人赵一荻代为答复："他现在还躺在床上，你看他这样子，怎么去？"

也许是为了解除夫人的疑虑，主治医师说："如果张先生想回大陆，体能上绝对没有问题。"这不合时宜的插话，煽动了记者的热情，马上追问："外界都很关心这件事，张先生能否告诉我们一个明确的答案？"正在老人思考过程中，记者又追问一句："能不能这样说：出院之后会考虑大陆之行?"老将军听了,点了点头,看看夫人。于是,赵一荻告诉记者:"好吧!你可以这么说:我们会在这次出院后,慎重考虑是否回大陆看看。"

意思原是很清楚的,是不是回去,出院后再慎重考虑。可是,后来见报的消息,标题却是明确地亮出:张学良决定近期返乡探亲。文中说,确切日期,将视其身体状况及东北气候而定,一般推测,8月底或9月初可能成行。这由记者提示、诱导、发挥所形成的讯息,最后竟不胫而走,传遍了整个世界。

到了次年3月,报章上又刊出蒋纬国"主动函约张学良伉俪结伴返乡"的信息:此行以扫墓、探亲为目的,重点是沈阳与奉化;其他则以旅游为主,包括的城市有西安、重庆、南京、北京。孰料,两个月后,蒋纬国心脏病发作,在医院里抢救。更糟糕的是,这期间,赵一荻夫人又患了老年性骨质疏松症,也住进了医院。这样一来,老将军返乡、扫墓的计划,便统统落空了。其实,上述这些安排,本都出自患病前的蒋纬国的设想;至于张氏夫妇是否接受,他们还有些什么想法,尚不得而知。

总之,返回大陆东北的愿望,最终成了幻梦一场。九秩寿诞时,他曾为旧日挚友阎宝航的女儿阎明光题写了一副联语:

鹤有还巢梦
云无出岫心

悠悠幻梦而已,尚何言哉!当时人们大概都没有料到,一语竟然成谶。

可怜春去不还家

　　那么，为什么已经有了回乡条件，老将军却又不肯返回祖国大陆呢？

　　对此，海内外媒体有种种猜测。一种说法，由于已届高龄的张氏夫妇当时身体欠佳，怕适应不了东北的气候。其实，在首次赴美探亲前后，他们的身体尚好。只是定居夏威夷以后，张氏伉俪的身体确实已一天不如一天了，失去了返回东北的机会。还有人猜测，是由于夫人赵一荻从中加以阻拦。应该说，这是一个因素，赵四小姐确曾公开表示过，不希望张将军回去，主要是担心他的身体吃不消，因为他一接触到故乡亲友便会激动万分，情绪久久安定不下来，多少天吃不好、睡不好。当然，如果老将军执意回来，身体又能够坚持，通情达理的一荻夫人，大概也不会硬性加以阻拦的。还有一个因素，他的一个侄子如是说："我们长期跟他相处下来，我们都知道，如果回东北他会更难受。因为这是爷爷的地方，他完全丢掉了。他怎么回来面对他父亲留给他的一切呢？……而且，他自己觉得他没有战死在沙场，是他欠了其他人。所以，我们去服兵役的时候，我大伯对我们说，必须要很勇敢去面对所有的一切，不要怕苦，这样出来以后，才可以做一个真正的男人。"

　　现在作客观分析，他之所以最终未能成行，应该说，有外因与内因两个方面。

窦应泰认为，政治阴影始终笼罩在这位一生热爱祖国、主张国家统一、反对"台独"的民族英雄身上。众所周知，自西安事变起，张学良就与中国共产党结下了深厚友谊。即便他羁身铁窗之中，与世隔绝，周恩来仍然通过秘密渠道与他有过书信往来。所以，当张学良1990年恢复自由后，他面对海外媒体，曾数次表露出对中共领导人，特别是周恩来的思念之情。邓颖超病故，他曾专函嘱托北京友人，代他和夫人送上一只花篮，以志哀悼。而这一切，都触犯了台湾当局的忌讳。老将军在美国的旧友、台北"中研院"院士张捷迁透露一个鲜为人知的信息：汉公于1990年秋天，曾打算去香港参加一位早年朋友的孩子的婚礼。但是，由于台湾当局的阻拦，以致未能如愿。他们认为，香港情况复杂，而且紧邻大陆，张学良一旦到了罗湖桥边，弄不好就会迈过那条界限，回到他日思夜想的东北家乡去，那样，事情就麻烦了。

看来，张学良晚年未能回归故乡，台湾当局给予他的精神打压过于沉重，这是一个重要原因。积极策动"台独"的李登辉，表面上以张学良的基督教友自居，实际上对于他的自由出入却制造了重重障碍。据台湾报纸披露：

> 贝夫人讲，少帅居停纽约时，北京派不少人来看他，中共当局已经备妥一架专机，只要少帅愿意返回大陆，专机即随时飞至纽约搭载少帅。贝夫人当时曾力劝少帅回大陆看看，说这是大好机会。少帅说：李登辉只准许他到美国来，他不能借此机会就跑去大陆，这样做对李登辉不好交待，而且也会给两岸关系带来不必要的麻烦。而他又是个讲义气的人，不愿意难为李登辉。再者，既然台湾当局不想让他返回大陆，如果他贸然回去，就等于偷偷摸摸地跑回去，也不符合他的性格。贝夫人劝他，不要管那么多，你就利用这个好时机回去走走。少帅一直犹豫不决，想回到台湾请示李登辉，待批准后再回大陆。贝夫人说："你不用问他，问也白问。他一定

不准。"请示的结果，果然不出所料，李不准他回去。

贝夫人说，少帅上了李登辉的当……

上李登辉的当，是因为张学良没有看清他的本质。归根到底，还是轻信。从前轻信蒋介石，最后又轻信了李登辉。结果，抱憾终身，始终未能圆此还乡之梦。若是说最终的遗憾，这该是主要的一项。他返回台湾之后，为了实现回大陆的愿望，足足等了两年半时间，一次次地试探，一次次地遭到回绝，最后带着满腔幽怨，愤然走出国门，掉头不顾，永生永世再也不想返回台湾了。目的就是为了摆脱控制。只是，风烛残年，身体日渐衰颓，终于有心无力，想要回大陆看看也没有条件了。

当然，这只是一个方面；自身的考虑也要占很大成分。人们分析认为，充当了一辈子"政治角色"的他，由于所受到的伤害太严重、太残酷，因此，再也不想卷入两岸纷争的政治漩涡了。这样，在是否返回大陆这个问题上，他始终处于游移状态，含含糊糊，模棱两可。张捷迁先生说：

> 张将军非常想念家乡，愿意在适当时候回去看看。但是，由于海峡两岸的政治关系影响，现阶段还不想回去。他总觉得自己的年龄越来越大了，不想再卷入政治的漩涡之中，愿意继续等下去；待政治气候晴朗下来，海峡两岸谈判有了完满的结果后，在安定、和谐的社会环境下，再考虑回大陆。

其实，这番心思，他在回答《美国之音》记者提问时，已经表述得非常清楚了。他是这样说的："当然我是很愿意回到大陆的，但时机尚未成熟"。"假若两方敌对的问题完全没有了，我就可以回去了。"

1993 年，两岸正在举行"汪辜会谈"。老将军对此异常关注，寄予了深切期望；并且表示，愿意为两岸和平统一做点事情。他曾对友人说："晚年最大的愿望是希望中国和平统一，自己也可以安居乐业，回家乡看看。"但是，台湾当局根本没有统一的诚意，因此也不想让他介入这件事情。结果，回乡的愿望也就落空了。

至于为什么他非要等到两岸结束敌对状态才肯回去，这个问题的蕴涵就很深了。虽然他口口声声说要"脱离政治"，实际上，他时时刻刻考虑的仍然是政治问题。其间有着很深的考虑，说穿了，也就是虑及自己身后的历史地位。表面上，甚至于心态上，他对过往的一切，已经视为过眼烟云，淡然处之；但在实际上，作为曾经在中国现代史上留下过浓重一笔的风云人物，尤其是一个受中华传统文化影响至为深远的老派政治家，他还是十分爱惜羽毛的。

他的想法，一是全身而退，洒脱地转身退下，退出历史舞台，为多灾多难又多姿多彩的人生画上一个句号，维持自己的"失败英雄"的完整形象；其二，滤除政治色彩，淡出两岸的纷争，以中间状态出现，使自己成为一个超越意识形态、各方都能够接受的中华民族历史上的伟人。

但是，这种中立状态的出发点，却又不是纯然为着个人，其中有着更为崇高、更为深远的意义在。原来，他想要在"桑榆晚景"中再完成一项有功于国、泽被千秋的伟业。作为第二次国共合作的奠基人之一，他衷心期望能够通过自己的特殊身份，在实现国共第三次合作中再一次发挥其独特作用，起码可以在沟通两岸关系方面充当一名使者，促进两岸和解，进而推动祖国统一。

当记者问到"对第三次国共合作有什么看法"时，他回答说：

> 我可以促其成功就是了。现在已经老了，在政治上也没什么了，我能帮忙，我很愿意尽我的力量，鞠躬尽瘁，死而后已。我愿意中国统一，年轻时到现在，我这个人过去的事都摆着呢，凡是为

国家为人民的事情，我都很愿意帮忙。

他在和当年的部下吕正操将军第三次交谈时，讲得就更加明确了：

> 我愿保存我这个身份，到那一天会用上的。我虽然九十多岁了，但是天假之年，还有用得着我的地方，我很愿意尽力。作为一个中国人，我愿意为中国出力。

现在，看得很清楚了，他之所以特别留意于那种超越于意识形态、政治色彩的"中间状态"，在很大程度上，是出于"保存这个身份"的考虑。

当时，海外许多有识之士对此都乐观其成。美国资深记者索尔兹伯里曾说：

> 少帅已投身一项新的努力——促进北京和台湾建立统一的中国。他的许多同胞认为，他有可能取得成功……少帅认为，他本人是中国统一的象征。由于他在中国大陆和台湾所受到的尊敬，似乎使人觉得他所做出的不陷入历史纠葛的榜样，可能会取得在西方人看来是小小奇迹的成果。

正是由于他对两岸关系"解冻"比较乐观，充满着期待，因此，他不想因为急于返回大陆，而妨碍充当这一角色，从而妨碍这一神圣使命的完成。

基于这一系列的深层考虑，我们大体上可以认定：如果关于他过去的一切作为，在海峡彼岸并不存在太大的争议，也像祖国大陆那样一致的拥戴与赞赏，那他在回归故土的问题上，也就不会存有过多的顾虑了；如果他的回乡探亲，没有引起各方面普遍的注意，特别是媒体的蜂拥炒作，也许他就可以悄没声地回大陆来走一走、看一看了；如果对于他的回乡探亲，没有大陆的高端介入，不是那样准备以最高的规格隆重、热情的接待，只是像他所希望的那样"由东北亲属"来出面安排，也就是摆脱一切政治色彩，也许他就不会那样犹豫不决，顾忌重重了。

这个问题弄清楚了，为何定居夏威夷的疑团也就容易索解了。除了那里气候宜人和靠近五弟学森免致暮年孤独这两个因素以外，恐怕还有心理因素与政治因素的考量。在这个既远离台湾又并非大陆，既为美国领土又并非美国本土，孤悬大洋中的"旅游者的天堂"，优游岁月，以终天年，对于这位意志坚强却神经脆弱的"政治老人"来说，是不是可以减轻些许未能回归大陆所带来的心理负担与客观责难呢？

"长寿经"

拙作《张学良人格图谱》一书面世后，广东韶关一位读者来函，说张学良在逆境人生中，一路上"刀山剑树"，万苦千辛，却能长命百岁，寿登期颐。这种情况，在环球著名政治人物中，即使不是仅有，不是唯一，也属于极端罕见的现象，希望我能补写一篇《张学良的"长寿经"》。此议实获我心，因为这方面的内容比较充分，而且，确实又是公众共同感兴趣的一个话题。

一个有趣的老头儿

凡是接触过张学良老先生的人，都有一个鲜明的印象，就是他是一个十分有趣的老头儿。他抱有一种积极乐观的处世态度，具备平和、坦荡、诙谐、幽默的性格。对一切事情都能看得开，放得下，安时处顺，旷怀达观。

他所经受的苦难、波折，可以说，比任何人都多。哪个小孩不是出生在屋舍里、床头上？唯有他在飞奔着的大马车上落草。老辈人说，这是一个不好的兆头，注定了他一辈子"走星照命"，颠沛流离。你看，他萍浮梗泛，南北东西，足迹遍布多半个中国，从大陆到台湾，最后又飘零到异国他乡。一路长驱，别，别，别，掉头而去，一去不回。他三十一岁离开沈阳的帅府，从此便告别了东三省，此后再也没有回去过；三十三岁离开北平，三十五岁离开武汉，三十六岁离开西安，三十七岁离开南京，都是再也没有回去过；四十六岁离开大陆，再也没有回去过；九十三岁离开台湾，飞往地球的那一侧，浪迹天涯，更是再也没有回去过。说来也是很令人伤怀的。换句文言来表述，叫作"于我心有戚戚焉"。

可是，他自己却似乎行若无事，满不在乎。看上去，整天里平和淡定，心无愁念，面无戚容。在他九十岁祝寿会上，旧日挚友阎宝航的女儿阎明光请他为《阎宝航传》题写书名时，他又开起了玩笑，问是哪个"阎"；明光说："阎王爷那个阎。"老人家哈哈一笑，说："阎王爷？我不认识他，我可没见过。咱们还是离他远点好。"

这天，老先生的兴致特别高，他亦庄亦谐，谈笑风生，时而云遮雾绕，时而月朗风清，充满了生命的活力和生活的情趣。他讲过了一些陈年旧事，然后又告诉大家："我一生有三爱：一爱打麻将，二爱说笑话，三爱唱老歌。"接下来就和年轻人一起侃大山。听人称他为"民族英雄"，他连连摆手，说："什么英雄？是狗熊啊！"祝他"寿比南山"，他说："那不成老妖精了！"当有人向他请教长寿秘诀时，他说："人的生活要简单，简单的生活能够使人长寿。"还说："我的最大长处，是心里不装事。如果明天要枪毙我，今天晚上也仍然能够吃得香，睡得甜。"

鬓毛已衰，乡音未改。他仍旧是把"张学良"读作"张肖良"，

"爱"读作"耐"，"猜谜"说成"猜枚"，"枪毙"说成"枪癙"；"哪儿"还是习惯地叫作"哪疙瘩儿"，"疙瘩"读成"嘎瘩"。

照一般规律，历经几十载的痛苦磨折，任是金刚铸就，顽铁锻成，也早已形同槁木，心如死灰。可是，他却丝毫不现衰败之气，胸中依旧滚动着年轻人那样鲜活的情感和清新的血液，诙谐，活泼，一返童心，饶有风趣，充满了朝气。他身处逆境之中，却像圣人之徒那样，"人不堪其忧，而回也不改其乐"。平常总是很开心的，特别喜欢逗趣，经常同人开玩笑。

资料记载，在海外一次聚会中，五弟张学森看他妙语连珠，乐而忘倦，提醒他早些休息，说："大哥，咱们回家吧！"

他嘻开笑脸，像个顽皮的孩子，噘着嘴说："我不回家。"

五弟便也同他开起了玩笑，说："你不回家，我要报告大嫂！"

他逗乐说："那我就向大嫂告状，说你不带我回家。"

五弟见他这样开心，便说："我带大哥到这里玩，大哥得给我发奖金啊！"

老先生便从衣袋里取出钱包，然后慢慢地在里面翻找着什么，人们都以为他真要掏出钞票，给老弟发放奖金，谁知，摸出来的竟是一根牙签。他笑嘻嘻地对五弟说："这牙签就当作奖金吧！"

兄弟俩就这样，言来语去，重现儿时亲情，尽享天伦之乐，使在座者感到无限温馨。

日常待人接物，汉公出语幽默，妙趣横生。1967年秋，著名国画家张大千应邀在台北举办画展，报纸刊布消息时，误把"张大千大师"印成"张大千大帅"。一见面，张学良便说："我的消息太闭塞了，人事多变，几年不见，我大哥张大千竟飞黄腾达成了大帅了，真是文武双全啊！"因问："大哥，你是什么时候改了行？何时晋升、现在何地统率陆海空三军啊？"

张大千笑着回答："刚刚加官晋级，而且，不只统率三军，还得加一个军，我是统率笔、墨、纸、砚这'新四军'啊!"

在台拘禁期间，汉公一度由军统出身的王新衡负责"管束"。此人早年曾做过张作霖的总参议，后来投靠了蒋介石，西安事变前，曾在那里担任特务处主任；晚年成了常相过从的"三张一王"小沙龙的成员。一次，汉公同他开起了玩笑，戏问："哎，我说你们是什么特务啊? 西安事变那么大的事儿，你们事前怎么一点也不晓得呀?"王新衡"嘿嘿"笑着，竟无以为答。

过后，汉公对身旁的陪侍人员说："这世界上有'三统'：宣统，中统，还有饭桶。"

监禁中，原东北军十几位部属，结伴前来探望他们的少帅。尽管旁边有暗探环伺，碍口的话不能直说，但彼此心源还是灵犀互通的。"暮年相见非容易，应作生离死别看"（陈寅恪诗）。一个个老泪纵横，手紧紧地握着不放，充溢着难舍难分的依恋之情。规定的会面时间到了，少帅只好断然发出口令："成三列纵队，列队站好——向后转——开步走!"这样，才算缓和了悲凉的离愁别绪。

听说汉公要赴美探亲，美籍华人祖炳民博士前来看望，说："旧金山有一所佛教大学，是由大陆东北籍的一个出家人创办的，他盛情邀请您前去讲授明史。到时候，不仅是学生，各地的学者、教授都会拥挤着来听您讲学。"

汉公听了，神情诡秘地说："我已经不研究明史了。你猜猜，我正在研究什么?"

祖博士说："猜不着"。

汉公说："我现在专门研究男女关系。"说着，就念了一首打油诗：

自古英雄多好色，未必好色尽英雄。

我虽并非英雄汉，惟有好色似英雄。

逗得在座的人哄然大笑。

有时记者采访，一连串提出几个问题，他就说："咱们还是坛子喂猪——一个个来吧！"当记者请他"赐半身照一张"时，他就嬉皮笑脸地说："你得交代清楚，是上半身还是下半身。"发现出版书刊所记失实或者所论非当，他会说："这真是板凳上挖洞。"——什么意思？放屁还要刻板嘛！即使面对有意回避的政治问题，他也绝不冷漠地以"无可奉告"之类外交辞令断然排拒，而是微笑着说："我是与世隔绝的人，不了解世情，更不参与政事。"有时，还会突然转换话题，把坐在身边的女士指给记者："你看，我忘了介绍，这是我的干闺女。"然后，笑着解释："我老家那疙瘩儿，称呼自己女儿为'闺女'。不知你们年轻人知不知道这些？"遇有记者穷追不舍，难于回答又不好拒绝时，他就会说："干脆给你一把镐头吧！"见对方一脸茫然，便解释道："你好去刨根儿呀！"这种打岔式的谐趣，犹如一副解构"庄严话题"的泻药，记者在一笑之余，也就无意穷追细诘了。

不过，有时老先生也会毫不客气，不讲情面，让人下不了台。在他做客纽约期间，东道主贝夫人接待一位来自中国大陆的著名气功师。寒暄过后，夫人请他给客人治治耳朵。可是，对这类"子虚乌有"的货色，老先生一向不以为然，甚至深恶而痛绝之。一见面，他劈头就问："你是哪一行的大师呀？佛教呀，印度教呀，还是喇嘛教呀？他们说你能治我的耳朵。若是你能治耳朵，还要医生干什么？"为了缓和气氛，旁边有人说："这位气功师是中医大夫。"老先生上下打量了他一番，接着又揶揄地问："大夫？那你是哪个医院的主治大夫呀？"顿了顿，半开玩笑半是认真地说："要是在我当年，见着你的时候，就把你枪毙了。"贝夫人赶紧过来打圆场，告诉气功师："他这个人太犟了！您先给我看。"说着，就把他拉走了。

养生重在养心

当人们处在极端逆境之中，对于身体健康（其实也就是对待生命），往往采取两种截然不同的态度：一种是情怀抑郁，意志消沉，悲观绝望，自暴自弃，"破罐子破摔"，抱着混的态度；另一种则是主动适应变化了的环境，保持健康向上、积极进取的精神，爱护身体这一"事业的本钱"，条件越是恶劣，越是要注重养生，争取保有一副健康的体魄。张学良正是这样。

他的后半生，可说是时时刻刻都在和抑郁、消沉作斗争。依常人之见，像他那样，由大红大紫、高官显位，一下子落入深渊谷底，千重浪里翻腾过，百尺竿头跌下来，如果心路窄，想不开，即便不自寻短见，也早就愁死、闷死、窝囊死了。可是，他恰恰相反，一切都泰然处之。

关键的一条，是抱有坚定的信念，这是一个人身心健康、益寿延年的强大精神支柱；从医学角度看，它能最大限度地增强神经和内分泌系统的调节功能。变化再剧烈，环境再恶劣，处境再艰难，他也总是深信自己所坚持的道路是正确的，为抗日救国牺牲一切都是值得的，从而能够静观世变，笑对未来，坦然面对一切风波险阻、困苦颠折。

养生之要，在于养心。《黄帝内经》中有个著名的律条："恬淡虚无，真气从之，精神内守，病安从来?"说的是从心境上、精神境界上去养护正气，以避免疾病的发生。医书上说，心态健康，就自然能够最大限度地增强神经和内分泌系统的调节功能，提高抗病、抗衰能力，正所谓"乐则长寿"。俗话也是这样讲的："想得通，看得空，才能成为长寿翁"。

老先生有个口头禅，叫作"百折不挠"。"挠"的谐音是"恼"。"世路如今已惯，此心到处悠然"，宋代词人张孝祥的两句词，恰可为他的心态写照。认识必然，就是自由。既然命运如此，也就"既来之，则安之"。"活人不叫尿憋死"，总得找个新的生活方式来适应恶劣的环境。

老先生并非完人，更不是圣者，高明之处在于，他比同时代的许多政治家看得开一些，能够拿得起，放得下。同他在一起，人们都感到很随便，很放松。他同一般政治家的显著差别，是率真、粗犷，人情味浓；情可见心，不假雕饰，无遮拦、无保留的坦诚。这些都源于性灵，映现出一种超然物外的人生境界。大概只有赋性超拔、心无挂碍、自信自足的智者、仁人，才能修炼到这种地步吧。

国民党元老、台湾当局"总统府资政"张群在张学良九十华诞祝寿词中，说过一句发人深省的话："英雄回首即神仙！"看来，张学良的这种情态，无疑就是一种"神仙境界"。"顺乎本性，就是身在天堂。"此言诚不虚也。

在美期间，张学良曾接受过纽约《世界日报》记者的采访，以下是访谈记录摘要：

　　记者问：即将满百岁啦，您的感受怎么样？
　　张答：做个小老百姓，最舒服。我也感谢主，给我那么好的生活，那么长的寿命。
　　问：对于百岁以后的生活，您觉得该怎么过？
　　答：还是做个小老百姓吧。我现在是政治思想一点也不碰。
　　问：国民党现在台湾，已经不执政了，张先生知道吧？
　　答：我连知道都不想知道。我现在就是要做个小小老百姓。

......

问：您的长寿有什么秘诀？

答：我这个人就是没什么思想，什么都不放在心上。

问：您在饮食上，现在特别喜欢吃什么？

答：我有什么就吃什么。

问：听说您很久不打麻将了？

答：我还打啊。

问：没有啊，您很久不打了。

答：我没有钱。（笑着，再追加一句）我一个钱都没有。

问：该是夫人都您保管着？

答：那我什么也不在乎，我就是睡大觉。

问：夫人陪伴您这么长一段时间，谈谈您对她的感情？

答：我太太很好。最关心我的，是她。

问：您的气色及精神，比前阵子好多了。

答：我就是过简单的生活。

问：张先生，您现在最喜欢的是什么？

答：我最喜欢小孩子，我喜欢跟小孩子在一起，小孩子很天真。

问：外面有传言说，您因为年龄大了，又生了病，所以脑子会有些不大清楚。我看不是。

答：管他呢！我根本不到外边去。

访谈以笑声结束。老人对自己的回答似乎很满意，自得地微笑着。

百岁老人说话简捷明快，思路清晰，有时还夹杂着玩笑、调侃，但句句都闪烁着灼灼真情。这次答记者问，是他的生命途程中的最后一次。因而，也可以看作是向这个世界的告别词。里面有四个相互贯穿的关键词语："做个小老百姓"，"过简单的生活"，"什么都不放在心上"，

"管他呢！"应该说，这是非常低调的；然而，也是他的做人准则的至上而超拔的昭示。

试想，一个人若能满足于"做个小老百姓"，"过简单的生活"，那还会有什么声名货利的追逐、得失荣辱的挂牵？自然也就能够抱定毁誉由人的超然态度，"什么都不放在心上"，"管他呢！"

对于绝大多数人来说，在这个俗世上，要想做到看空一切，原非易事。这看似简单至极的四句话，实际是过来人的一番彻悟。一般的没有经过大起大落、剧烈磨折，缺乏足够的生命体验的人是难以做到的。之所以有"英雄回首即神仙"的说法，即在于回首看红尘这一点。"世人都晓神仙好，只有功名忘不了。古今将相在何方，荒冢一堆草没了。世人都晓神仙好，只有金银忘不了。终朝只恨聚无多，及到多时眼闭了"。讲的是一种由迷到悟的过程，不是过来人，既讲不出来，更难以悟解。

张学良恢复自由之后，曾与美国《基督教科学箴言报》医学栏目主笔詹姆斯·林德有如下一番对话：

林德：据说蒋介石大元帅几次决心要处决你，你为此感到恐惧吗？

张：我也没法猜他想不想对我下手，何时对我张某下手。要是我天天这么想，哪怕隔三差五想这么一回，那我还活不活了？我没有办法，哪怕他明天枪毙我，我今天该怎么活还怎么活。

林德：你感谢蒋夫人吗？

张：终生难忘。

林德：你对赵一荻女士有什么要说的？

张："德音莫违，及尔同死。"（引自《诗经·邶风》，意思是：莫要背弃往日美好的誓言，与你生死相依两不忘。——作者注）

林德：你还要感谢谁呢？

张：树和大米。

林德：树和大米？

张：我居住的地方都是远离城市的大荒之地，有一项好处就是树多。树是个好东西呀，它对这个肺呀、皮肤呀，是太有好处了。树是个宝，没有那些树木，我张学良可能就会早早枯萎了。还有一个大米，就是大米熬出来的米油汤，那也是个好东西。我生下来就是米汤喂养的我，以后，我就相信这个米汤。这两点我以前没讲过，今天贡献出来，供你们研究。

健康生活方式

讲健康长寿，人们往往强调良好的身体素质。其实，要论体质，张老先生并不强壮，应该说，缺乏一个坚实的底子。年轻时，沉湎在温柔富贵乡里，纵情声色；并且吸过鸦片，形销骨立，弱不禁风；没到中年，即被监禁在环境恶劣、饮食条件很差的深山古洞里，可说是历经劫难，饱受艰辛。而且，自幼脾气十分暴躁，动辄发火冒烟。好在他有一副坚定的信念，旷达的心性。他好玩、好动，好唱，遇有郁闷不舒之事，善于通过游玩转移心头的积愤，而心里又不装事，随时能够把火气发泄出来。打打麻将，唱唱京剧，什么《四郎探母》《打棍出箱》啦，唱上三两个段子，怒火一下就慢慢平息了。

近日在《养生月刊》上看到刘学明的一篇文章，说张学良有每天到户外晒晒太阳、做些运动的习惯。1940年，他被监禁于贵州修文的阳明洞，阴暗潮湿的环境使他感到极不舒服。为此，他向军统人员提出，增加户外接触阳光的机会，经过多次力争，获准每天两小时户外活动。这样，只要太阳出来，他就会坐在日光下，饱享阳光的恩赐。1995年后，张学良的体质已不适于室外的有氧运动，但他的家庭医师认为，至少还可以在傍晚时分，坐着轮椅出去转转，因为此时空气中大量有益人体的氧气正在不断增多，置身其中，大有裨益。

看来，养成良好的生活习惯，极为重要。在这方面，张学良得到家庭医师克威·詹姆斯的许多有益的指导、帮助。素有"美食家"称誉的他，遇有适口饭菜，难免贪食，这对养生十分不利；后经医师劝阻，坚持节制饮食。这样，七十岁以后，他仍能保持一副不易诱发心血管疾病的好身材。过去，他的午睡时间太长，有时从中午12点一直睡到下午4点。医师认为，适当午睡是有益的，但如白天过多贪睡，夜间睡眠可能减少，甚至失眠；而白天保持一定程度大脑神经细胞的兴奋状态，有利于防止老年痴呆症。老先生早年有饮咖啡、喝浓茶的习惯，医师指出，咖啡的强烈刺激可能诱发心血管疾病，而多饮白开水，可稀释粘稠的血液，水的养分也便于正常吸收，有利于健康。医师提醒他，老年人要把防治感冒当作头等大事。因为老人体质十分脆弱，脏腑器官生理机能减退，这时如果频繁遭受寒气侵袭，很易引起内脏病变。

在《生命时报》上，我还读到一篇署名文章，讲了张学良的六大爱好，应该说，这也是他的"长寿经"的组成部分。

一爱读书写字。

读书使他沉浸到精神境界中去，忘却世俗人生的种种失意和烦恼。读书时，他习惯于作眉批、尾批，写出自己的独到见解。在龙场驿阳明洞，他一头扎进《明儒学案》《宋元学案》的研究之中，有效地解除了心头的郁闷与烦恼。与此同时，他还赏画、评画、藏画，他曾收藏一幅王阳明手绘的山水画，上有题词："安得于嘉林甘泉间，构一草舍，以老是乡。无怀、葛天之民，求之未远。盖学问之道，随处即是，惟宜读书以先之。"这正是他所向往的闲适生活的写照。无怀氏、葛天氏，为传说中的上古帝王，后来用以指称远古的淳朴之世。陶渊明《五柳先生传》中，有句云："衔觞赋诗，以乐其志，无怀氏之民欤？葛天氏之民欤？"

他诵诗，也写诗。抗战期间，坐失报效祖国机会，就常常和于凤至、赵一荻谈论、诵读岳飞的《满江红》、文天祥的《过零丁洋》、秋瑾的《宝刀歌》。他说："（这些诗歌）读起来多么激动人心呀！我常常这样想，如果有一点压力就卑躬屈膝，别说气节，就连做人的最起码的尊严也都丧失殆尽，这是最没有出息的，即使活着，又有什么意义？所以我看还是文天祥说得好：人生自古谁无死？留取丹心照汗青！"接着，他是感慨重重地说："这也许是与我的处境有关，读古代和近代的好的诗词，常常使我产生共鸣，给我以生存和前进的勇气与力量。"他体验到，写作吟诗，是一种情感交流、精神宣泄，对于情绪有着良好的调节作用，是一种积极的养生法。拘禁中，身边可以交流的人极少，而读书、写作，则可以上通古人，下启来者，像陶渊明所说的，"泛览周王传，流观山海图。俯仰终宇宙，不乐复何如！"

二爱运动健身。

他中年之后，即坚持跑步锻炼；进入老年，不能进行激烈运动，就在院子里散步。即便到了耄耋之年，站不住、走不动了，坐在轮椅上，他也要到海滩上转一转，看一看，舒散一下筋骨，活动一下脑筋。此外，他还喜欢垂钓，坚持森林沐浴。钓鱼可以养性怡情，缓解紧张情绪，消除心脾燥热，起到调节神经、解除疲劳作用。而森林浴，同样也有助于清心、健脑、提振精神。

他的侄女说："伯父像个老顽童，坐在轮椅上让人推着，觉得好玩。"他曾多次对记者说，其实我的生活很简单，平时散散步，活动活动，有时外出兜兜风，玩一玩。

三爱听戏唱戏。

他说自己称得上是"超级京剧戏迷"。早年常看梅兰芳、谭鑫培、杨小楼、金少山的戏，并把他们请到家中，结成挚友；晚年特别喜欢听李维康的戏，不只是听，他有时自己也唱。

四爱赏兰养花。

他在家中开辟了两个兰圃，一种洋兰，一植国兰。种植、浇水、施肥、除虫，无不亲力亲为。不仅赏心悦目，陶冶性情，而且能够舒筋活骨，锻炼身心。

五爱广交朋友。

年轻时他就喜欢结交朋友，柳亚子曾写诗为赠："汉卿好客似原尝"。比之于战国时期以好客闻名的平原君、孟尝君。囚禁台湾后，他与张群、张大千、王新衡，每月必有一次轮流做东的"聚餐"，称之为"转转会"。

六爱红颜知己。

他有许多女朋友，曾经说："平生无缺憾，唯一好女人。"当然，首先还是几十年如一日，悉心陪伴、照顾他的小妹一荻、大姐凤至，爱情的甘露一直浇灌滋润着这棵风雨飘摇中的生命之树。

健康、合理的生活方式和保持良好的心态，二者相辅相成，缺一不可。纵观中外古今，凡是长寿者都必然兼备这两点，可以说，绝无例外。这里有两个颇具典型性的事例，可供探讨这个问题、研究此项经验者参考。

一个是晋代著名诗人陶渊明。他赋性旷达，心无窒碍，浮云富贵，淡泊名利，对于大自然有天然的亲和力，而且热爱劳动，很会享受生活。有诗云："衡门之下，有琴有书。载弹载咏，爰得我娱。岂无他好？乐是幽居。朝为灌园，夕偃蓬庐"；"采菊东篱下，悠然见南山"，"欢来苦夕短，已复至天旭"，"众鸟欣有托，吾亦爱吾庐"。心态非常健康。如果他再有一套合理的生活方式，不愁过不了百岁大关。遗憾的是，他嗜酒如命，贪杯成癖，酒是他须臾不可离的"杯中物"，整天喝得醉意朦胧。结果，健康受到严重影响，只活了六十二岁。

再一个是晚清名臣曾国藩。他节欲，戒烟，限酒，制怒，严格控制饮食，早起早睡，起居有常，保真养气，日食青菜若干、行数千步，夜晚不出房门，防止精神耗损。生活方式比较科学，可说是最为重视养生了。但是，他中年之后，疾病缠身，体质日见衰弱，终致心力交瘁，中风不语，勉强挨过花甲之年，活了六十一岁。一个重要因素是精神紧张，心态不好。他有过高、过强、过盛的欲望，既要建非凡的功业，又要做天地间之完人，从内外两界实现全面的超越；那么，他的痛苦也就同样来源于内外两界：一方面是朝廷上下的威胁，用他自己的话说："处兹乱世，凡高位、大名、重权三者皆在忧危之中"，因而"畏祸之心刻刻不忘"；另方面是内在的心理压力，时时处处，一言一行，为树立高大而完美的形象，同样是如临深渊、如履薄冰般的惕惧。这样，就正像他自己所说的，"焦虑过多，无一日游于坦荡之天，总由于名心太切，俗见太重二端"。功名两个字，用破一生心，自然也就无长寿可言了。

而张学良则不然，两方面都处理得非常好，既讲究生活方式，注重合理摄生；更保持良好心态，时刻消解心灵上的结节，能够"化烦恼为菩提"，"不以物喜，不以己悲"，始终处于平和、恬淡状态。如果说，世上真有什么长寿经的话，那么，这些乃是核心章节，不二法门。

人生几度秋凉

飘飘何所似？

威基基海滩，初秋。

夕阳在金色霞晖中缓缓地滚动，一炉赤焰溅射着熠熠光华，染红了周边的云空、海面，又在高大的椰林间洒下斑驳的光影。沐着和煦的晚风，张学良将军坐着轮椅，从希尔顿公寓出来，穿过林木扶疏的甬路，向黄灿灿的海滨行进着。

他从大洋彼岸来到夏威夷，仅仅几个月，就被这绚丽的万顷金滩深深地吸引住了，几乎每天傍晚都要来消遣一段时间。

这里是世界著名的旅游胜地，聚集着五大洲各种肤色的游人。客路相逢，多的是礼貌、客气，少有特殊的关切。又兼老先生的传奇身世鲜为人知，而他的形象与装束也十分普通，不像世人想象中的体貌清奇、丰神潇洒，所以，即便是杂处当地居民之中，也没有成为人们注目的焦点。老将军很喜欢这种红尘扰攘中的"渐远于人，渐近于神"的恬淡生活。

告别了刻着伤痕、连着脐带的关河丘陇，经过一番精神上的换血之后，他像一只挣脱网罟、藏身岩穴的龙虾，在这孤悬大洋深处的避风港湾隐遁下来。龙虾一生中多次脱壳，他也在人生舞台上不断地变换角色：先是扮演横冲直撞、冒险犯难的唐·吉诃德，后来化身为戴着紧箍咒、压在五行山下的行者悟空，收场时又成了脱离红尘紫陌、流寓孤岛的鲁滨逊。

初来海外，四顾苍茫，不免生发出一种飘零感。时间长了逐渐悟出，飘零，原本是人生的一种"根性"。古人早就说了："飘飘何所似？天地一沙鸥。"地球本身就是一粒太空中漂泊无依的弹丸嘛！

涨潮了，洋面上翻滚着滔滔的白浪，涛声奏起拍节分明的永恒天籁，仿佛从岁月的彼端传来。原本有些重听的老将军，此刻，却别有会心地思忖着——这是海潮的叹息，人世间的一切宝藏、各种情感，海府龙宫中都是应有尽有啊！

还有那白山黑水间的风呼林啸吧？不然，他怎么会面对波涛起伏的青烟蓝水久久地发呆呢！看来，疲惫了的灵魂，要安顿也是暂时的，如同老树上的杈桠，一当碰上春色的撩拨，便会萌生尖尖的新叶。这么说来，他也当能从奔涌的洪潮中听到昔日中原战马的嘶鸣，辽河岸边的乡音喁喁。而清醒的日子总要比糊涂的岁月难过得多，它是一剂沁人心脾的苦味汤，往往是七分伤恸掺和着三分自惩。

人到老年，生理和心理向着两极延伸，身体一天天地老化，而情怀与心境却时时紧扣着童年。少小观潮江海上，常常是壮怀激烈，遐想着未来，憧憬着天边；晚岁观潮，则大多回头谛视自己的七色人生，咀嚼着多歧而苦涩的命运。

反对内战，反对穷兵黩武，反对残民以逞，这是他一贯奉行的宗旨。他说：本来要当医生，治病救人，结果却当了军人。这样，钢浇铁铸的硬汉子，倒有着一副柔肠侠骨，饱蕴着菩萨般的悲悯情怀。张将军说，一辈子最见不得老百姓受苦落泪。那是 1927 年 5 月，他带兵从河南回来，在牧马集车站上，见到一个老妈妈趴在地下，饿得起不来了，鼻涕一把泪一把的，状态非常可怜。他就找来馒头送到她的跟前，老妈妈发疯似的连灰带土狼吞虎咽地吃了下去。

"老人家，你怎么饿得这样啊？"他诧异地问，"家里没人了吗？有儿子吗？他们都到哪疙瘩儿去了？"

老妈妈呜咽着说："我也不知道，反正都被抓去当兵了。年轻的子弟拉走的拉走，跑的跑，逃的逃，剩下我们这些'老天拔地'的，走不动，爬不动，只能受罪、挨饿。"

听了这话，他心如刀绞。心想，这不分明是一千多年前《石壕吏》《新安吏》场景的再现吗！是谁作的孽啊？哎！都是我们带兵的干的。今天跟你打，明天跟他打，后天又合起来打其他人。打死的都是一些佼佼者，最后剩下一些无能之辈前来邀功受赏。若是真有意义的战争还可以，可这种祸国殃民的南北混战，打起来有什么意思？这一切，究竟是为了谁呀？当下，他再也忍不住了，就"呜呜呜"地号啕大哭起来。在他，这还是有生以来第一次。

"涛似连山喷雪来"。太平洋上的晚风挟着滔滔白浪，一层一层地冲刷着金黄色的滩涂，像是留声机唱盘上的丝丝螺纹。记忆中的六十年前的那场事变，再次在老人的脑海中浮现出来。那是何等的惊心动魄呀！当时，他面对着威风八面、其势汹汹的蒋介石，义正词严地进谏："若是再继续剿共、打内战，必然丧失民心，涣散士气，那样，将使整个国土沦于日寇之手，到那时，我们都将成为千古罪人！"蒋介石根本听不进去，怒不可遏地拍着桌子吼叫："什么千古罪人！我只知道剿灭共产党。现在，你就是拿枪打死我，我的剿共政策也不能变！"既然这样一意孤行，冥顽不灵，死硬到底，"兵谏"就成为必不可免的了。而张学良将军，也因此成了二十世纪最伟大的人物之一。

他的成功，不仅基于对国家、对民族的绝对忠诚，如他自己所说的，是一个"苟利国家生死以"的"爱国狂"；而且，基于他的惊人胆魄和超群的识见。组织策划之精严、周密，使此番举事旗开得胜，未出现什么纰漏，充分展现了他的指挥才能。但是，事情毕竟是太突然、太复杂、太重大了。捉拿"刺猬"可说是得心应手；那么，当"刺猬"捧在手上，又将如何消放呢？这可就大费周章了。

当时，他承受着来自多方面的强大压力。除了事先毫不知情的中共中央表示全力支持，并应邀派出周恩来协助处理善后事宜外，其他尽是责骂、讨伐的声浪。南京方面的亲日派以立即举兵进犯西安相威胁；一些大国同声谴责，日本斥之为"赤化阴谋"，是"莫斯科魔手"导演的；而苏联政府和共产国际，却反诬他受了亲日分子的挑动，骂他是"汉奸"、"叛徒"。待到逼蒋成功，达成团结抗战协议，决定放还时，又遭到部下的强烈反对。尤其是他要亲自送蒋回宁，更为绝大多数人所不理解。戛戛乎其难哉！

在那强过眼前太平洋上的狂涛怒浪千百倍的压力面前，这个"天不怕地不怕"的东北硬汉子，终于在周恩来的帮助下，以昂藏七尺之躯坚强地撑持下去。沧海横流，显现出英雄本色。

后来，他在"口述历史"中说："我亲自送他（蒋介石）回去，也有讨债的意思，使他答应我们的事不能反悔。此外，也可以压一压南京亲日派的气焰，使他们不好讲什么乖话。"至于只身闯入龙潭虎穴，会给个人的身家性命、成败得失带来什么样的后果，他则全部置之度外，一切都在所不计。连蒋夫人宋美龄都承认："西安事变，他（张学良）不要金钱，也不要地盘，他要什么？他要的是牺牲。"

从尔后的实际效果看，张将军此行的"讨债"目的是达到了：它不仅加重了蒋氏对既成协议的反悔难度，提升了宋氏兄妹作为证人良心上的压力；而且，由于他一身包揽了全部责任，也消弭了内战爆发的种种借口。否则，和平解决断无可能，兵连祸结，不知要弄到何种地步。

这一年的岁尾，中国大地上接连着出现了一系列的爆炸式新闻：12月12日，华清池捉蒋，震惊世界；12月25日，张学良送蒋回宁，世界再次震惊。岁序迭更，时间老人换岗，中国政治舞台上两大主角也互换了角色：先是蒋介石在西安成了阶下囚，后是张学良在南京陷身囹圄；先是张扣蒋十四天，后是蒋扣张五十四年。一个人进了囚笼，四亿五千万人投入了抗日洪潮，挽救中华民族命运于危难之中。当然，为作出这一重大抉择，将军本身付出了惨痛的代价，确是令万民垂涕而千秋怅惋的。

美籍华裔学者、著名历史学家唐德刚有言：

> 所以，我们如以"春秋大义"来观察张学良将军，他实在是一位动机纯正、心际光明、敢作敢为、拿得起放得下而永不失其赤子之心的爱国将领。就凭这一点，当年假抗日之名行营私之实，其功未必不可没而其心实可诛的军人、政客、党人、学者，在中国近代史上，就不能跟张学良这样的老英雄平起平坐了。

前尘隔海

在平平淡淡、无声无臭的幽静生活中，张学良将军在夏威夷已经定居几年了。

他把一身托付给这个海上摇篮，宛如一只无家的鸥鸟，白日里随波浮荡，日落后便收敛起锋棱峻峭的双翼，在茫茫烟水间怆然入梦。

这天，他参加过亲友们为他举办的祝寿会，黄昏时刻，照例以轮椅代步来到了威基基海滩，护理人员在后面推扶着，坐在另一副轮椅上的一荻夫人陪侍在身旁。

洋面上，风轻浪软，粼粼碧波铺展开万顷蓝田，辽远的翠微似有若无。老将军怀着从容而飞扬的快感，沉浸在黄昏的诗性缠绵和温情萦绕里。不经意间，夕阳——晚景戏里的悲壮主角便下了场，天宇的标靶上抹去了滚烫的红心，余霞散绮，幻化成一条琥珀色的桥梁。

老将军深情凝视着这一场景，过了许久，忽然含混地说了一句："我们到那边去。"护理人员以为他要去对面的草坪，便推着轮椅前往，却被一荻夫人摇手制止了。她理解"那边"的特定含义——在日轮隐没的方向有家乡和祖国呀！老将军颔首致意，微笑着向夫人招了招手。

故国，已经远哉遥遥了。别来容易，可再要见她，除去梦幻，大约只能到京戏的悠扬韵调和"米家山水"、唐人诗句中去品味了。世路茫茫，前尘隔海，一切都暗转到苍黄的背景之中。人生几度秋凉，一眨眼间，五陵年少的光亮额头，就已水成岩般刻上了道道辙痕，条条沟壑。

此刻，老将军的心灵向度就被洪波涌浪推向了将近六十年之前。那是 1937 年吧？南京陷落之后，野蛮的日寇实施残酷的大屠杀，苏、皖一线，散兵败将拥塞道途。张学良以"刑徒"身份被押解着，车辆混杂于流离颠沛、一夕数惊的逃难人群之中。由于被认作从前线败退下来的长官，整天遭人唾骂，哭诉之声不绝于耳。使命感、同情心、愧疚情交织在一起，憋得他两眼通红，嗓子冒烟，眼看胸膛就要炸裂开来。

有道是：大辱过于死。由统领千军万马，叱咤风云的陆海空军副总司令，国民革命军中最年轻的一级上将，转眼之间，就沦为失去人身自由，甚至随时可能被杀头的阶下囚，任谁能够忍受得了！更哪堪，日夜渴望着在旌旗猎猎、杀声震天的战场上冲锋陷阵，现在，却像地老鼠一般，遮掩着行迹，穿行于烟尘弥漫、层峦叠嶂之间，报国无门，壮志难酬，英雄没有用武之地。不难想见，郁积在他胸中的激愤，该是多深、多重、多强、多久啊！

颇像一座蓄势待发、隆隆作响的火山，却一时半刻找不到一个喷泄口；结果是更加剧烈的痛苦与绝望。那种情态让人联想到，威震山林的猛虎突然被圈在铁笼子里，咆哮啊，暴跳啊，疯狂啊，直至力竭声嘶，破头流血，当一切拼搏都属枉然，最后只好颓然卧下，凄凉地滴下两行清泪。

赴台伊始，张学良被押解在新竹井上温泉，后来，蒋家父子为了缓解人们对其"苛待少帅"的非议，确定在台北地区安排他的羁押场所。我从网上《蒋经国为张学良两选宅址》一文中得知，当时，蒋经国曾特地邀请张学良到阳明山一带勘访。望着满山葱郁的树木和点缀其间的亭台楼阁，张学良当即表示满意，认为在此生活对修身养性、研讨学问大有好处。但是，在商议住所地点时，他竟出人意料地选择了半山腰阳明公墓边上的几间平房。他说：

> 我这个人，这些年寂寞惯了，在热闹的地方呆着，反而不舒服。明朝末年有一个人，他的名字我记不清了，他就住在墓地里。我很喜欢他作的一副对联："妻何聪明夫何贵，人何寥落鬼何多。"既然人人都要死去，谁也跑不了这一关，我在公墓居住又有何妨。而且，墓地里的许多人我都认识，有的还是朋友，以后还会有新的朋友补充进来，我可以经常拜访他们，谈心叙旧。

张学良所说的"明朝末年那个人"，名叫归庄，是一位终身野服闲处，誓不仕清的遗民。清代文人钮琇在所著《觚賸·续编》中，记载了他的轶闻逸事：结庐于墟墓之间，萧然数椽，与孺人（妻子）相酬对。尝自题一联于其草堂：

两口寄安乐之窝妻太聪明夫太怪
四邻接幽冥之宅人何寥落鬼何多

张学良巧借明人归庄"结庐墓侧"的故实，来排拒蒋家父子为其"改善"居住环境的深心，绵里藏针，蕴涵着浓重的嘲讽意味，令人哭笑不得。这里也许还有另一层考虑，住在墓地边上，那些牢头狱吏，出于忌讳，不致像尾巴一样从早到晚寸步不离，是否有望减轻一些管束力度呢？

长期以来，老将军一直成为海峡两岸的热门话题。有一部纪录片题为《闲云野鹤》，用这四个字来概括他这段闲居岁月，倒也贴切。一般地说，百岁光阴如梦蝶，椰风吹白了鬓发，沧波荡涤着尘襟，醒来明月，醉后清风，沧桑阅尽，顿悟前尘，认同"放下即解脱"的哲理，所谓"英雄回首即神仙"，"百炼钢"成"绕指柔"，也是人情之常。不过，细加玩味，就会发现，对于这位世纪老人来说，问题未必如此简单。

"神仙"也者，实际上代表了一种超乎形骸物欲之上的向往，是生命的升华，精神的超越，或者说，是人的灵性净除尘垢之后，超拔于俗情系累所获得的一种"果证"。在中国，英雄与神仙原是靠得很近的。豪杰的过人之处，在于他的胸襟有如长天碧海，任何俗世功利放在它的背景之下都会缩微变小，看轻看淡；他能把石破天惊的变故以云淡风轻的姿态处之，而并非纯然割弃世情，一无挂虑。

其实，老将军的笑谑、滑稽，乃是兴于幽默而终于智慧，里面饱蕴着郁勃难舒之气和苍凉、凄苦的人生况味。养花莳草，信教读经，固然为了消遣余生，颐养天年，其间又何尝没有刘备灌园种菜的韬晦深心！"虎老雄心在"，炽烈的熔焰包上一层厚厚的硬壳，照样在地底下放纵奔流，呼呼作响。较之从前，无非是形式变换而已。

倒是清代诗人赵翼那句"英雄大抵是痴人"，深得个中三昧。"痴人"者，不失其赤子之心者也。没有满腔痴情，没有成败在我、毁誉由人的拗劲儿，不要说创建张学良那样的盖世勋劳，恐怕任何事业也难以完成。与痴情相对应的，是狡黠，世故，聪明。其表现，清者远祸全身，逃避现实，"跳出三界外，不在五行中"；浊者见风转舵，左右逢源。总之，都不会去干那"专利国家而不为身谋"的"舍身饲虎"之事。

十年一觉 "洋" 州梦

威基基海滩上，又一个秋日的黄昏。

"无限好"的夕晖霞彩，依旧吸引着过往游人，但遮阳伞下纵情谈笑、泳装赤足的姑娘们已经寥若晨星。晚风透出丝丝的凉意，飘送过来吉他的《蓝色夏威夷》悠扬乐曲，人们沉酣在清爽、安谧的氛围之中。多日不见的百岁老人张学良将军，此刻正坐着轮椅在海滨金滩上踽踽独行。一袭灰褐色的便装，衬着浅褐色的墨镜，深褐色的便帽，加上布满脸上的黑褐色老人斑，闪现着一种沧桑感，苍凉感。

轮辙辗着落叶，缓缓地，闲闲地。没有人猜得出，老人是漫不经心地遛弯儿，还是在寻寻觅觅，忆往追怀，抑或是履行一种凄清而凝重的告别仪式。只是偶尔听见他下意识地咕哝着："太太已经走了。"随之，干涩的老眼里便溢出滴滴泪水。

"十年一觉'洋'州梦"，醒来时，竟是形影相吊，孤鹤独栖。两个月前，一获夫人远行，一部撼人心弦的爱情交响曲最终画上了休止符。

1990 年代，老将军的亲人像经霜的败叶一样纷纷陨落，只留得他这棵参天老树，镇日间，孤零零地耸峙在那里，痛遣悲怀。先是原配夫人于凤至魂飘域外，紧接着，相继传来妹妹怀英、怀卿，弟弟学森、学铨病逝的噩耗，不久，又送走了女婿陶鹏飞，而最为伤恸、令他痛不欲生的，是百岁生日过后，同"小妹"一获的惨然长别。

作为饱经病苦折磨的往生者，死亡未始不是一种惬意的解脱；可是，留给未亡人的，却只能是撕心裂肺的伤痛，生不如死的熬煎。过去无时无刻都能感受到的海样深情，竟以如此难以承受的方式，在异国他乡戛然中断，这对于风烛残年的老人，真是再残酷不过了。一种地老天荒的苍凉，一种茫茫无际、深不见底的悲怆，掀天巨浪般地兜头涌来，说不定哪一刻就会把他轰然摧垮。

"英雄无奈是多情"，对于清代诗人吴伟业的这一慨叹，老将军引为同调。所不同的是许多英雄好汉并没有他那份艳福，那种缘分。楚霸王算是一个幸运儿，乌江刎颈时，还有虞姬舍身相伴。后人有诗赞曰："赢得美人心肯死，项王毕竟是英雄。"而张学良将军在这方面，该是古往今来最为圆满，最为出色当行的了。

他八岁丧母，二十八岁丧父，三十一岁离开家园，三十七岁进了牢笼，家园不能回，国仇不能报，有兄弟姐妹不能团聚，有子女孙儿不能教养。抱憾终天，痛苦难堪。一个人当着情感神经滴血的时候，爱情的温馨是最好的疗伤止痛的灵丹妙药。八十多年间，大姐于凤至、小妹赵一荻，两位风尘知己双星拱月一般，由倾心崇拜而竭诚相爱，而万里长随，而相濡以沫，生死不渝。她们以似水柔情舒解他的千钧重负，慰藉着惨淡人生，以爱的甘露滋润着他的生命之树百岁常青。

写到这里，我想起老将军去世后报纸上刊载的一篇文字。字数不多，照录如下：

> 一个秋天的午后，张学良来到上帝面前报到。上帝见他眉头紧锁着，一改平日常见的开朗笑容，便问："怎么回事？"
>
> 他说："我和赵四是同命鸟，比目鱼。本想跟她一块走，你偏偏扣住我不放；也罢，那就再活上几年，好抽空儿回东北那疙瘩儿，会会老少爷们儿，可你又猴急猴急地忙着把我招呼来。总是不如意，'瘸子屁股——两拧着'。"

一席话逗得上帝噗嗤笑了，说："你还不知足啊？得到的够多了：爱情、功业、寿命，要啥有啥，称得上'英雄儿女各千秋'啊！"

"可是，"张学良大声吼叫起来，"我一辈子缺乏自由！"

很形象，又很概括。确确实实，爱情、功业、寿命集中在一个人身上，中外古今，无人能够与之媲美。当然，就其失去自由这一终生憾恨来说，也是少有其匹的。这使人想起那个古老的故事《光荣的荆棘路》：一个叫作布鲁德的猎人，获得了无上的荣誉与尊严，可是，却长时期遭遇难堪的厄运与生命的危险。张学良将军一生的际遇，正是这个域外故事的中国版。

一般讲，传世、不朽要借助掀天事业或者道德、文章，即所谓立功、立德、立言。可是，张学良靠的是什么呢？他离所谓"圣贤的宝座"何止千里万里，而且也不以著书立说名世，所以立德、立言谈不到；至于立功，他的政治生命很短，满打满算不过十七八年，到了三十六岁就戛然而止了，以后足足沉寂了六十五年。在这种情况下，沉埋于岁月尘沙之中，完全被世人遗忘，当是情理中事。可是，在他来说，却是一个异数，一种少有的特例。不独在中国大陆，包括海峡对岸，直到世界范围内，张学良都是一位备受世人关注的人物，甚至可以说是一个明星级的当红角色，他极具传奇色彩和人格魅力，有着无限的可言说性。

《徐霞客游记》中有一段记述华山的文字："未入关，百里外即见太华屹出云表；及入关，反为冈陇所蔽。"有些人物就是这样，需要在足够远的距离、相当长的时段里去考究，方能窥其堂奥。张学良将军大概就属于这种类型吧。至于这种超越价值判断与意识形态的奇特现象究竟是怎么形成的，简单几句话恐怕很难说清楚。

一般地说，剧烈的颠簸，精神的磨难，压抑的环境，都将像致命的强酸终朝每日地蚀损着当事者的心灵，摧残着他们的健康。因此，几十年来，人们都担心张学良将军会承受不住重重心理压力，以致过早地摧折。可是，他却奇迹般地活了一百零一岁，成了一部名副其实的可圈可点的世纪大典。

寿命长，阅历就丰富，在一个多世纪的生命历程中，他既有鲜花着锦、烈火烹油般的峥嵘岁月，也苦捱过长达两万日夜的铁窗生涯，在神州大陆和孤岛台湾，光是囚禁地就换了二十来处。他虽然未曾把牢底坐穿，却目送了许许多多政治人物走进坟墓，就中也包括那个囚禁他的独裁者及其两代儿孙。

当然，对于政治人物来说，长寿也并非都是幸事，套用一句人们常说的话：它既是一种机缘，也是严峻的挑战。历史上，许多人都没能过好这一关。一千多年前，白居易就写过这样的诗句："周公恐惧流言日，王莽谦恭未篡时。假使当年身便死，一生真伪有谁知！"早年的汪精卫，头上也曾罩过"革命志士"的光环，如果他在刺杀摄政王载沣时侥幸而死，也就不会有后来成为"大汉奸"的那段可耻的历史而遗臭万年了。当时他的《被逮口占》诗句："慷慨歌燕市，从容作楚囚。引刀成一快，不负少年头"，不是也曾倾倒过许多热血青年吗！

为此，我们不妨设想——

如果二十岁之前，张学良就溘然早逝，那他不过是一个"潇洒美少年"，挥金如土、纸醉金迷的纨绔子弟；可是，造物主偏向了他，使他拥有足够的时间，得以励志图新，从而获得了多次建功立业的机会。

如果三十岁之前，他不是顾全大局，坚持东北"易帜"，服从中央统一指挥；而是野心膨胀，迷恋名位，被日本人收买，甘当傀儡"东北王"，或者像他父亲张作霖所期待的，成为现代的"李世民"，那么，在大红大紫、风光旖旎的背后，正有一顶特大号的"汉奸"帽子等待着他。

如果四十岁之前，他没有毅然决然发动西安事变，而是甘当蒋介石

"剿共"、"安内"的阵前鹰犬，肯定不会有任何功业可言，即便侥幸得手，最终也难逃"烹狗"、"藏弓"的可悲下场。

如果五十岁之前，他在羁押途中遭遇战乱风险，被特务、看守干掉；或者在台湾"二·二八"事件中，死于营救与劫持的双方"拉锯战"，国人自然不会忘记这位彪炳千秋的杨虎城一样的烈士，但却少了世纪老人那份绝古空今的炫目异采和生命张力。

如果百岁之前，他在解除监禁、能够向世人昭示心迹的当儿，通过"口述历史"或者"答记者问"，幡然失悔，否定过去，那么，"金刚倒地一滩泥"，他的种种作为也就成了一场闹剧。事实上，出于各种心态与需求，当时正有不少"看客"静候在那里，等着"看戏"，看他在新的时空中邂逅自己的过去时，会以何种方式、何种态度、何种内涵作人生最后的交代。人们欣慰地看到，面对记者的问询，老将军一如既往，镇定而平静地回答："如果再走一遍人生路，还会做西安事变之事。"英雄无悔，终始如一，从而进一步成就了张学良的伟大，使他为自己的壮丽人生划上了圆满的句号。

当然，我们也可以设想：如果他能活到今天，看到两岸的现状，他会怎么想？作为"中国统一的象征"（索尔伯兹里语），作为一个堂堂正正的中国人，他会怎么做？"死去原知万事空，但悲不见九州同。"这是他最喜欢也最伤情的两句古诗。在接受《美国之音》访谈时，老将军曾经斩钉截铁地宣布："两岸和平统一，这是我最大的愿望。"

伴着海雨天风，太平洋的潮汐终古奔腾喧啸，斜晖朗照下，威基基海滩也照样人影幢幢，只是，那位世纪老人的身影却再也不见了，他已经走进了永恒的历史。

作为既渡的行人，前尘回首，他早已习惯于不矜不躁，但也不会有任何愧赧，立身天地之间，可说是"俯仰无惭"。他曾以做一个中国人而感到无上荣光，并为之献出一切；他的祖国，也为拥有这个伟大的儿郎而无比自豪。他的生命，如同西塞罗所说，将长存于生者的记忆中。

成功的失败者

悖论人生

张学良将军晚年时节，曾经对人说过：

> 人呀，失败成功不知道，了不起的人一样会有失败。我的一生是失败的。为什么？一事无成两鬓斑。

他的政治生涯是不同凡响的。尽管为时很短，满打满算不过十七八年，但却成就了惊天动地的伟业，被誉为千古功臣、民族英雄。古人说："偶然一曲亦千秋。"就此，我们可以说，他的人生是成功的。当然，如果从他的际遇的蹉跌、命运的惨酷，他的宏伟抱负未能得偿于什一来说，又不能不承认，他是一个成功的失败者。

他的人生道路曲折、复杂，生命历程充满了戏剧性、偶然性，带有鲜明的传奇色彩；他的身上充满了难于索解的谜团与悖论，存在着太大的因变参数，甚至蕴涵着某种精神密码；他的一生始终被尊荣与耻辱、得志和失意、成功与失败纠缠着，红黑兼呈，大起大落，一会儿"鹰击长空"，一会儿又"鱼翔浅底"。1930 年 9 月 18 日，他一纸和平通电，平息了中原大战，迎来了人生第一个辉煌，成为众人瞩目的焦点；然而，时过一年，同是在"九·一八"这一天，面对日本关东军发动的侵略战争，他束手退让，背上了"不抵抗将军"的恶名，红筹股一路狂跌，变成了蓝筹股。辉煌之际，拥重权，据高位，享大名，一人之下，万人之上，意气膺扬；落魄时节，"走麦城"，蒙羞辱，遭痛骂，背负着"民族罪人"的十字架，为世人所不齿。

他的一生从始至终都与"矛盾"二字交织在一起，可说充满了悖论——

他自认是和平主义者，有志于悬壶济世、治病救人；但是，命运却偏偏搬了个道岔儿，厌恶打仗的人竟然当上了挥麾闯阵、驰骋疆场的上将军。他说：

> 我本来是不想当军人的，想要做一个自由职业者，画画呀，当医生呀什么的，随随便便，我要干什么就干什么。还有，我喜欢跟女人在一块堆儿玩，我想自自由由的。可是，老帅偏偏让我冲锋陷阵。

从政从军，就意味着放弃自我，服从组织，同自由随意搭不上边。挥师临阵，难免在战场上杀人，有时还会滥杀无辜，以达成其政治需要。1926年，名报人邵飘萍因著文抨击奉系军阀军纪太坏，即被他以"取缔宣传赤化"为名，绑赴北京天桥枪决。同年在内蒙古处理金佛事件中，盛怒之下，枪毙了大批官兵，落下了"嗜杀"之名。包括他断然处决的杨宇霆、常荫槐两位元老重臣，也是"有可杀之理，而没有必死之罪"的。

他对吸食鸦片原本是深恶痛绝的，主政之后，即发布《禁止军人吸食鸦片》令："查鸦片之害，烈于洪水猛兽，不惟戕身败家，并可弱种病国，尽人皆知，应视为厉阶，岂宜吸食！"孰料，时隔不久，他本人就因身遭厄运，忧患缠身，寻求慰藉，以致吸毒成瘾，形销骨立，几于不治。

他是一个"爱国狂"，对民族的解放、国家的统一梦寐以求；可是同时，又追求东三省的利益最大化，为保住东北军这个命根子，不惜牺牲整体利益。

他访问过日本，结交了一些日本朋友，与法西斯分子本庄繁私交不错；游历过欧洲，曾经对墨索里尼、希特勒推崇备至；可是，却怒斥军国主义，坚决拒绝受日本人的操纵，宣布东三省"易帜"，维护国家统一；直至多次强谏，要求变"剿共"为抗日，最后临潼逼蒋，誓死要为反法西斯战争献身。

他一生憧憬自由，放浪不羁，不愿受丝毫束缚；却身陷囹圄，失去人身自由，长达半个多世纪。而决意拘禁他、发誓"决不放虎"的独裁者，恰恰是他多年矢志效忠、有大恩大德于彼的金兰结拜的"把兄"。

他热爱祖国，眷恋乡土，想望着落叶归根，直到弥留之际，还"乡梦不曾休"，神驰祖国大陆；却始终未能还乡一望，在晚年竟然定居海外，埋骨他乡。

……

其实，这也就是命运，亦即人的生命主体与其赖以生存的环境在相互作用中所形成的生存状态。

"本来是要驰向草原，没曾想却闯入了马厩"。这种动机与效果、期望与现实恰相悖反的现象，在很大程度上，源于人性的复杂和机缘的有限。生活在现实中的各色人等，伟人也好，常人也好，都不可能一切随心所欲，为所欲为。清人胡大川《幻想诗》中有这样两句："天下诸缘如愿想，人间万事总先知。"既然叫"幻想"，就不可能成为现实。实际上，世间任何人的愿望、追求，都不能不受制于他人，都无法完全摆脱社会环境的影响。如同恩格斯所指出的：

> 许多预期的目的，在大多数场合都互相干扰，彼此冲突，或者是这些目的本身一开始就是实现不了的，或者是缺乏实现的手段

的。这样，无数的单个愿望和单个行动的冲突，在历史领域内，造成了一种同没有意识的自然界中占统治地位的状况完全相似的状况。

环境四因素

"人是环境的产物"。在终极的意义上，或者从总体上说，个人的命运是由环境决定的，其中社会环境的作用尤其不容忽视。

就张学良来说，最关键的具有决定意义的社会环境，换句话说，与他关联最密切、影响他整个一生的客观对象，一为他的父亲"东北王"张作霖，一为他的顶头上司蒋介石，一为他的死对头日本侵略者，再就是最后"化敌为友"的共产党与红军。这四个方面决定了他一生的成败、休咎。荣辱、得失集于此，功过、是非、毁誉亦集于此。

父亲张作霖为他的起飞、发展，铺设下必要的基石，而且，给予他以巨大的、直接的影响。他说：

> 我是可以做些事，确比一般人容易，这不是我能力过人，是我的机遇好，人家走两步或数步的路，我一步就可以到达。这是我依借着我父亲的富贵权势。我为什么不凭借着这个，来献身于社会国家哪？这使我决心抛弃了那安享的公子哥儿生活，走上了为人群服务的途径。

他从小就生活在日本军国主义虎视眈眈、垂涎欲滴的东北地区，亲历"草根阶层"所遭受的践踏与蹂躏。他从小就痛恨那些气焰嚣张的日本军人，"晃着肩膀、耀武扬威"的鬼子顾问；对于出没沈阳街头、扮演着侵华别动队角色的日本浪人和"穿着浴衣，花枝招展地招摇过市"的东洋女人，厌恶至极，视为"社会的疥疮"、民族的耻辱。及长，国恨家仇集于一身，心底深深地埋下了反抗的种子；主政东北伊始，为了摆脱日本对东三省的控制，他无视田中内阁的蓄意阻挠，毅然实施东北"易帜"，他以"我是中国人"这掷地作金石声的壮语，回绝日本特使许愿拥戴他做"满洲王"的诱惑。当他得知族弟张学成阴谋叛国，私通日本时，他大义灭亲，就地予以枪决。在推行强硬的反日政策的同时，他大力开发建设东北，修铁路，建海港，鼓励官民兴办煤矿、织厂、窑业，兴办东北大学，开发教育事业。可是，难以理解的是，"九·一八"事变发生，国难当头之际，他却做出错误判断，抱有不切实际的幻想，听命于蒋介石，不予抗抵，一再避让，致使东北大好河山沦于敌手。真是咄咄怪事！

对于蒋介石，他一贯忠心耿耿，惟命是从，"爱护介公，八年如一日"。从东北"易帜"到调停中原大战，为蒋介石和南京国民政府立下了汗马功劳；东三省沦陷，又代蒋受过，身被恶名；尔后，日军进犯华北，热河失守，为平息全国愤怒浪潮，他又慨然答应蒋氏的要求，交出军权，下野出洋；旅欧归国后，他又把所接受的法西斯主义影响化作实际行动，积极拥戴蒋氏为最高领袖。可是，出人意料的是，时隔不久，还是这个张学良，竟然甘冒天下之大不韪，果断地实施兵谏，扣蒋十四天，逼他停止内战，一致抗日。用他自己的话说："犯上已是罪当头，作乱原非愿所求。"这对许多人来说，也是难于索解的。

他同共产党、红军的关系，同样充满了曲折，充满了变数，充满了戏剧性。当时，工农红军在长征途中，受到国民党军队的围追堵截，遭至严重削弱，初到地瘠民穷的陕北，处境艰难。按照张学良的初衷，他是想要"通过剿共的胜利，取得蒋之信任，从而扩充实力，以便有朝一日，能够打回老家去"。但是，实际接触之后，特别是从损兵折将的深刻教训中认识到，共产党是消灭不了的；他们的主张"不但深获我心，而且得到大多数东北军特别是青年军官的赞同，我开始想到，我们的政策失败了。为此，开始与中共及杨虎城接触，以谋求合作，团结抗日"。正所谓"不打不成交"，结果，由拼命追剿的急先锋一变而为患难相扶持的真诚朋友。最后，反戈一击，临潼兵变，强迫蒋介石"放下屠刀"，停止"剿共"计划，挽救了民族危机，帮助了中国革命。这一切同样也是始料所不及的。

这种命运的无常、历史的吊诡，"孰为为之？孰令听之？"它使人记起阿根廷著名文学家博尔赫斯那首题为《棋》的名诗：

> 棋子们并不知道，其实是棋手
> 伸舒手臂，主宰着自己的命运
> 棋子们并不知道，严苛的规则
> 在约束着自己的意志和退进
> 黑夜与白天组成另一个棋盘
> 牢牢把棋手囚禁在了中间
> 上帝操纵棋手，棋手摆布棋子
> 上帝背后，又有哪位神祇设下
> 尘埃，时光，梦境和苦痛的
> 羁绊

在我国南北朝时的哲学家范缜看来，人生的命运是偶然决定的。他同竟陵王萧子良有这样一段对话（译文）：

子良问：您不信因果关系，那么，世间之人，何以有的富贵，有的贫贱？

范缜答：人生譬如一棵树上的花朵，从同一根树枝上生发出来，都有一个花蒂。这些花被风一刮，纷纷落下，有的穿过窗帘，掉在褥垫之上；有的经过篱笆，落在了粪厕边。掉在褥垫上的，就像您王子；落在粪厕边的，就像我范缜。人的贵贱虽有不同，但因果报应却看不出究竟在哪里。

一切都充满了悖论，充满了未知数，似乎有一只看不见的手在背后拨弄着，似乎冥冥之中存在着一种决定人一生命运的神秘力量。

实际情况，难道真的是这样吗？

个性与命运

一切看似神秘莫测的事物，其实，它的背后总是有规律可循的。即以人的命运、人的种种作为以及结局、归宿来说，那个所谓的"冥冥之中背后看不见的手"，恰恰应该、也能够从自身上来寻找。

行为科学认为，作为个体的人，是生理、心理、社会三方面综合作用的产物，因而构成行为的因素，就包括生理、心理、社会文化三大要素。其中社会文化因素，一方面通过个人后天的习得构成行为的内在基础，另一方面，它又和自然环境一道成为行为主体的活动对象和范围，并处处制约着人的行为，从而也影响到人的命运。它在一个人身上的综合体现，是个性，包括个人的性格、情绪、气质、能力、兴趣等等，其中又以性格和气质为主导成分。

在这里，气质代表着一个人的情感活动的趋向、态势等心理特征，属于先天因素；而性格则是受一定思想、意识、信仰、世界观等后天因素的影响，在个人认识和实践活动中形成、发展起来的。二者形成合力，作为个性的主导成分，作为内在禀赋，作为区别于其他人的某种特征和属性的动态组合，制约着一个人的行为，影响着人生的外在遭遇——休咎、穷通、祸福、成败。正是从这个意义上，人们常说，个性就是命运。

气质如何，对于一个人的行为的影响是直接的。前苏联心理学家达维多娃曾形象地描述了四种不同气质的人面对同一情景的不同表现：

> 他们一同去看戏，都迟到了。怎么办？多血质类型的人立刻想到：无论你怎样解释，检票员也不会放你入场，但进入楼厅容易，于是就跑到楼上去了；胆汁质的人耐心地向检票员说明，剧院里的钟快了，责任不在他身上，而且即使放他进去，也不会妨碍别人，检票员未予理睬；粘液质的人看到入场无望，便自我安慰地想，戏的开头总是不太精彩的，可以先在小卖部坐一会儿，等幕间休息时再设法进去；忧郁质的人则说：运气太不好了，偶尔看一次戏，就这么倒霉！于是怅怅而归。

事情虽小，可以喻大。它凸显了人生选择的脉络，以及今后发展的大体趋势。

那么，张学良该属于哪种类型呢？鉴于他生性活泼，好动，兴趣广泛，反应灵敏，喜欢与人交往，情绪易于冲动，情感、注意力容易转移，大致应是多血质吧？

年轻时期的张学良，性格特征极其鲜明，属于情绪型、外向型、独立型。正直、善良、果敢、豁达、率真、粗犷、人情味浓，重然诺，讲信义，勇于任事，敢作敢为。在他的身上，有一种磅礴喷涌的豪情、侠气在。那种胸无城府、无遮拦、无保留、"玻璃人"般的坦诚，有时像个小孩子。而另一面，则不免粗狂，孟浪，轻信，天真，思维简单，容易冲动，而且我行我素，不计后果。

他说：

我一生最大的弱点就是轻信。毁也就毁在"轻信"二字上。要是在西安我不轻信蒋介石的诺言，或者多听一句虎城和周先生的话，今日情形又何至于此！再往前说，"九·一八"事变我也轻信了老蒋，刀枪入库，不加抵抗，结果成为万人唾骂的"不抵抗将军"。1933年3月，老蒋敌不住国人对他失去国土的追究，诱使我独自承担责任，结果我又轻信了他，下野出国。他算是抓住我这个弱点了，结果一个跟头接着一个跟头。

他说：

我从来不像人家，考虑将来这个事情怎么地，我不考虑，我就认为这个事我当做，我就做……孔老夫子的"三思而后行"，对我一点用处也没有，我是"要干就干"，我是个莽撞的军人，从来就不用"考虑"这个字眼。

他有一种将生命置之度外的自我牺牲精神，为了得偿夙愿，绝不顾惜一切，包括财产、地位、权力、荣誉，直至宝贵的生命。他有一句口头禅："死有什么了不得的？无非是搬个家罢了！"他崇拜英烈，看重名节，有着坚定的信念。

当被囚十年届满之日，种种迹象表明，如果他能按照蒋介石的要求，对发动西安事变低头"认罪"，违心地承认是上了共产党的当，就有获释的可能。但他坚持真理，不讲假话，绝不肯以出卖人格做政治交易。"我张学良从来不说谎，从不做对历史不负责任的事！""如果为了自由，无原则地接受三个条件，我还是张学良吗？"自由诚可贵，名节价更高。张学良渴望自由，却不肯牺牲名节而乞怜于蒋介石。结果，又被监禁了四十四年。

这使人想到了古希腊哲学家苏格拉底。由于触犯了雅典人的宗教、伦理观念，陪审法院要对他判刑。按照当时的法律，他可以向法官表白愿意接受一笔罚金，或者请求轻判，处以放逐。可是，他拒绝那样做，因为那样就意味着承认了自己有罪。这种坚定信念、刚直不阿的态度，被认为触犯了法院的尊严。许多陪审员被激怒了，纷纷投票判他以死刑。对此，苏格拉底有个表态发言，说：

> 我所缺的不是辞令，缺的是厚颜无耻和不肯说你们最爱听的话。你们或许喜欢我哭哭啼啼，说许多可怜话，做许多可怜状。我认为不值得我这样说、这样做，而在他人却是你们所惯闻习见的。

舍生取义、宁死不屈的个性，就这样决定了苏格拉底悲剧的命运。

这里，坚定的信念，闪光的个性，构成了人生的宝贵精神财富，成为人性中最具魅力的东西。纵观历史，"死而不亡"的不朽者，代不乏人，而后人对他们的记忆与称颂，除了辉煌的业绩，往往还包含着独具魅力的个性。大约长处与短处同样鲜明的人，其风格与个性便昭然可见。张学良是其中的一个显例。

"背着基督进孔庙"

张学良的多彩多姿、不同凡响的个性，是在其特殊的家庭环境、文化背景、人生阅历诸多因素的交融互汇、激荡冲突、揉搓塑抹中形成的。

他出生于一个富于传奇色彩的军阀家庭。父亲张作霖由一个落草剪径的"胡子头"，像变魔术一般迅速扩充实力，通过腾挪闪转、纵横捭阖，最后成为名副其实的"东北王"，直至登上北洋军阀最高元首的宝座。从青少年时期开始，张学良就把父亲奉为心中的偶像，看作是绿林豪杰、英雄好汉。他从乃父那里，不仅接过了权势、地位、财富和名誉，承袭了优越、舒适的生活环境，还有自尊自信、独断专行、争强赌胜、勇于冒险的气质与性格。而活跃在他的周围、与他耳鬓厮磨的其他一些领兵头目，除了郭松龄等少数进步人士，也多是一些说干就干、目无王法、"指天誓日"、浑身充满匪气的草莽之徒。

晚年他曾说过，他一生中有两个长官，一个是他父亲，一个是蒋介石，这两个人对他一生的影响最大。如果说，蒋介石是导致他后半生成败、荣辱的关键角色；那么，他的父亲则是在他的早年个性形成的关键阶段起到了主导作用。他父亲的一番话，使他刻骨铭心，终生不忘：

你要想当军人，就要把脑袋拉下来拴在裤腰带上。虽然不一定

被打死，但也许被长官处死。要干，要当军人，你就要把"死"字
扔开。所以，在我脑子里，一直没有这个"死"字。

家庭环境之外，文化背景对于一个人性格的形成，也是至关重要
的。它主要表现为一定文化环境影响下的价值观念、道德规范、思维方
式与行为模式。瑞士心理学家荣格有一句十分精辟的话：一切文化都会
沉淀为人格。从六岁起，张学良就被送进家塾，系统学习儒家经典，先
后就教于东北地区享有盛誉的崔明耀、金梁、白永贞等硕学宿儒。中国
古代博大精深的传统文化，包括孝悌忠信礼义廉耻等传统美德和"三纲
五常"等封建伦理道德，自小就深深地印在他的脑海里，对他的文化人
格的塑造影响深远。当年郭松龄起兵反奉，曾以拥戴少帅为号召，敦请
他"取老帅而代之"，重整东北政局；而他的回答则是："惟良对于朋友
之义尚不能背，安肯见利忘义，背叛予父！""良虽万死，不敢承命，致
成千秋忤逆之名"。说明这些传统的伦理观念在他的头脑中还是十分牢
固的。

当他进入青年时代，资产阶级民主革命正在蓬勃兴起，中西文化、
新旧思潮激烈冲击、碰撞，因而，他在接受传统教育的同时，又被西方
文化投射进来的耀眼强光所吸引。先是师从奉天督军署一位科长学习英
语，并参加基督教青年会活动，后又结识了郭松龄、阎宝航、王卓然等
新派人物，还有几位外籍朋友，逐渐地对西方文化发生了浓厚兴趣。随
着视野的开阔、阅历的增长，他性格中的另一面，热情开朗、爱好广
泛、诚于交友、豪放旷达，开始形成；社交能力增强，对新生事物充满
了好奇心。他后来回忆说：

> 处事接物，但凭一己之小聪明和良心直觉。关于中国之礼教殊
> 少承受，热情豪放，浪漫狂爽，怂事急躁，有勇无义。此种熏陶，
> 如今思来，恐受之西方师友者为多也。

人生阅历对于性格的形成也至关重要。由于父亲的荫庇，他年未弱冠，即出掌军旅，由少校、上校而少将、中将、上将，由混成旅旅长、镇威军第二梯队司令而第二十七师师长，由第三军军长而京榆驻军司令，直到继承父业当上了东北最高首脑，最后出任全国陆海空军副总司令，成为一人之下、万人之上，名副其实的副统帅。一路上，春风得意，高步入云，权力与威望与日俱增。因此，在他的身上少了必要的磨炼与颠折，而多了些张狂与傲悍。他未曾亲历父辈创业阶段披荆斩棘、筚路蓝缕的艰难困苦，不知世路崎岖，人生多故；不像其他那些起身民间，饱经战乱，通过自我奋斗而层级递进的军阀那样，老谋深算，渊深莫测，善于收敛自己的意志和欲望去适应现实，屈从权势。

他少年得志，涉世未深，缺乏老成练达、圆滑狡狯的肆应能力；加上深受西方习尚的濡染，看待事物比较简单，经常表现出欧美式的英雄主义和热情豪放、浪漫轻狂的骑士风度；又兼从他父亲那里，只是继承下来江湖义气、雄豪气概，而把那种投机取巧，狡黠奸诈，厚颜无耻，反复无常的流氓习气滤除了；少了些"匪气"，而多了些"稚气"；少了些沉潜，而多了些浮躁。从处世做人方面讲，清除这些负面的渣滓，无疑是积极的；但要适应当时危机四伏、诡谲莫测的社会政治环境，就力难胜任了。

其实，对于自己性格、能力上的短长，少帅还是比较清醒的。他说：

> 这一切的获得可说未费吹灰之力，当时我还年轻，什么也不知道，迎面飞来的权力，我只是双手把它接住而已……
>
> 但是，也有致命弱点，未及弱冠，出掌军旅，虽数遭大变，但凭一己独断孤行，或有成功，或能度过。未足而立之年，即负方面，独掌大权，此真古人云："少年登科，大不幸者也。"

张学良的思想观念十分驳杂，而且随着客观环境的变化，经常处于此消彼长、翻腾动荡之中。在他身上，既有忠君孝亲、维护正统、看重名节的儒家文化传统的影响；又有拿得起放得下、旷怀达观、脱略世事、淡泊名利、看破人生的老庄、佛禅思想的影子；既有流行于民间和传统戏曲中的绿林豪侠精神，"滴水之恩，涌泉相报"，"宁可人负我，决不我负人"，侠肝义胆，"哥们义气"；又有个人本位、崇力尚争、个性解放，蔑视权威的现代西方文化特征。这种中西交汇、今古杂糅、亦新亦旧、半土半洋的思想文化结构，使他经常处于依违两难、变幻无常之间，带来了文化人格上的分裂与冲撞，让矛盾和悖论伴随着整个一生。

他的老朋友王卓然有这样一段评论：

> 张学良理想非常之高，他的济世救人的怀抱，有似佛门弟子；他的牺牲自我，服务他人的心愿，竟是一个真诚的耶稣信徒；同时，他的谦退达观，看破世事人情，对一切名利毫不在意的态度，又极像老庄之流。这些，可能都和他接受的复杂教育有关。

一荻夫人说得更是生动形象：

> 汉卿是三教九流，背着基督进孔庙。一说话就常说出儒家的思想；可是，在对待生死问题上，又类似于庄禅。

其实，就他来说，儒家传统、庄禅思想也好，西方观念、三民主义、社会主义也好，还有什么法西斯主义、国家主义，他都没有进行过精深、系统的研究，以他的浮躁的性格、多变的气质，许多只是接触一些皮相；有一些东西，不过像是精神上的"晚礼服"，偶尔穿上出入某种沙龙，属于装点门面、逢场作戏性质，一时兴之所至，过后便不复记起。至于遭到幽禁之后，红尘了悟，云淡风轻，先是信奉佛教，后来又皈依基督教，说是精神上的寄托，未为不可；至于哲学层面的信仰、皈依，恐怕也未必然。

当然，再复杂的事物也必有其本质特征，也就是所谓"事物的规定性"。同样，张学良的思想观念无论怎样驳杂，如何变幻不定，其本质特征还是鲜明而坚定的，那就是深沉博大的爱国主义精神。作为思想上的主旋律，他终其一生，坚守不渝，并且不断有所升华。从东北"易帜"到西安兵谏，无一不源于民族大义，系乎国运安危；尤其是捉蒋、放蒋一举，体现得至为充分。

他说，把蒋介石扣留在西安，"是为了争取停止内战，一致抗日，假如我们拖延不决，不把他尽快送回南京，中国将出现比今天更大的内乱，那我张学良真就成了万世不赦的罪人。如果是这样，我一定要自杀，以谢国人。"他的夫人赵一荻说："他爱的不是哪一党、哪一派，他所爱的就是国家和同胞，因而，任何对国家有益的事，他都心甘情愿地牺牲自己去做。"他自己也说："我是一个爱国狂。"

这样，问号就来了：既然如此，为什么他还会执行蒋介石的"不抵抗政策"，置东三省沦陷于不顾？应该承认，由于个性的缺陷与认识能力的限制，他的爱国主义带有一定的局限性。他与人为善，轻信，幼稚，常常从良好愿望出发，"以君子之心度小人之腹"，林林总总、变化万端的人和事，在他的眼中往往被理想化、简单化、程式化了。比如，他没有认清蒋介石的本质，始终抱着不切实际的幻想，这是他的一个重大失误。他把忠于蒋氏个人与忠于祖国划作同一等号，认为要对抗日寇就必须谋求统一，而要统一就必须唯蒋之"马首是瞻"。他的挚友何柱国对他有过中肯的批评：

（少帅）受封建传统的影响太深，他统率东北军的思想基础是伦理上的忠孝，是绿林中的侠义；对蒋介石的"四维八德"，曾国藩的"忠孝就是爱国"，也都听得进。

再就是，对于日本军国主义的本质，他也同样缺乏清醒的认识，且又过分迷信国联，为《九国公约》和"门户开放"政策中的一些漂亮言词所迷惑，因而做出了"日本决不敢这么猖狂地扩张"的错误判断。

诚然，他为民族大义所表现出的一往无前、勇于牺牲的精神是值得赞许的；但是，有时流露出一种江湖义气与个人英雄主义，浪漫、狂热、莽撞、冲动，这一切，都构成了他的命运悲剧。

在《卧床静省》一文中，他本人曾就此做过痛切的剖析：

> 幼年生活优裕，少年即握有权势，钱财任意挥耗，人事如意支配，到处受人欢迎，长达十余年，因之不能充分了解人间善恶……性情急躁，任意而为，经验阅历不足，学识缺乏，因之把事情判断错误，把人观察错误，有时过于天真，有时过于任情，致使把事情处置错误。

如果……

人生道路的选择是一次性的，只有现场直播，而没有彩排、预演。"三生石上旧精魂"，原是文人笔下的寄托和幻想。同样，历史就是历史，它是既成事实，不存在推倒重来的可能。当然，如果换一个思路，或者调整一下角度，比如从研究历史、探索规律出发，倒也不妨做出种种悬拟，设计一个应然而未必然的另一种版本。

鉴于张学良的一生命运、成败休咎，都与蒋介石密切相关，我们假设：若是张学良走另一条路子，当他父亲所希望的"东北王"——现代版的李世民，拥兵自重，割据一方，那么，东北"易帜"和中原大战的调停，也就不会发生，接下来，东北军主力也就不会参与南下平叛了。那么，日本关东军还敢不敢对东三省贸然动手呢？（动手是必然的，无非是拖延一些时日而已。）在这种情势下，张学良自然就等同于其他一些军阀，既不会被任命为全国陆海空军副总司令，也不会唯蒋之命是听了；即使仍然发生"九·一八"事变，他也不会背上"不抵抗将军"的恶名，以致"自悔自责之深，心情之沉重，令他昼夜难安"了。而且，由于失去了蒋介石的倚重，也就不再具备发动那一"外为国家民族，内可平慰东北军民"的西安兵谏的客观条件，自然也就不会带来后日五十四载的铁窗生涯了。这样的张学良，人生价值，生命意义，又将如何？

实际上，《美国之音》记者已经作了一番假设，曾经问过张学良本人："如果这半个世纪您没有被软禁，能自由地在政治上发挥，统率您的军队，您觉得会对整个中国产生什么贡献呢？"

他的答复是：

> 此事难说。我当然很痛苦，我恨日本军阀，一生主要就是抗日，心中最难过的就是抗日战争我没能参加。我请求过几次，蒋委员长没答应，我想这也是上帝的意思。假如我参加中日战争，我这人也许早就没有了。非我自夸，我从来不把死生放在心里。假如让我参战，我早就没有了。

一切都是未知数，当然"此事难说"，回答得可谓绝妙。

不过，有一点可以断定：若是真的重新改写，走前面说的那条路子，那么，他的人生道路决不会如此曲折复杂，如此充满矛盾、充满悖论、充满神秘色彩，如此七色斑斓、多彩多姿、惊天动地、名垂万古。那样一来，闲潭静水，波澜不兴，他还会有现在这样的人格魅力、命运张力、生命活力吗？也许正是为此，寿登期颐的老将军在回答记者提问时，才说：

回忆近一个世纪的人生历程，我对1936年发动的事变无悔，如果再走一遍人生路，还会做西安事变之事。

海外史学家唐德刚先生是这样评论的：

如果没有西安事变，张学良什么也不是。蒋介石把他一关，关出了个中国的哈姆雷特。爱国的人很多，多少人还牺牲了生命，但张学良成了爱国的代表，名垂千古……张学良政治生涯中最后一记杀手锏的西安事变，简直扭转了中国历史，也改写了世界历史。只此一项，已足千古，其它各项就不必多提了。